全国保育员工人技术等级
岗位考核培训教材

保育员应知应会

教 育 部 人 事 司
教育部工人考核委员会 组编

主编 梁志燊

北京师范大学出版集团
BEIJING NORMAL UNIVERSITY PUBLISHING GROUP
北京师范大学出版社

图书在版编目(CIP)数据

保育员应知应会/教育部人事司,教育部工人考核委员会组编.—北京:北京师范大学出版社,1998.6(2023.6 重印)
(全国保育员工人技术等级岗位考核培训教材)
ISBN 978-7-303-04764-2

Ⅰ.①保… Ⅱ.①教…②教… Ⅲ.①学前教育-幼教人员-技术培训-教材 Ⅳ.①G61

中国版本图书馆 CIP 数据核字(98)第 12799 号

图书意见反馈:gaozhifk@bnupg.com 010-58805079
营销中心电话:010-58802181 58805532
编辑部电话:010-58808898

出版发行:北京师范大学出版社 www.bnup.com
北京市西城区新街口外大街 12-3 号
邮政编码:100088
印 刷:北京溢漾印刷有限公司
经 销:全国新华书店
开 本:710 mm×1000 mm 1/16
印 张:17.5
字 数:276 千字
版 次:1998 年 6 月第 1 版
印 次:2023 年 6 月第 38 次印刷
定 价:39.80 元

策划编辑:倪 花 责任编辑:张丽娟
美术编辑:焦 丽 装帧设计:焦 丽
责任校对:陈 民 责任印制:马 洁

序

  婴幼儿是祖国的花朵，是我们事业的未来；婴幼儿健康成长是父母衷心的祈盼，是国家后继有人、持续发展的基石；保证婴幼儿的身心健康，保育员肩负神圣职责，起着不可或缺的作用。

  国家十分重视保育员队伍的建设，1994年，国家人事部、原国家教委联衔发文，明确规定：保育员属技术工人系列。1995年，国家人事部发文明确：国家教委负责保育工种的工人技术等级岗位培训、考核认定。1996年，原国家教委第25号令发布《幼儿园工作规程》，规定：保育员应受过幼儿保育职业培训。

  为此，教育部人事司、教育部工人考核委员会，组织幼儿教育专家编写了保育员工人技术等级岗位考核培训教材《保育员应知应会》。这是一件十分有意义事情。

  培训保育员，目的在于为了祖国的明天更好地培养教育下一代。随着全球经济不断发展、人类科技的不断进步，人类更加注重自身素质的提高。第十三届世界健康教育大会，反映了当前世界健康教育发展的一些新趋势：养成教育，从小抓起。从孩子一出生，就为他们创设有利于健康成长的环境，养成有利于健康的行为，使之成为习惯，使人人手中握着"健康的金钥匙"；保教结合，对提高人类的总体素质将起重要作用，这于国于民于己都是一件大好事。

  保育员是第一线的幼教工作者，保育员的岗前岗上培训已成职业要求，保育员教材的出版发行，在一定程度上填补了保育员培训教材的空白。

  保育员的教材编写人员主要由国内知名的幼儿教育专家和有丰富经验的幼儿园园长组成，他们具有很深的理论造诣和丰富的实践经验，教材具有领域权威性。

  总之，《保育员应知应会》一书的出版发行，将对保育员的培训工作，对幼儿园工作正规化建设，对幼儿教育事业的健康发展产生积极影响。

教育部党组成员

陈文博

前　言

　　为履行国家人事部赋予原国家教委"负责保育员工种的工人技术等级岗位培训、考核认定"的职责以及贯彻原国家教委第 25 号令发布的《幼儿园工作规程》，教育部人事司、教育部工人考核委员会组织幼儿教育专家编写了保育员工人技术等级岗位考核培训教材《保育员应知应会》。全书内容包括：婴幼儿卫生保健知识、婴幼儿心理发展基础知识、婴幼儿教育基础知识以及保育工作技能四部分，书后附有保育员培训考核参考试题。

　　本教材以现代儿童生理卫生保健科学、现代儿童心理科学和现代儿童教育理论为先导，立足科学性与先进性，依据《幼儿园工作规程》精神，紧密与幼儿园实践相结合，包含完整的保育婴幼儿的知识和技能，有较强的应用性，包含完整的保育婴幼儿的知识和技能，有较强的应用性。教材不仅有很强的专业性，而且通俗、简洁、实用，不仅适合幼儿园、托儿所保育员使用，而且是孩子最早的"保育员"——年轻父母们的必备书籍。

　　本教材编写过程中曾多次征求各地幼儿园及主管部门的意见，反复修正，其中大多内容曾作为 1996 年原国家教委在京事业单位保育员工人技术等级岗位培训考核的试用教材，教师与学员反映很好。在此基础上，进一步改进的正式出版教材更具权威，更趋精炼实用。本教材由北京师范大学教育系幼教专业梁志燊教授主编，第一部分由万钫教授编写；第二部分由冯晓霞副教授编写；第三部分由梁志燊教授编写；第四部分由北京师范大学实验幼儿园何炳珍园长、张澜副园长编写。最后经主管部门组织专家审定通过，定为保育员工人技术等级岗位培训考核专用教材，教育部党组成员陈文博同志为本书作了序。

　　由于是首次编写保育员培训教材，很少有可借鉴资料，教材不足之处在所难免，望培训单位和广大读者在使用过程中提出宝贵意见，以便今后修订、完善。

　　本教材在编写过程中，多次得到教育部人事司劳动工资处、国家人事部工资司考工处、北京师范大学人事处同志的帮助指导，在此一并表示感谢。

编　者

目　　录

第一部分　婴幼儿卫生保健知识

第二部分　婴幼儿心理发展基础知识

第三部分 婴幼儿教育基础知识

第七章　幼儿园保育员的职责与工作细则

总复习提纲

第四部分　保育工作技能

附件　理论知识考核和实际操作考核

第一部分

婴幼儿卫生
保健知识

序　言

健康的整体观

对学前儿童来说，健康是第一重要的。

健康，不仅仅是身体健康，还包括心理健康。

保育员对儿童的科学护理，既是儿童身体健康的保证，又是儿童心理健康的保证。

清新的空气、整洁的环境、愉快的进餐、舒适的睡眠环境、皮肤的清洁护理，等等，通过保育员的辛勤劳动，婴幼儿得以健康成长。

亲切的态度、细心的呵护、开朗的笑声、温暖的爱抚，都是婴幼儿心理健康所必需的"营养素"。

保育员，身居儿童保健的第一线；又是第一线的幼教工作者。

预防为主

托儿所、幼儿园是儿童聚集的场所，一定要以"预防为主"，保障儿童的健康。

定时开窗通风，可以减少呼吸道传染病的发生；

小朋友吃饭以前，小手洗得干干净净，把住了"病从口入"这一关；

经常洗头、洗澡，使皮肤上的病菌无法繁衍，减少了生疮、长疖的机会；

别小看了餐具的消毒，甲型肝炎病毒全部被沸水灭活；

毛巾的清洁，减少了"红眼病"的发生。

保育员的"平凡"工作，换来了小朋友的平安健康。

保育员，光荣的儿童健康保卫者。

保教结合

第十三届世界健康教育大会，反映了当前世界健康教育发展的一些新趋势：

养成教育；

从小抓起。

从孩子一出生，就要为他们创设有利于健康成长的环境，养成有利于健康的行为，使之成为习惯，使人人手中握着"健康的金钥匙"。

饮食习惯；

起居习惯；

清洁习惯；

锻炼习惯；

控制大、小便的习惯，等等，就是最基本的"养成教育"，良好的习惯一旦形成，将为儿童的身心健康打下基础。

保育员，肩负着健康教育的重任。

第一章　婴幼儿的生理特点

保育员要照料好小朋友的一日生活，首先要了解孩子，因为孩子不是"小大人"。

为什么要经常洗澡？因为婴幼儿皮肤薄嫩，皮肤不清洁很易生疮长疖。

为什么要让婴幼儿到户外晒太阳？因为婴幼儿的骨骼长得很快，少见阳光就会得佝偻病。

为什么不应该为了"催饭"，而让小朋友吃水泡饭、汤泡饭？因为细嚼慢咽有五大生理功能。

……

科学的护理，基于科学的育儿知识。了解婴幼儿的生理特点，才能主动的按照科学的规律办事。

下面，就让我们以人体的若干系统为顺序，谈谈婴幼儿的生理特点，以及相应的护理要求。

一、动作的执行者——运动系统

（一）什么是运动系统

运动系统由骨、骨连结和骨骼肌三部分组成，是人们从事劳动和运动的主要器官。

（二）婴幼儿运动系统有什么特点

1. 骨骼

（1）骨骼在生长：婴幼儿在不断长个子，也就是说骨骼在不断加长、加粗。长骨骼就需要钙、磷作为原料。同时还需要维生素 D，使钙、磷被人体吸收和利用。营养和阳光是婴幼儿长骨骼所必需的营养（阳光中的紫外线照射到皮肤上可制造出维生素 D）。另外，运动也是骨骼发育的重要条件。

（2）腕骨没钙化好：腕骨共 8 块，出生时全部为软骨，以后逐渐钙化，但要到 10 岁左右才能全部钙化。所以，婴幼儿的手劲儿小，为他们准备的玩具要轻。

（3）骨盆还没长结实：婴幼儿的骨盆和成人不同，还没长结实。在蹦蹦跳跳时，要注意安全。比如，幼儿从挺高的地方往硬地上跳，就可能伤着骨盆的骨头，使骨盆变形。

(4)骨头好比鲜嫩的柳枝：成人的骨头好比干树枝，不易弯曲。而婴幼儿的骨头硬度小，好比鲜嫩的柳枝，易发生弯曲。所以，要注意培养幼儿有好的姿势。

(5)不良姿势易致脊柱变形：脊柱是人体的"大梁"，主要的支柱。

那么，人体的这根"大梁"，是不是一根直直的"顶梁柱"呢？从背面看脊柱，它又正又直，但从侧面看脊柱，它并非一根"直棍儿"，而是从上到下有四道弯儿。这四道弯儿叫作"脊柱生理性弯曲"。

脊柱有了这几道弯曲，在人体做走、跑、跳等运动时，就更具有弹性，可以缓冲从脚下传来的震动，保护内脏，当震动传到头部时也就微乎其微了，有了弹性也更能负重。否则，若脊柱真是一根"直棍儿"，跺一下脚，也会把脑子震了，肩挑重担也成为空话。

上述生理性弯曲是随着小孩动作的发育逐渐形成的。出生后 2～3 个月会抬头了，形成颈部前弯；6～7 个月会坐了，形成胸部后弯；开始学走路，形成腰部前弯。但要到发育成熟的年龄，这些生理性弯曲才能完全固定下来。在脊柱未完全定型以前，不良的体姿可以导致脊柱变形，发生不该有的弯曲，脊柱的功能也将受到影响。

体姿，即坐、立、行时身体的习惯姿势。应从小培养孩子坐有坐相、站有站相，保护脊柱，预防脊柱变形。坐着时，两脚平放地上，不佝着背，不耸肩，身子坐正；站着时，身子正，腿不弯，抬头挺胸；走路时，抬头挺胸，不全身乱扭。健美的体姿不仅使人看上去有精神，还可预防驼背和脊柱侧弯。

另外，长时间用单肩背书包会使脊柱两侧的肌肉和韧带得不到平衡发展，形成一侧肌肉、韧带过度紧张，导致脊柱侧弯(从后面看，脊柱某一段偏离中线，向左或向右弯曲)。

2. 肌肉

(1)容易疲劳：婴幼儿肌肉的力量和能量的储备都不如成人，很容易疲劳。在组织幼儿户外活动时要适时让幼儿休息，避免过度疲劳。

(2)大肌肉发育早，小肌肉发育晚：幼儿会跑、会跳了，可是画条直线却挺费劲儿，这与不同的肌肉发育早晚有一定关系。

3. 关节和韧带

(1)勿猛力牵拉婴幼儿的手臂：婴幼儿的肘关节较松，容易发生脱臼(俗称掉环)。

当肘部处于伸直位置时，若被猛力牵拉手臂，就可能造成"牵拉肘"，一种常见的肘关节损伤。

发生"牵拉肘"，常常是因为大人在带幼儿上楼梯、过马路等情景时，或给婴儿穿脱衣服，用力提拎、牵拉了他们的手臂所造成的。

肘部受伤后，手臂不能再活动。经医生复位后，还要注意保护，以免再次使肘关节受伤。

(2)预防扁平足：婴儿会站、会走以后逐渐出现脚弓。但是脚底的肌肉、韧带还不结实，若运动量不合适，就容易使脚弓塌陷，形成"平脚"。

运动量过大，会使脚底肌肉过于疲劳而松弛；缺乏运动，脚底的肌肉、韧带得不到锻炼，也不会结实。

另外，鞋要合脚。合脚的鞋不仅穿着舒服，而且还有利于脚弓的发育。

保育工作要点

- 组织幼儿在户外活动，运动和阳光是长骨骼的"营养素"。
- 教育幼儿不要从高处往硬地上跳，避免伤着骨盆。
- 教育幼儿坐有坐相、站有站相，预防脊柱变形。
- 勿猛力牵拉幼儿的手臂，以防伤着肘关节。
- 适度的运动，有助于脚弓的形成。

二、气体交换站——呼吸系统

(一)什么是呼吸系统

人体在新陈代谢过程中，要不断地消耗氧气并产生二氧化碳。机体吸入氧气和排出二氧化碳的过程称为呼吸。

呼吸系统由呼吸道及肺组成。呼吸道是传送气体、排出分泌物的管道，包括鼻、咽、喉、气管和支气管，肺是气体交换的场所。

鼻是呼吸道的起始部分，是保护肺的第一道防线。

鼻腔对空气起着清洁、湿润和加温的作用。冷空气从鼻子吸入，经过鼻腔的处理，可以达到20℃左右的温度和70％左右的湿度，而且清洁多了。

鼻还是嗅觉器官。嗅觉感受器位于鼻腔上部的粘膜中，具有气味的微粒随着空气进入鼻腔后，接触嗅黏膜，刺激嗅细胞产生神经冲动，传至大脑皮质产生嗅觉。在刺激强度持续不变的情况下，感受器对该刺激的感受性下降，称为感受器的适应。嗅觉适应很快，平常说"入芝兰之室，久而不闻其香"指的正是这个现象。

咽是呼吸和消化系统的共同通道，分别与鼻腔、口腔和喉腔相通。

喉是呼吸道最狭窄的部位。呼出的气流使声带振动，发出声音。若发音失去圆润、清亮的音质，表示声带发生病变。

气管和支气管黏膜的上皮细胞具有纤毛，灰尘、微生物被黏液黏裹，经纤毛的运动，被扫到咽部，吐出来就是痰。痰是呼吸道的垃圾。

肺是气体交换的场所，血液里的废气(二氧化碳)被呼出；吸入的氧气进入肺泡，再经血液循环运往全身，完成"吐故纳新"的任务。

胸腔有节律的扩大与缩小称为呼吸运动，呼吸的快慢与年龄和活动程度有关。

(二)婴幼儿呼吸系统的特点

1. 易发生鼻堵

婴幼儿鼻腔狭窄，伤风感冒就会使鼻子不通气，以致影响睡眠和进食。护理感冒的病儿，要按医嘱给病儿用滴鼻药，鼻子通气了，才能吃饭香、睡觉香。

2. 教会幼儿擤鼻涕

擤鼻涕的正确方法是：轻轻捂住一侧鼻孔，擤完，再擤另一侧。擤时不要太用力，不要把鼻孔全捂上使劲的擤。

因为鼻腔里有一条条"暗道"与"邻里"相通。擤鼻涕时太用劲，就可能把鼻腔里的细菌挤到中耳、眼、鼻窦里，引起中耳炎、鼻泪管炎、鼻窦炎等疾病。

3. 保护金嗓子

婴幼儿的声带还不够坚韧，如果经常大声喊叫或扯着嗓子唱歌，不注意保护，金嗓子将失去圆润、清亮的音质，变成"哑嗓子"。

幼儿的音域窄，不宜唱大人的歌。

唱歌的场所要空气新鲜，避免尘土飞扬。冬天，不要顶着寒风喊叫、唱歌。夏天刚玩得挺热，也不要停下来马上就吃冷食。得了伤风感冒，要多喝水、少说话，因为这时最易哑嗓子。

4. 空气污浊，容易缺氧

婴幼儿胸腔狭窄，肺活量小，但代谢旺盛，机体需氧量多，所以只能以加快呼吸的频率来代偿。

年龄越小，呼吸越快。(见表1-1-1)

表 1-1-1　不同年龄呼吸次数的平均值

年龄	每分钟呼吸次数
新生儿	40～44
0～1岁	30
2～3岁	24
4～7岁	22

若空气污浊，婴幼儿很易缺氧。户外空气新鲜，新鲜空气含氧量高，每天要组织婴幼儿到户外活动。

儿童活动室、卧室也要经常通风换气，保证空气新鲜。

5. 腹式呼吸为主

婴幼儿胸部肌肉不发达，胸腔狭小，呼吸以"腹式呼吸"为主。在喘气时，几乎看不出胸脯在运动。

观察婴幼儿的呼吸次数，要观察腹部的起伏。

特别在遇到紧急情况时，呼吸已微弱，更难看出胸脯在动。

保育工作要点

· 擤鼻涕要用正确的方法，不要把两侧鼻孔全捂上。擤时叫幼儿轻轻的，不要用力。

· 教育幼儿要爱护嗓子。

· 儿童活动室、卧室，要经常通风换气，保持空气新鲜。空气污浊，脑受害首当其冲。

三、循环不已的运输流——循环系统

(一)什么是循环系统

循环系统是一个密闭的、连续性的管道系统，它包括心脏、动脉、静脉和毛细血管。心脏是血液循环的动力器官，血管是运送血液的管道。血液由心脏搏出，经动脉、毛细血管、静脉再返回心脏，如此环流不止。血液在循环全身的过程中，把携带的氧气和营养物质输送给组织和细胞，再把二氧化碳和代谢废物运送到肺及排泄器官。

血液是存在于心脏和血管里的液体，包括血浆和血细胞两部分。血细胞由红细胞、白细胞和血小板组成。

在人体表面的一些部位，如颈部、腋下、大腿根等处有一组组的淋巴结，淋巴结有消灭病菌的作用。

(二)婴幼儿循环系统的特点

1. 年龄越小，心率越快

婴幼儿因为心肌薄弱、心腔小，心跳要比成人快。摸脉搏可以得知心跳的次数，但要待婴幼儿安静下来测才能准确。（见表1-1-2)

9

表 1-1-2　不同年龄心跳次数的平均值

年龄	每分钟心跳次数
新生儿	140
1～12 个月	120
1～2 岁	110
3～4 岁	105
5～6 岁	95
7～8 岁	85
9～15 岁	75

2. 锻炼可强心，但要适度

经常锻炼可使心肌收缩力加强，每跳一次，搏出更多的血液。从小锻炼可以增强心脏的功能。

但是，如果运动量过大，心跳太快，反而会减少每次心跳的输出量，表现为面色苍白、心慌、恶心、大汗淋漓，甚至运动以后吃不下饭、睡不着觉，就是过度疲劳了。

3. 预防动脉硬化始于婴幼儿

预防动脉硬化关键在于一个"早"字。因为婴幼儿时期是包括饮食习惯在内的生活方式基本形成的时期。为他们提供合理的膳食，并养成良好的饮食习惯可以受益终生。

4. 颈部淋巴结肿大的常见原因

用手摸摸小儿颈部两侧，常可以摸到几个疙瘩，这就是颈部淋巴结。如果淋巴结像黄豆大小，可略微活动，压上去不疼，就是正常的淋巴结。

小儿患口腔炎、扁桃体炎、中耳炎，或头上长疖子，都可使颈部淋巴结肿大。上述疾病治好了，已经肿大的淋巴结却很难再消肿，摸上去是个硬疙瘩。

如果颈部淋巴结又大，压着又疼，孩子的照管人有结核病，一定要查清楚是否这个孩子有"淋巴结核"。

保育工作要点

- 经常锻炼可增强心肺功能，但不要过累。
- 教育幼儿养成有益于健康的"口味"，将使他们受益终生。预防动脉硬化，始于幼儿，要把住"入口"这一关。

四、食品加工管道——消化系统

(一)什么是消化系统

消化是指食物通过消化管的运动和消化液的作用，被分解为可吸收成分的过程。

消化系统是由消化管和消化腺两部分组成的。消化管包括口腔、咽、食管、胃、小肠、大肠、肛门等。消化腺主要有唾液腺、胃腺、肠腺、肝脏和胰腺等。消化腺有导管与消化管相通，使消化液流入消化管。

(二)婴幼儿消化系统的特点

1. 牙齿

(1)乳牙萌出：婴儿吃奶期间开始长出的牙，叫乳牙。一般在6～7个月时出牙，最迟不应晚于1岁。乳牙共20颗，2岁半左右出齐。

(2)为什么要保护好乳牙：如果说"乳牙迟早要换，乳牙是不是健康不要紧"，这话可小看了乳牙的作用。

乳牙功不可没：

①咀嚼食物，帮助消化：出牙以后，食物由流质逐渐过渡到半流质、固体食物，食物品种增加，需要咀嚼才能容易被人体消化吸收。

②促进颌骨的发育：婴幼儿时期正是颌面部迅速发育的阶段，尤其是"下巴骨"，随着咀嚼的刺激，颌骨正常生长，使脸型逐渐拉长，面容和谐、自然。

③有助于口齿伶俐：乳牙正常萌出，有助于发音正常。

④有利于恒牙的健康：乳牙齐整对恒牙顺利萌出有重要作用。若乳牙早失(患龋齿，不得不拔除残根)，邻近的牙向空隙倾倒，将来，恒牙就不能在正常位置萌出，导致牙齿排列不齐。

(3)如何保护乳牙：

①营养和阳光：钙、磷等无机盐是构成牙齿的原料，需要从饮食中提供。人的皮肤经阳光中的紫外线照射后，可以产生维生素D，促进钙、磷的吸收利用。

乳牙的钙化始于胎儿5～6个月，因此乳牙是否坚固与孕妇的营养有关。另外，孕妇服四环素类药物可使胎儿的牙釉质发育不好，颜色发黄、质地松脆。

从出生到2岁半也是乳牙发育的重要时期，因此不可缺少营养和阳光。

②适宜的刺激：俗话说"牙不嚼不长"。5～6个月，将要出牙时，可给他点"手拿食"，如烤馒头片、面包干等较硬的食物，磨磨牙床，促使牙齿萌出。

断奶以后，逐渐添加些耐嚼的食物，如菜末、粗粮等。食物太精细，无需细嚼，不利于牙齿和颌骨的正常发育。

③避免外伤：乳牙根儿浅，牙釉质也不如恒牙坚硬，怕的是"硬碰硬"。一旦牙齿被硬东西硌伤了，就不能再重新长好。受了损伤的牙齿就更容易生龋齿。所以，要教育孩子，不要用牙咬果壳等硬东西。

④漱口和刷牙：吃奶的婴儿，在两次奶之间喂点白开水，就可以起到清洁口腔的作用。2岁左右，饭后可用清水漱漱口，含漱的时间要长一些，要用力鼓腮，用水把粘在牙齿表面和间隙的食物残渣冲洗掉，然后吐出漱口水。

孩子到了3岁左右就该学着刷牙了。

(4)最早长出的恒牙并不与乳牙交换：在6岁左右，最先萌出的恒牙是"第一恒磨牙"，又称"六龄齿"。上、下、左、右4颗六龄齿，长在乳磨牙的里面，并不与乳牙交换。

要注意保护六龄齿，叮嘱孩子刷牙时里里外外都刷到。

(5)怎样预防牙齿排列不齐：牙齿排列不齐，常见的有"下兜齿"（地包天），即下牙咬在上牙的外面；有"开唇露齿"，即上下牙咬不到一起，有明显的距离；还有"虎牙"，等等。上述种种不仅使面部失去和谐自然的面容，而且影响咀嚼能力，吃东西只能囫囵吞枣，甚至说话也漏风走音。排列不整齐的牙齿经常被食物嵌塞，不易刷干净，也容易生龋齿。

预防牙齿排列不齐，有以下几点需要注意：

①用奶瓶给婴儿喂奶、喂水时，要把婴儿抱起来，呈坐位。橡皮奶头不要过分上翘或下压，以免压迫牙床，影响牙床的发育。

不要让婴儿自己抱着奶瓶吃奶，婴儿托不起奶瓶，势必压迫牙床。上牙床经常受压，易形成"下兜齿"；下牙床经常受压易形成"开唇露齿"。

②换牙时，若乳牙未掉，后边又钻出了新牙，就成了"双排牙"。要把滞留的乳牙拔掉，把位置让给恒牙。

恒牙刚长出来，叮嘱幼儿不要老用舌头添牙，免得牙齿往外翘。

③有的幼儿有偏侧咀嚼的习惯，会使另一侧的颌骨发育不好，两侧面颊不对称。发现幼儿有偏侧咀嚼的毛病，要提醒他们改正。

④治鼻堵：幼儿长期鼻子不通气，用嘴呼吸，就会使上腭高拱、门牙向前突出，形成"噘嘴"。除了应及时治疗鼻咽部的毛病，病治好了，还要提醒幼儿纠正用嘴呼吸的习惯。

2. 婴儿爱流口水

6～7个月的婴儿，唾液分泌增加，但口腔浅，婴儿又不会及时把口水咽下去，所以常流涎口外。护理时要用软的纱布或毛巾及时擦去口水，以免浸泡着皮肤。

3. 婴儿容易漾奶

胃是消化管中最宽大的部分。胃的上口与食道连接处有一组环形的肌肉叫贲门，胃的下口与十二指肠连接处也有一组环形的肌肉叫幽门。贲门收缩就好比是口袋扎紧了口，胃内的东西就不会倒流入口腔了。

婴儿的贲门比较松弛，且胃呈水平位，即胃的上口和下口几乎水平，好像水壶放倒了，因此当婴儿吞咽下空气，奶就容易随着打嗝流出口外，这就是漾奶。

为了减少漾奶，喂过奶，让婴儿伏在大人的肩头，轻轻拍孩子的背，让他打个嗝排出咽下的空气，然后再躺下，就可以减少漾奶。

4. 培养定时排便的习惯

婴儿过了半岁，就可培养他定时排便的习惯。有了好习惯，不随意便溺，省事，孩子也干净。

人们常说："孩子是直肠子"，吃完就想拉。这是因为婴幼儿有明显的"胃结肠反射"，食物进到胃里，就会反射性地引起肠子加快蠕动，将粪便推向直肠、肛门。所以在喂过奶、吃过饭以后让小孩坐盆，常可排便，便盆的大小要合适，干净，不冰凉。一般坐 5～10 分钟，不排便就起来，不要长时间坐便盆。

幼儿最好养成早饭后排便的习惯。如果大便不定时，有了"便意"却正玩得高兴，把"便意"憋回去了，日久就会便秘。因为排便是一种反射活动，当粪便进入直肠，就对直肠壁的机械感受器产生压力刺激。刺激一方面传入脊髓的低级排便中枢，一方面上达大脑皮质引起"便意"。如果经常抑制便意，直肠对粪便的压力刺激就越来越不敏感，粪便在大肠内停留的时间过久，水分被吸尽，粪便干硬，就会产生便秘。

按时排便，多吃些蔬菜、水果，搭配着吃点粗粮，有利于大便通畅。

5. 预防脱肛

直肠从肛门脱出，称"脱肛"，看上去，在肛门外有一截"红肉"。脱肛使小儿十分痛苦。

引起脱肛的常见原因：

①急性痢疾未彻底治疗，变成慢性痢疾；长期消化不良。久痢、久泻，使肛门松弛，直肠脱出。

②长期便秘，排便时十分费力，便直肠脱出。

③久痢、久泻、便秘，再久坐在便盆上，就更易脱肛。

保育工作要点

- 督促幼儿用正确的方法刷牙，保护好乳牙和六龄齿。
- 细嚼慢咽有利健康，不要用水、汤泡饭，幼儿吃起来快，却缺少了"咀嚼"这一环节。
- 培养幼儿定时排便的习惯。
- 不要久坐便盆，不排便就起来。

五、泌尿、输尿、贮尿、排尿——泌尿系统

（一）什么是泌尿系统

泌尿系统包括肾脏（泌尿）、输尿管（输尿）、膀胱（贮尿）和尿道（排尿）。

（二）婴幼儿泌尿系统的特点

1. 由"无约束"到"有约束"排尿

婴儿时期，当膀胱内尿液充盈到一定量时，就会发生不自觉的排尿，这是由于大脑皮质发育尚未完善，对排尿尚无约束能力。

出生后半岁左右，可以从"把尿"开始，训练自觉排尿的能力。1 岁左右，小孩会用动作、语言表示"要撒尿"了，就不要再兜尿布，要训练坐便盆排尿。一般到了 3 岁，白天就可以不再尿湿裤子，夜间也不再尿床了。

2. 尿道短，容易发生上行性感染

成人男性尿道长约 20 厘米，女性尿道长 3～4 厘米。

小孩尿道短，尤其女孩更短，新生女婴尿道仅 1～2 厘米长。女孩不仅尿道短，而且尿道开口离阴道、肛门很近，尿道口容易被粪便等污染，细菌经尿道上行，到达膀胱、肾脏，可引起上行性泌尿道感染。

要注意女孩外阴部的清洁。擦大便应从前往后擦。勤换洗尿布。每天要洗屁股。

饮水量要充足，尿液形成后从上向下流动，对输尿管、膀胱、尿道起着冲刷的作用，可以减少泌尿道感染。

3. 男孩也需"用水"

男孩阴茎头部外层的皮肤叫包皮。包皮将阴茎头包没，但仍能向上翻起，称"包皮过长"。若包皮口小，不能翻起，称"包茎"。

包皮过长或包茎，会使包皮腺体的分泌物及污垢长期存留在包皮里，形成包皮垢，刺激包皮和阴茎头，使阴茎头红肿疼痛。

男孩也需"用水"。可轻轻将包皮往下捋，露出阴茎头，将污垢洗去，可以预防炎症，并使包皮口放松，避免发生"包茎"。

4. 眼泡肿，查查尿

四五岁以上的幼儿，发生"急性肾炎"的渐多（特别是得了猩红热、黄水疮等之后）。眼皮肿是急性肾炎最早的表现。发现幼儿眼皮肿，要注意尿的颜色（呈洗肉水样）。

保育工作要点

- 要训练婴幼儿控制排尿的能力。
- 注意女孩的外阴清洁护理。
- 男孩也要"用水"，洗去包皮垢。
- 提醒幼儿不要渴极了才喝水。充足地饮水，可以减少泌尿系统感染。
- 清洗外阴的毛巾、盆等要专用。毛巾用后消毒。

六、身兼数职的皮肤

(一)皮肤的功能

皮肤身兼数职，具有多种生理功能。

在皮肤里广泛分布着各种感觉神经的末梢，可分别感受触觉、压觉、痛觉、温觉、冷觉等，所以皮肤是感觉器官。人们常说的眼、耳、鼻、舌、身五种感觉器官，其中的"身"主要是指皮肤。

皮肤覆盖在人体表面，柔韧而有弹性，是保护人体的一道防线。皮肤在调节体温上起着重要的作用。皮肤受到冷的刺激，血管收缩，减少散热；受到热的刺激，血管舒张，汗腺分泌增加，可以多散热。体温的相对恒定是维持正常生命活动的重要条件。

皮肤还是排泄器官，随着汗液分泌，一些代谢的废物被排出体外。

毛发、皮脂腺和汗腺都是皮肤的附属器官，皮脂腺开口于毛囊，排出皮脂，起着保护皮肤、润滑毛发的作用。汗腺开口于表皮的汗孔，手掌、脚底的汗腺较多。

(二)婴幼儿皮肤的特点

1. 皮肤的保护功能差

婴幼儿皮肤薄嫩，易受损伤，若不注意皮肤清洁，就很容易生疮长疖。要常洗澡、洗头、勤剪指甲。

洗澡时要把脖根、腋窝、大腿根、外阴等部位都洗干净。洗手时，要把手指头缝、指甲缝都洗干净。

理发时注意不要碰破头皮。头皮上黄褐色油腻的痂皮，是皮脂腺分泌旺盛所致，可以用消毒后晾凉的植物油先将痂皮闷软，再轻轻擦去痂皮。

指甲长了，要剪短。剪手指甲，可顺着手指尖剪成半圆形；剪脚趾甲，两端只需稍剪去一点，使趾甲的边缘是平的，这样趾甲就向前生长，不嵌入肉里。

选购质地柔软、吸水性强、不掉色的衣料做内衣。

不要用化妆品去遮盖小孩天然健美的肌肤。浓妆艳抹，千人一面，无论从美的观点还是卫生的观点，均无可取之处。劣质的化妆品还可损害皮肤的健康。

给小孩戴各种金属饰物也无益处。

2. 皮肤调节体温的功能差

婴幼儿皮肤的散热和保温功能都不及成人。环境温度过低，皮肤散热多，容易受凉或生冻疮；环境温度过热，易受热中暑。

锻炼可以增强对冷、热的适应能力。空气、阳光和水是大自然赋予人类维持生命，促进健康的三件宝。要充分利用这三件宝，锻炼婴幼儿的适应能力。

俗话说"要想小儿安，需要几分饥和寒"是有一定道理的。经常带孩子在户外活动，可以改善皮肤的血液循环，增强体温调节能力，遇到冷、热的刺激反应灵敏，使体温保持相对的恒定。

在室内也可以利用冷空气进行锻炼。比如，室温不低于20℃时，给婴儿换完尿布，可以让他露着腿躺1~2分钟，再包上。慢慢延长打开包被的时间，至每次5分钟左右。

幼儿从夏天开始就可以用冷水洗脸、洗手。冬天，早上仍坚持用冷水洗脸，作为一种锻炼。晚上用温水洗以更好地清洁皮肤。

3. 皮肤的渗透作用强

婴幼儿的皮肤薄嫩，渗透作用强。有机磷农药、苯、酒精等都可经皮肤被吸收到体内，引起中毒。

凡盛过有毒物品的容器要妥善处理，绝不能让小孩弄到手，拿着玩。在皮肤上涂拭药物也要注意药物的浓度和剂量，不得过量。

保育工作要点

- 给幼儿勤洗头、洗澡，勤剪指甲。
- 剪手指甲可剪成半圆的弧形。剪脚趾甲，使趾甲的边缘是平的。
- 充分利用空气、阳光、水这三件宝，锻炼幼儿的冷热适应能力。
- 冬季在户外活动，"寒从脚下起"，要让幼儿穿合脚、暖和的鞋。
- 胸部、腹部也要保暖，可以套件大的棉背心，穿脱方便。
- 多照顾体弱儿，有汗及时擦干。

七、人体内的"化学信使"——内分泌系统

(一)什么是内分泌系统

内分泌系统是人体内的调节系统。内分泌腺释放的化学物质叫激素。激素对人体的生长发育、性成熟以及物质代谢等有着重要的调节作用。

人体主要的内分泌腺有脑垂体、肾上腺、甲状腺、甲状旁腺、胸腺、胰腺和性腺等。

(二)婴幼儿内分泌系统的特点

1. 生长激素在睡眠时分泌旺盛

一个孩子能长多高，既受遗传因素的影响，又受后天环境的影响。

生长激素是由"内分泌之王"脑下垂体分泌的一种激素，有了它，孩子才能长个儿。

在一昼夜间，生长激素的分泌并不均匀。小孩在夜间入睡后，生长激素才大量分泌。所以，孩子长个儿，主要是在夜里，静悄悄地长。睡眠时间不够、睡眠不安，就会影响孩子的身高，使遗传的潜力不能充分发挥。

2. 缺碘——影响甲状腺的功能

甲状腺是关系儿童生长发育和智力发展的内分泌腺。

甲状腺分泌甲状腺激素，碘是合成甲状腺激素的原料。

我国有四亿左右的人口居住在碘缺乏地区。

一提到缺碘，人们往往会想到那些敞着衣领的粗脖子病人(地方性甲状腺肿)。实际上，缺碘的最大威胁是影响婴幼儿的智力发育，造成智力低下，以及听力下降、言语障碍、生长受阻等多种残疾。

预防碘缺乏病最简便的办法，就是食用加碘食盐。

保育工作要点

> · 组织好幼儿的睡眠，使睡眠时间充足，睡得踏实。
> · 幼儿膳食，使用加碘食盐。

八、眼睛——视觉器官

(一)眼睛的结构和功能

人的眼睛像一架照相机。

眼球前面透明的"角膜"和眼球的内容物"晶状体"，好比是照相机的透镜，起着屈折光线，聚光的作用。

角膜后面的"瞳孔"，能根据外界光线的强弱自动调节，扩大或缩小，好比照相机上的光圈。

在眼球壁最里面的一层是"视网膜"，可以感受光线的刺激，产生视觉，好比照相机的感光彩色底片。

(二)婴幼儿眼睛的特点

1.5 岁以前可以有生理性远视

婴幼儿眼球的前后距离较短，物体往往成像于视网膜的后面，称为生理性远视。随着眼球的发育，眼球前后距离变长，一般到 5 岁左右，就可成为正视(正常视力)。

2. 晶状体有较好的弹性

婴幼儿晶状体的弹性好，调节范围广，使近在眼前的物体，也能因晶状体的凸度加大，成像在视网膜上。所以，幼儿即使把画书放在离眼睛很近的地方看，也不觉得眼睛累。但长此以往，就容易形成习惯，尤其上小学以后，看书、写字多了，就会使睫状肌疲劳，形成近视眼。所以要教育幼儿从小注意保护视力。

3. 斜眼要早治

当两眼向前平视时，两眼的黑眼珠位置不匀称，称为斜视(斜眼)。

由于两眼位置不匀称，看东西时就不能同时注视一个物体，而出现双影。模糊的双影使人极不舒服，于是大脑皮质就抑制自斜眼传入的视觉冲动，只允许正常的那只眼睛看见东西。日久，眼位不正的那只眼睛就会出现视力下降，称为"斜视性弱视"。

发现孩子眼位不正要早治。治疗斜视不仅是为了美观，更重要的是使小孩的心理能得到健康发展。因为眼斜，受到人们嘲笑，常常造成小孩自卑、孤独等不良的性格倾向。

4. 及早治疗弱视

治疗"弱视"的最好时机是 6 岁以前。经过治疗，视力差的那只眼睛视力得到恢复，就能够用两只眼看东西了。

用两只眼睛看东西才有立体感。如果一眼视力好，另一眼视力很差，实际上只利用一眼的视力，则为"立体盲"。没有良好立体视觉的人，不能从事需要敏锐分辨能力的科研工作，不能当外科医生，打乒乓球不能准确判断方位，驾驶车辆可能出车祸，开车床可能伤了自己的手指，就是打苍蝇，也常十打九空。

保育工作要点

·以下情况，提示孩子的视力可能有问题。

婴儿表现为：

对小玩具不感兴趣；

当一只眼被挡时，引起孩子的反感，哭闹或用手去撕扯遮挡物，说明被盖眼是好眼。而盖另一只眼，孩子无反应，说明这只眼的视力很差。

幼儿表现为：

眼位不匀称，有内斜（俗称逗眼）或外斜（俗称斜白眼）；

孩子看东西时喜歪头偏着脸看；

眼睛怕光（称羞明）；

看画书过近；

幼儿不活泼，活动范围小，动作缓慢（不是因为智力落后或正闹病）。

·注意防止发生眼外伤。

九、耳——听觉器官

（一）耳的结构和功能

耳分为外耳、中耳和内耳。

1. 外耳

用手电筒光从耳朵眼照进去，可看到略为弯曲的管道，为外耳道。

外耳道皮肤上的耵聍腺分泌耵聍(俗称耳屎)，具有保护外耳道皮肤和粘附灰尘、小虫等异物的作用。耵聍可自行脱落。

外耳道的最里面是一层薄膜，叫鼓膜。鼓膜往里是中耳。

2. 中耳

中耳是一个很小的空腔，像乐器的鼓，所以又叫鼓室。鼓室内有3块听小骨，声波振动鼓膜则带动听小骨，听小骨把声音放大并传向内耳。

中耳经耳咽管与鼻咽部相通。耳咽管在鼻咽部的开口平时是关闭的，仅在吞咽或打哈欠时才开放，让空气进入鼓室，调节鼓室的气压，使之与大气压平衡，鼓膜两侧的压力相等，才能有正常的振动。

3. 内耳

内耳可以感受声音、保持平衡。当听小骨振动时，内耳淋巴液也随声波激起波纹，无数听神经末梢好似垂到水面上的柳枝，受到波纹的振动，将神经冲动传入大脑听觉中枢，人就听到了声音。

(二)婴幼儿耳的特点

1. 耳廓易生冻疮

耳廓皮下组织很少，血循环差，易生冻疮。虽天暖可自愈，但到冬季不加保护又会复发。

2. 外耳道易生疖

因眼泪、脏水流入外耳道，或挖耳朵伤了外耳道可使外耳道皮肤长疖，因长疖疼痛可影响小孩睡眠，张口、咀嚼时疼痛加剧。

3. 易患中耳炎

婴幼儿的耳咽管比较短，管腔宽，位置平直，鼻咽部的细菌易经耳咽管进入中耳，引起急性化脓性中耳炎。

保育工作要点

· 冬天，预防耳朵生冻疮，注意保暖。

· 在给孩子洗头时，避免污水流入外耳道。

· 不要用发卡、火柴棍等给孩子掏耳屎。一旦碰伤鼓膜会影响听力，碰伤外耳道皮肤，易生疮长疖。

· 教会孩子擤鼻涕。如果用力擤，鼻腔内压力太大，细菌就可从鼻咽部进入耳咽管，引起中耳炎。

十、人体的司令部——神经系统

（一）什么是神经系统

人体是由功能不同的各器官系统组成的，然而机体的各种功能并不孤立，而是相互协调的。神经系统起调节作用，使人体成为统一的整体。

1. 神经系统的组成

神经系统由中枢神经和周围神经两部分组成。

中枢神经包括脑和脊髓。

大脑是中枢神经最高级的部分，是人体的"司令部"。

脊髓起着上传下达的桥梁作用，把接收到的刺激传给脑，再把脑发出的命令下达到各个器官。

2. 神经系统的基本活动方式

神经系统的基本活动方式是反射。反射是指在中枢神经参与下，机体对刺激做出的反应。

反射可分为非条件反射和条件反射两种。

非条件反射是生来就具备的本能，是较低级的神经活动。比如，食物进入口腔就会反射性地引起唾液分泌，就是一种非条件反射。

条件反射是后天获得的，它建立在非条件反射的基础上，是一种高级神经活动。条件反射的建立提高了人适应环境的能力。比如，"望梅止渴"，看见梅林就流唾液，就是一种条件反射。

小朋友的一切习惯的养成，都是条件反射形成的过程。

（二）婴幼儿神经系统的特点

1. 容易兴奋、容易疲劳

幼儿大脑皮质易兴奋，不易抑制。表现为容易激动，但控制自己的能力差。让他干什么，他乐于接受；让他别干什么，就难了。因为"别干什么"是一种抑制过程。

虽说容易兴奋，但注意力难持久。在教孩子干什么事，或学习什么的时候，要想方设法引起他的兴趣。

幼儿干一件事坚持不了多久，需要经常变换活动的内容、方式，使幼儿不觉疲劳。

2. 需要较长的睡眠时间进行休整

1～6个月，每日需要睡眠 16～18 小时；

7～12 个月，14～15 小时；

1～2 岁，13～14 小时；

2～3 岁，12 小时；

3～6 岁，11 小时。

婴儿过了百天，白天可安排三觉；9 个月以后白天睡两觉；2 岁以后中午安排一次午睡即可。

3. 精神发育

婴幼儿的精神发育与教育和训练有着密切关系，教育、训练得当，婴幼儿的动作、语言、行为都能得到充分的发展。

一般，以婴幼儿的大动作、精细动作、语言与适应能力，作为判断精神发育的主要指标。（见表 1-1-3）

表 1-1-3　婴幼儿精神发育水平

年龄	平衡及粗、细动作	语言	适应和行为
1 月	全身动作无规律，俯卧时勉强抬头，吸吮有力	仅会哭	注视正前方亮光
2 月	由俯卧位被托起，头与躯干维持在一条直线上	渐发出个别语音或喊声	眼及头能随物转动，开始微笑
4 月	会抬头，挺胸，头竖直，手能握紧玩具	咿呀学语	主动以笑脸迎人
6 月	稍会坐，扶之能站直，喜欢被扶立跳跃	发出个别音节如妈、爸，以唇音为主	能伸一手取物，知道人面生熟
8 月	坐稳，会爬，扶之能站	能发出"爸爸""妈妈"等复音	两手会传递玩具
10 月	扶物站稳	模仿大人的声音	拇、食指对指取物
12 月	能自己站立，扶一只手可以走	能用简单的词表达自己的意思	用杯喝水，穿衣会伸手入袖
15 月	会独立行走，会叠两块积木	能听懂一些日常用语，会说吃、睡等日常生活单词	会指出所需要的东西
18 月	跑得稳，拉一只手可上台阶	可叫出图画上的物品名	会自己吃东西，有困难知道找人
2 岁	会上下楼梯、开门	能说 2～3 个字组成的话，学唱歌	会划圆圈，基本能控制大小便，会看图
3 岁	倒退走，会折叠纸张	会说多字的话，知道性别年龄	会洗手，玩简单游戏
4 岁	会一只脚跳，用剪刀剪图画	会讲小故事	可仿画简单的画，爱同小朋友玩，自己会上厕所
5 岁	会双脚并跳	说出各种颜色，会唱儿歌	区别物体轻重，会穿脱衣，能认字，数 10 以内数

保育工作要点

> • 严格执行合理的生活日程，使幼儿生活有规律。
> • 在日常护理中，多与小朋友交谈，使他们感受到温暖、亲切和爱抚。

思 考 题

问答题

1. 什么叫"脊柱生理性弯曲"？什么叫"脊柱侧弯"？

2. 如何预防脊柱侧弯？

3. 什么叫"牵拉肘"？如何预防？

4. 鼻腔有什么生理功能？

5. 如果运动量过大，幼儿有那些表现？

6. 为什么要保护好乳牙？

7. 什么叫"上行性泌尿道感染"，如何预防？

8. 为什么要尽早治疗斜视？

9. 为什么婴幼儿容易得中耳炎？

10. 3～6 岁的幼儿，每天需要多长时间的睡眠？

选择题

1. 乳牙有多少颗？（　　　）

　　A. 20 颗　　　　　　　B. 24 颗　　　　　　　C. 32 颗

2. 6 岁左右，在第二乳磨牙的后面，上、下、左、右各有一颗新牙萌出，称"六龄齿"，它是（　　　）。

　　A. 乳牙　　　　　　　B. 恒牙

3. 六龄齿的主要作用为（　　　）。

　　A. 确定上下牙弓之间的关系

　　B. 把大块食物切割成小块

　　C. 碾碎、磨细食物

答案：

1. A；　2. B；　3. A、C。

第二章　婴幼儿的心理健康

对于婴幼儿来说，健康是第一重要的。健康，不仅仅是身体健康，也包括心理健康。

婴幼儿卫生保健，应该包括心理卫生保健。

1988年4月在美国檀香山举行的世界婴幼儿精神健康学术研讨会，充分讨论了婴幼儿与照看人早期的相互交往与对婴幼儿心理健康的影响。大会得出的结论是：上述交往对婴幼儿的心理发育和心理健康将产生重要的影响，且将涉及日后成人时的心理状态。

大会呼吁：心理保健应从婴幼儿时期做起。

保育员是婴幼儿接触较多的"照管人"，无疑对婴幼儿的心理健康将产生重要的影响。

多一分爱心，多一分耐心，多一分操心，婴幼儿就多得到一分温暖、安全感、悦愉感，有利于他们良好个性的形成。

保育员应该了解、关心婴幼儿的心理健康，并落实到护理工作中去。

一、婴幼儿心理健康的标志

(一)智力发展正常

正常的智力水平是婴幼儿与周围环境取得平衡和协调的基本心理条件。一般把智力看作是以思维力为核心，包括观察力、注意力、记忆力、思维力和想象力等各种认识能力的总和。它以先天素质为物质基础，在人与环境的交互作用中得以发展。

(二)情绪稳定，情绪反应适度

情绪是人对客观事物的一种内心体验，它既是一种心理过程，又是心理活动赖以进行的背景。良好的情绪状态反映了中枢神经系统功能活动的协调性，表示人的身心处于积极的平衡状态。心理健康的婴幼儿对待环境中的各种刺激能表现出与其年龄相符的适度反应，并能合理的疏泄消极的情绪。

(三)乐于与人交往，人际关系融洽

虽然婴幼儿的人际关系比较简单，人际交往的技能也较差，但心理健康的婴幼儿乐于与人交往，也希望通过交往而获得别人的了解、信任和尊重。

(四)行为统一和协调

随着年龄的增长，婴幼儿的思维逐渐变得有条理，主动注意时间逐渐增加，情绪情感的表达方式日趋合理和成熟。

(五)性格特征良好

性格是个性的最核心、最本质的表现，它反映在对客观现实的稳定态度和习惯化了的行为方式之中。

婴幼儿心理健康的具体标准，在日常工作中常参考以下几点：

(1)精力充沛；

(2)心情愉快；

(3)开朗合群；

(4)睡眠良好；

(5)坏毛病少。

二、保育工作与婴幼儿的心理健康

(一)护理与心理健康

1. 护理——提供适宜的刺激

心理活动的器官是大脑，大脑的发育需要丰富而适宜的刺激。

清洁护理所带来的舒适，护理过程中成人与婴幼儿肌肤的接触，婴幼儿耳边的喃喃细语，等等，都是有益的刺激，使婴幼儿身、心都得以健康发展。

护理婴幼儿，吃、喝、拉、撒、睡、玩，要使婴幼儿感受到爱抚，情绪好，学什么都快。

2. 护理——使婴幼儿的生活有规律

人体是一个有节律的王国，人体内的节律一旦形成，起居有常、饮食有规律，该玩就玩，该睡就睡，婴幼儿的生活有节奏，才能吃的香，睡的踏实，醒来有精神。

保育工作是按照一定的生活日程进行的，生活日程天天如此，日久形成习惯。该开饭了，孩子正饿；该睡觉了，孩子正困；该户外活动了，孩子正有精神。

生活规律是身心健康的保证。

(二)避免对婴幼的心理产生不良影响

1. 注意对小朋友说话的口气

口气，是一种言语表情，是反映情绪和态度的一面镜子。七情，喜、怒、忧、思、悲、恐、惊，可以从口气中流露；对待儿童的态度(儿童观)也可以从口气中暴露无遗。

人们对儿童的看法和态度的总和，称为"儿童观"。落后的儿童观，不尊重儿童，对儿童说话多是口气生硬、冷漠，稍有过失就大声呵斥。在这种氛围中，孩子或胆小懦弱，或抗逆悖理，易形成不良的性格。

另一种"儿童观"，尊重儿童，对儿童说话常是"商量式"的。孩子有了过错，大人常常是蹲下来，脸对脸，目光对目光，严厉而不失温和的开导他们。

通过大人的口气，孩子的心灵被打动了，驱散了因过失引起的紧张不安，产生了改错的内在动力，这是呵斥、大吼、冷漠所无法奏效的。

宽松、温馨的气氛，使小朋友个个开朗、开心；紧张、压抑的气氛，使小朋友沮丧、不安，且上行下效，对人粗暴冷漠。

为了促进儿童的心理健康，请注意说话的口气。

2. 吓唬这招不可取

俗话说："初生牛犊不怕虎。"那么，一个天不怕地不怕的"初生牛犊"，怎么越来越胆小了呢？

有些幼儿不仅怕这怕那，而且恐惧的程度强烈、持久，成为一种心理障碍。究其原因，八成是大人吓唬出来的。

人们通常所说的"怕"，是指对危险的一种预感，是人们企图摆脱、逃避某种情景，又苦于无能为力时的一种情感。

比如，1岁左右，怕陌生人，怕与亲人分离；两三岁，怕黑、怕小动物、怕雷声，等等。但是，这种怕并不强烈，也不持久，只要正确的引导，不会成为一种心理障碍。

那么，为什么有些幼儿特别胆小呢？

(1)"怕"是一种共鸣：老师正和小朋友在院子里玩得高兴，忽然瞥见墙上有只壁虎，顿时尖叫起来，吓得小朋友也叫起来。原来，这位老师怕"虫子"。

当幼儿看到照顾他的大人，对某些情景表现出恐惧或做出逃避的动作时，也会产生"共鸣"，看在眼里、记在心上。是大人的言行"吓"着了孩子，使他们学会了"怕"。

(2)"怕"是吓唬出来的，有的老师为了"镇"住"不听话"的小朋友，就使出"吓唬"这一招儿。

睡觉不闭眼、吃饭不张嘴、尿裤子、不爱洗澡……为了使其就范，有的老师就信口编出什么"老妖怪""大马猴"之类的鬼怪，小朋友却真信、真怕。他们信"这些怪物无处不在，专门盯着小孩，专门惩治小孩"。

小淘气就是不闭眼睡觉，"再不闭眼，外面的大老猫就来叼你了"。小淘气会赶紧闭上眼，蜷缩在被窝里，心灵被恐惧所笼罩。

幼儿的神经系统原本就比较脆弱，吓唬这一招儿，绝对不可取。否则，"恐惧"就像个幽灵，会长时间躲在幼儿的潜意识里，使他们特别胆小，有时还出现口吃、遗尿、夜惊等心理障碍，甚至发展成无惊自扰的"恐惧症"，很难矫治。

三、婴幼儿常见的心理卫生问题

所谓"心理卫生问题"，就是平时常说的"毛病"，或是"不正常的行为"，比如：吮吸手指、口吃、遗尿、说谎、攻击性行为、习惯性阴部摩擦，等等。

同样一种行为，在不同年龄，有的是正常的，有的就是"坏毛病"。比如，婴儿"吮吸手指"，是很自然的事，如果到了幼儿园大班仍吮吸手指就要矫正了。两三岁的小朋友"吹牛皮能吹破天""睁眼说瞎话"，那是受他们的心理发展水平的限制，把想象与现实混淆，并非有意"编瞎话"，属于"无意说谎"。可是五六岁的小朋友为了得到表扬或是逃避惩罚在编瞎话，就要认真对待了。

三四岁的小朋友，说话不流畅，结结巴巴，不是"口吃"，如果总提醒他"把话说好了，别结巴"，造成没开口先紧张了，倒真可能"口吃"了。

从事保育工作，和小朋友接触会遇到各种各样的"小毛病""坏习惯"。学习一些有关的知识，正确对待小朋友的一些"毛病"，将对他们的心理健康产生积极的影响。

(一)吮吸手指

婴儿吮吸手指极为常见，随着月龄增加，这种行为会逐渐消退。在幼儿中，若仍保留这种幼稚动作，成为习惯，应及时纠正。因为幼儿吮吸手指的行为会受到非议，而使幼儿感到紧张、害羞。这种不良习惯还易引起肠寄生虫病、肠炎等疾病，且可引起手指肿胀、发炎。若持续到六七岁换牙时期，则可导致下颌发育不良、开唇露齿等牙齿排列不整，妨碍面容的和谐和不能充分发挥牙齿的咀嚼功能。

吮吸手指这种不良习惯常因婴儿期喂养不当，不能满足其吮吸欲望，以及缺乏环境刺激和爱抚，导致婴儿以吮吸手指来抑制饥饿或自我娱乐。

矫治方法：

可用玩具、图片等幼儿喜爱之物，或感兴趣的活动去吸引其注意力，冲淡吮吸手指的欲望，逐渐改掉固有的不良习惯。用在手指上涂苦味药或裹上手指等强制方法，较难根除这种坏习惯。

(二)咬指甲癖

经常的、控制不住的用牙将长出的手指甲咬去，称"咬指甲癖"，这在3～

6岁的幼儿中常见。大都出现于精神紧张之时，如不愿意去幼儿园，家长管束太严，缺少小伙伴和游戏，情绪不安、情绪低落时，以咬指甲自慰。大人或小伙伴有此习惯，幼儿也易仿效成习。养成顽固习惯后，有时终生难改。

矫治方法：

防治此癖，应以消除引起幼儿心理紧张的因素入手。用苦药或辣物涂擦指甲一般不能收到良好效果。良好的生活习惯，户外活动，游戏，使幼儿情绪饱满、愉快，可逐渐克服惰性兴奋灶。另外需养成按时修剪指甲的卫生习惯。

（三）习惯性阴部摩擦

幼儿或将两腿交叉上下移擦，或骑坐在某些物体上活动身体，摩擦阴部，引起脸红、眼神凝视、表情紧张等不自然的现象，称为"习惯性阴部摩擦"。

对这种现象，不应视为"手淫"，它和"吮吸手指"等同属幼儿的不良习惯。最早可发生在1岁左右，男孩多于女孩。多数是发生在入睡之前或刚醒来时，也有的不分场合，或为避开成人干涉而暗自进行。

矫治方法：

（1）查明诱因：这种行为习惯有时是因为局部的疾病引起瘙痒，小儿常躺卧于一定体位，摩擦阴部止痒，渐成习惯。例如，女孩外阴部的皮肤和黏膜细嫩，洗澡时水稍烫即可造成轻微的损伤，伤愈后留下瘙痒；或因外阴湿疹引起痒感。男孩可因包皮口狭小或包皮与阴茎头粘连引起包茎、包皮炎，使阴茎头瘙痒不适。患蛲虫症的小儿，因蛲虫夜间移至肛门外产卵，使肛门周围奇痒，也会诱使小儿摩擦外阴部止痒。找出诱因，给予治疗，便于根除不良习惯。

（2）转移兴奋：当小儿发作时，可设法转移其注意力，或轻声呼唤其名，或改变其体位，也可播放乐曲，玩玩具等转移其注意力。如果成人用恐吓、打骂等方法对其施加压力，会使儿童对这种行为产生罪恶感和神秘感，精神更加紧张，反而会强化这种行为。

（3）设置障碍：不要让他们过早卧床或醒后不起床。衣着勿过暖，内裤不要太紧。

（4）讲究卫生：经常清洗会阴，保持会阴部的清洁、干燥。

（5）调整身心：多鼓励他们参加集体活动和体育锻炼。

（四）口吃

口吃为常见的语言节奏障碍。它的发生并非因发音器官或神经系统的缺陷，而是与心理状态有关。表现为正常的言语节律受阻，不自觉地重复某些字音或字句，发音延长或停顿，伴跺脚、摇头、挤眼、歪嘴等动作才能费力地将字迸出。患儿大多自卑、羞怯、退缩、孤僻、不合群。有的表现为易激惹，情绪不稳。出于对口吃的恐惧心理及高度注意，终成心理痼疾，越怕口吃越口吃。发病率约占儿童的 1‰~2‰，多起始于 2~5 岁，男多于女。

1. 引起口吃的诱因

（1）精神创伤：受惊吓、受到严厉惩罚、进入陌生环境感到恐惧、家庭破裂而失去爱抚等。

（2）模仿：小儿觉口吃者滑稽可笑，加以模仿。

（3）疾病：患百日咳、流感、麻疹、猩红热等传染病，或脑部受到创伤后，大脑皮质的功能减弱，容易发生口吃。

2. "发育性口齿不流利"不是"口吃"

值得注意的是，2~5 岁的幼儿正是语言和心理发展十分迅速的阶段，词汇也渐丰富，但言语功能尚未熟练，不善于选择词汇，说话时常有迟疑、不流畅的现象，一般到上小学前，就可口齿流利了，这种现象称为"发育性口齿不流利"，不属于口吃。

如果大人对幼儿的"发育性口齿不流利"，流露出担心、不安的心情，并时时提醒"别结巴"，或强迫幼儿"把话再说一遍"。幼儿在开口之前，心理先紧张了，就更张口结舌，可能真发展成"口吃"了。

3. 口吃的预防与矫治

应从解除小儿的心理紧张入手。避免因说话不流畅遭到周围人的嘲笑、模仿以及家长、教师的指责或过分矫正。大人不要当众议论其病态，或强迫他们把话说流畅，不许结巴。需知，这样只会适得其反，加重其心理障碍。应安慰他们，使他们有信心克服。大人要用平静、从容、缓慢、轻柔的语调和他们说话，来感染他们，使他们说话时不着急，呼吸平稳，全身放松，特别是不去注意自己是否又结巴了。可以多练习朗诵唱歌。

（五）遗尿症

幼儿在 5 岁以后，仍不能控制排尿，经常夜间尿床，白天尿裤，称"遗尿症"。

1. 控制排尿能力的发展

尿液存储在膀胱内，达到一定量时，膀胱内的压力，刺激膀胱壁的牵张感受器，神经冲动经盆神经传入，到达脊髓腰骶部的低级排尿中枢，并上传到大脑皮质，产生尿意。如果环境条件不许可排尿，大脑皮质就会抑制尿意，这种由意识控制排尿的机制，需要大脑发育成熟到一定的程度，也需要学习和训练。一般两三岁的幼儿就可以开始自行控制排尿，白天不尿裤子，夜间能因尿意而醒来排尿，仅偶尔尿床。

2. 遗尿症的原因

（1）功能性遗尿症：约占遗尿症的 90%。主要由于大脑皮质功能失调所致。其诱因多为精神方面的障碍，如突然受惊、大病一场、对生活环境的改变不能适应，等等。睡眠过深，没有养成良好的排尿习惯也是主要诱因。

（2）器质性遗尿症：因疾病所引起的遗尿症称"器质性遗尿症"，如蛲虫症、膀胱炎等，均可使幼儿不能控制排尿。

3. 功能性遗尿症的矫治

（1）唤醒排尿：掌握幼儿夜间遗尿的时间（多数是在睡熟后 2～4 小时内），提前唤醒起床排尿，也可利用闹钟、蜂鸣器或褥垫内唤醒器（稍遇湿，电路即感应接通，发出铃响），重复多次后，使患儿能形成条件反射，在排尿前醒来。

（2）避免过累：建立合理的生活制度，避免过度疲劳和临睡前过度兴奋，白天有一小时午睡，以免夜间睡眠过深。

（3）控制饮水：晚饭宜清淡，少吃稀的，控制饮水，可减少儿童入睡后的尿量。

（4）针灸、药物治疗：针灸有一定疗效。服药需在医生指导下进行。

（5）消除可致幼儿精神不安的因素，包括因遗尿带来的心理压力，帮助患儿树立战胜疾病的信心，不要自卑，也不要满不在乎。绝不可耻笑、斥责有遗尿症的幼儿。

4."精神性尿频"不是"遗尿症"

某些新入幼儿园的小朋友，出现"尿频、尿急"的现象，检查尿液未发现异常，并非泌尿道有感染。这种情况常与幼儿初过集体生活不习惯有关。幼儿总觉着有尿而往厕所跑。怕尿裤子，却常因紧张不安而尿湿了，如果再受到批评，紧张情绪加剧，越发控制不住。当然，这不是"遗尿症"。对刚入园的小朋友，要帮助他们熟悉环境，多给予关心、照顾，让小朋友放心地去参加各种活动。当他们紧张不安的心理解除了，尿频、尿急的现象也就随之消失。

（六）遗粪症

遗粪症是指 4 岁以后，仍经常不能控制排便。这种对大便无控制能力的现象，并非因为腹泻所致。

预防遗粪症：

（1）培养每天定时排便的习惯。最好在早饭后排便。

（2）解除幼儿潜在的心理压力，给予爱抚。

（七）夜惊

夜惊，俗称"撒呓挣"，属于睡眠障碍。它的发生与白天情绪紧张有密切关系。男孩发生夜惊多于女孩。主要表现为：入睡不久（一般 15～30 分钟），在没有任何外界环境变化的情况下，突然哭喊出声，两眼直视，并从床上坐起，表情恐惧。若叫唤他，不易唤醒。对他人的安抚不予理睬。发作常持续数分钟，醒后完全遗忘。

幼儿夜惊，多由心理因素所致，如父母离异、亲人伤亡、受到严厉的惩罚，使幼儿受惊和紧张不安。睡前精神紧张，如看惊险电影、听情节紧张的故事，或被威吓后入睡，以及卧室空气污浊、室温过高、盖被过厚、手压迫前胸、晚餐过饱等均可引起发作。鼻咽部疾病致睡眠时呼吸不畅、肠寄生虫等也可导致夜惊。

对于夜惊的幼儿，一般不需药物治疗，主要从解除产生夜惊的心理诱因和改变不良环境因素入手，及早治疗躯体疾病。随着幼儿年龄的增长，大多数幼儿的夜惊会自行消失。少数幼儿的夜惊不属于睡眠障碍，而是癫痫发作的一种形式，故经常发生夜惊，在白天精神、行为也有异常，应去医院诊治。

(八)说谎

1. 无意说谎

三四岁的幼儿由于认知水平低，在思维、记忆、想象、判断等方面，往往会出现与事实不相符合的情况，属于无意说谎。比如，他们常把想象的东西当作现实存在的东西；把渴望得到的东西说成已经得到了；把希望发生的事情当作已经发生的事情来描述，于是就出现"牛皮吹破天""睁眼说瞎话"的现象。

遇到这些情况，不该指责他们"说瞎话"，只需让小朋友明白"该怎么说"就行了。

2. 有意说谎

有的幼儿为了"趋乐"（得到表扬、奖励）或避害（逃避责备、惩罚），故意编造谎言，就是有意说谎了。

针对有意说谎的对策：

(1)讲"狼来了"的故事：让幼儿明白说谎的后果。

(2)允许孩子犯错误：鼓励小朋友说实话，创造一种宽容的气氛。

(3)不使其得逞：要及时揭穿谎言，不使其得逞。一次得逞就是对说谎行为的一次强化。

(4)成人言传身教：大人不弄虚作假，彼此信任、坦诚，为小朋友树立榜样。

四、对婴幼儿进行心理健康教育

(一)帮助婴幼儿学会调节自己的情绪

1. 懂得哪些要求合理，哪些要求不合理

婴幼儿发脾气、暴怒，在很大程度上是因为需求未得到满足。

要让婴幼儿懂得，哪些需求是合理的，哪些需求是不能给予满足的。

不该满足的需求，发脾气、哭闹、在地上打滚均无济于事。成人切莫妥协，一次妥协就是对不良行为的一次强化。

2. 合理疏泄

当婴幼儿受到挫折、受到委屈、心里有气的时候，要给他们机会，把自己的气发泄出来，以减轻心理上的压力。

但是疏泄的方法不该是打人、骂人、毁坏东西等。

让小朋友明白，不高兴的事人人都会有，别再去想它，要高高兴兴的去玩，就什么都忘了。

(二)帮助婴幼儿学习社会交往技能

1. 移情教育

所谓移情，就是设身处地为别人想想。在日常生活中要引导小朋友注意"自己的行为给别人带来的影响"。比如，打了别的小朋友，要让他知道被打的小朋友在伤心；主动把玩具给别人玩，要让他体会别的小朋友多么开心。使婴幼儿更具同情心，更加友好，合群，乐群。

2. 分享与合作

多为婴幼儿创造一些合作的机会，同时懂得分享。

3. 恰当的自我评价

对小朋友的批评或表扬要恰当。不使他们觉得"自己什么都不行"，产生自卑感；也不使他们认为"自己什么都好"，处处争第一，下盘棋也只能赢不能输。

(三)培养婴幼儿良好的生活习惯

良好的生活习惯有益于婴幼儿情绪饱满、情绪稳定。

1. 有规律的生活

人的身体，就像一个装了无数时钟的大机器。这些"时钟"嘀嘀嗒嗒，从心跳到体温，从记忆力到反应……无不控制在它们手里，这些"时钟"就叫"生物钟"。

生活有规律，婴幼儿的吃、喝、拉、撒、睡、玩，安排有序，习惯成自然，体内的"生物钟"运转和谐、流畅，婴幼儿的身体健康，心理平衡。

生活杂乱无章，"生物钟"的功能发生紊乱，就会破坏正常的生理活动和心理平衡，婴幼儿烦躁易怒，记忆力下降，反应迟钝，身心俱伤。

2. 良好的卫生习惯

使婴幼儿养成良好的卫生习惯，对于婴幼儿保持良好的精神状态和健康的身体具有积极的作用。

良好的卫生习惯包括：勤剪指甲，饭前便后洗手，早晚刷牙，用自己的茶杯、毛巾，不抠鼻孔，不挖耳朵，不揉眼睛等。习惯成自然，不必督促，从容完成，没有任何心理压力。

(四)性教育

一般人们认为性教育是针对青春期少男、少女的。其实，从婴儿呱呱坠地，家长和照管人就在有意、无意间，或健康、积极，或不健康、消极，对孩子的性心理产生影响。

健康的性教育，大致体现在以下几个方面。

1. 没有性歧视

婴幼儿通过照管人的言谈举止、表情态度，不感到因为自己是女孩（或男孩）而受冷漠。体会到自己被人疼爱，这是健康的性心理中重要的一环。

2. 没有性压抑

"性"本不神秘。性器官是人体器官中的一部分，和眼睛、鼻子一样，应该让婴幼儿懂得性器官也是身体的一个组成部分。

偶尔婴幼儿玩弄外生殖器，可以巧妙地用玩具、讲故事、作游戏等吸引其注意力，打个岔，就行了，不要训斥："别摸那脏东西""羞死了"等。否则，婴幼儿会从中得到这样一种印象："那个东西，是脏的、丑的"。

3. 自然地回答性问题

当婴幼儿提出有关性的问题时，不必感到尴尬。要用自然的表情、自然的语气，给予自然的回答。

比如，婴幼儿常想知道："我是怎么来的"，回答不要信口开河："你妈把你捡回来的"，等等。回答自然、简单，婴幼儿也不会再刨根问底。

保育工作要点

- 注意对婴幼儿说话的口气。
- 吓唬这招儿不可取。
- 正确对待婴幼儿的"毛病"，不要斥责、耻笑。
- 婴幼儿学习口语阶段，说话不流畅，不要认为是"口吃"。不要因为大人的态度，使婴幼儿不敢说话，或怕说不好。越紧张，越张口结舌。
- 婴幼儿有"习惯性擦腿动作"，并非见不得人的毛病，要与家长取得联系，共同采取矫正的方法。
- 新入园的婴幼儿，可能因为紧张不安而尿裤子，或总跑厕所，要正确对待。
- 婴幼儿"说瞎话"，要认真分析，是"无意"还是"有意"，要区别对待。
- 幼儿提出有关性的问题，回答时，表情要自然，语气要自然，回答要自然、合理、简单。

思 考 题

1. 婴幼儿心理健康的标志是什么?

2. 什么是"发育性口齿不流利"?

3. 如果婴幼儿有"习惯性擦腿动作"该如何对待?

4. 什么是"精神性尿频"?

5. 对婴幼儿进行性教育包括哪些内容?

第三章　健康评价

托幼机构的卫生保健工作以促进儿童健康成长为目的。

全面评价儿童健康可以从以下三个方面来进行：生长发育是否正常；有无疾病；心理发展是否正常。

一、生长发育

"生长"是指整个身体和器官可以用度量衡测量出来的变化；"发育"是指细胞、组织、器官和系统功能的成熟。

生长发育包含着机体质和量两方面发育过程的动态变化。比如，大脑在增加重量的同时，记忆、思维、分析的功能也在不断地完善。又如，随着肠道长度和胃的容积的不断增加，消化功能也日趋完善。

了解儿童生长发育的特点，对于搞好保育工作有着重要的意义。认识、掌握儿童生长发育的规律，就可以积极创造各种有利条件，以增进儿童健康。

(一)生长发育的一般规律

1. 儿童的动作发育有一定顺序

婴幼儿的大动作发育首先从头部运动开始(会抬头、转头)，以后发展到躯干为主的动作(翻身、坐)，最后发展到下肢的活动及下肢与其他部位的协同动作(爬、站、行走)。

婴幼儿的动作发育是伴随着智力的发展而不断完善的。创造有利于婴幼儿动作发育的条件，就可以促进他们的身心健康。

婴儿近半岁了，在会趴的基础上，要帮助婴儿学爬。爬，昂着头、颈，挺着胸脯，抬着腰，上、下肢要支撑身体，动作要协调，身体要保持平衡。所以，爬是全身的活动，尤其锻炼了腹部、腰部和下肢的肌肉，为站和走打下基础。

没有经过"爬"，就学着走路的孩子，身体平衡能力差，总是踮着脚尖往前冲，常常摔得鼻青脸肿，磕掉门牙。

2. 人体是统一的整体

身体各系统的发育快慢虽然各有不同，但机体是统一的整体，各系统的发育是互相联系、互相影响、互相制约的。例如，体育锻炼不仅能促进肌肉、骨骼的发育，而且也能促进神经系统的发育；神经系统的发育，又可以更好地协调运动系统的活动。

又如，手的活动可以刺激相当大范围的大脑皮质。脑的发育又使手的动作更加灵活、准确、精细，这就是"心灵手巧、手巧心灵"的相辅相成的关系。多让孩子活动手，手巧心也灵。

3. 每个儿童的生长发育有自己的特点

由于先天遗传和后天环境的差异，人与人之间的发育不可能一致，必然出现高矮、胖瘦、强弱以及智力的不同。

在评价某个儿童生长发育的状况时，除了和"标准"比，还要进行自身前后的对比，才更为准确。最好是应用保健部门提供的"生长发育监测图"，便于前后对比。

(二)影响生长发育的因素

儿童的生长发育过程是先天遗传和后天环境相互作用的结果。先天遗传决定生长发育的可能范围；环境条件影响遗传潜力的发挥，决定发育的速度及达到的程度。

1. 遗传因素

遗传对儿童的生长发育有肯定的作用。据对单卵双胎(一个受精卵发育成两个胎儿，遗传因素相同)的研究，单卵双胎之间身高的差别很小，说明身高受遗传因素的影响较大。而体重却受后天环境因素的影响较大。

2. 营养

儿童必须不断由外界摄取各种营养素，尤其是足够的热量、优质的蛋白质、各种维生素和矿物质等作为生长发育的物质基础，经常保证同化过程超过异化过程，才能促进生长发育。

儿童营养调查资料证实，营养丰富且平衡的膳食能促进生长发育；反之，营养缺乏的膳食不仅会影响发育，而且会导致疾病。长期营养不良，则会影响骨骼的增长，致使身体矮小。

在集体儿童机构，能否根据儿童的营养需要、收费标准、市场供应等情况进行计划膳食，将直接影响儿童的体格发育。

3. 体育运动和劳动

体育运动和劳动是促进儿童身体发育和增强体质的重要因素，可以加快机体的新陈代谢，提高呼吸系统、运动系统和心血管的功能，尤其能使儿童的骨骼和肌肉都得到锻炼。

4. 生活制度

合理安排有规律、有节奏的生活制度，可以保证儿童有足够的户外活动、适当的学习时间、定时进餐及充分的睡眠。在合理的生活制度下，儿童身体各部分包括大脑皮质在内，活动与休息能得到适宜的交替，身体的营养消耗也可得到及时的补充，这都有利于促进儿童的生长发育。若能从小养成良好的饮食、起居习惯，必将终生受益。

5. 疾病

儿童的生长发育可受各种疾病的直接影响。疾病可以干扰正常的能量代谢，尤其体温过高时，可使酶系统正常功能受到影响，使代谢率升高，并增加各种营养物质的消耗。有些疾病还能严重影响器官和系统的正常功能，如急性胃肠道疾病对消化吸收能力有明显的干扰。营养不良不仅使体重减轻，而且可推迟语言和动作的发展。有些传染病，如流行性脑脊髓膜炎、流行性乙型脑炎、脊髓灰质炎等，不仅威胁儿童的生命，而且还可造成严重的后遗症。

严重的慢性疾病，如钩虫病、结核病等对生长发育也有明显的影响。还有一些慢性病，如慢性扁桃体炎、慢性气管炎等，因为影响儿童的活动能力，也使生长发育迟缓。

因此，积极防治儿童常见病，对保证儿童正常发育是十分重要的。

6. 生活环境

国内外一些调查表明，在同样的经济条件下，家庭中子女的多少，对儿童生长发育有一定的影响。在多子女的家庭中，儿童的体格发育相对较差。因此，加强计划生育，将有利于儿童健康成长。

7. 季节

季节对生长发育也有一定的影响。一般来说，春季身高增长较快，秋季体重增长较快。

8. 污染

大气、水和土壤中有害物质的污染，以及噪声的危害，对儿童生长发育都有不良的影响，应引起人们足够的重视。

二、生长发育的评价

(一)评价的指标

一般常用体重、身长、头围、胸围等作为评价儿童体格发育的指标。

1. 身长

身长是生长长度的重要指标，也是正确估计身体发育特征和评价生长速度时所不可缺少的依据。

2. 体重

体重是指人体的总重量。在一定程度上代表儿童的骨骼、肌肉、皮下脂肪和内脏重量及其增长的综合情况。从体重、身高可以推测儿童的营养状况。

3. 头围

头围表示颅及脑的大小与发展情况，是 6 岁以下儿童生长发育的重要指标。

4. 胸围

胸围表示胸廓的容积以及胸部骨骼、胸肌、背肌和脂肪层的发育情况，并且在一定程度上表明身体形态及呼吸器官的发育状况。

出生时新生儿的头围大于胸围。到 1 岁左右，胸围赶上头围。若超过 1 岁半，胸围仍小于头围，说明生长发育不良。

（二）评价的标准

1. 粗略的评价方法

（1）体重

①按体重增长的倍数来计算：已知出生体重，6 个月时体重为出生体重的 2 倍左右，周岁时约 3 倍，2 岁时约 4 倍，3 岁时约 4.6 倍。

②按体重增长的速度来计算：在生后 3 个月内，每周体重增加 200～190 克；3～6 个月每周增加 180～150 克；6～9 个月每周增加 120～90 克；9～12 个月每周增加 90～60 克。

③按公式推算：出生体重按 3 000 克计算。

6 个月以内体重＝出生体重＋月龄×600（克）

7 个月至一岁体重＝出生体重＋月龄×500（克）

2～7 岁体重＝年龄×2＋8（千克）

（2）身高（3 岁以下卧位测身长）

①按身高增长的倍数来计算：出生身长按 50 厘米计算，周岁时身长为出生身长的 1.5 倍，4 岁时身高为出生身长的 2 倍。

②按身高增长的速度来计算：1～6 个月，平均每月身长增长 2.5 厘米，7～12 个月平均每月增长 1.5 厘米，周岁时达 75 厘米，2 岁时达 85 厘米。

③按公式推算：儿童 2 岁以后，平均每年身高增长 5 厘米。

2～7 岁身高＝年龄×5＋75（厘米）

（3）头围

新生儿平均头围 34 厘米，周岁时 45 厘米，2 岁时 47 厘米，3、4 岁两年共长 1.5 厘米，以后则增长更少。

（4）胸围

胸围在生后第一年增长最快，共增加 12 厘米，第二年增加 3 厘米，以后每年约增加 1 厘米。

2. 世界卫生组织推荐的评价方法

(1)按年龄的身高、按年龄的体重

用法：

①按性别查表。

②找到相应的年龄(岁、月)。

③表中有三组数字：－2SD、中位数、＋2SD。－2SD 为最低限；＋2SD 为最高限。

最低限与最高限之间为正常范围。

表 1-3-1　7 岁以下男童年龄别体重、身长(高)参考值

年 岁	龄 月	体重(千克)			身长(厘米)		
		－2SD (最低限)	中位数	＋2SD (最高限)	－2SD (最低限)	中位数	＋2SD (最高限)
0	0	2.4	3.3	4.3	45.9	50.5	55.1
	1	2.9	4.3	5.6	49.7	54.6	59.5
	2	3.5	5.2	6.8	52.9	58.1	63.2
	3	4.1	6.0	7.7	55.8	61.1	66.4
	4	4.7	6.7	8.5	58.3	63.7	69.1
	5	5.3	7.3	9.2	60.5	65.9	71.3
0	6	5.9	7.8	9.8	62.4	67.8	73.2
	7	6.4	8.3	10.3	64.1	69.5	74.8
	8	6.9	8.8	10.8	65.7	71.0	76.3
	9	7.2	9.2	11.3	67.0	72.3	77.6
	10	7.6	9.5	11.7	68.3	73.6	78.9
	11	7.9	9.9	12.0	69.6	74.9	80.2
1	0	8.1	10.2	12.4	70.7	76.1	81.5
	1	8.3	10.4	12.7	71.8	77.2	82.7
	2	8.5	10.7	13.0	72.8	78.3	83.9
	3	8.7	10.9	13.2	73.7	79.4	85.1
	4	8.8	11.1	13.5	74.6	80.4	86.3
	5	9.0	11.3	13.7	75.5	81.4	87.4
1	6	9.1	11.5	13.9	76.3	82.4	88.5
	7	9.2	11.7	14.1	77.1	83.3	89.5
	8	9.4	11.8	14.4	77.9	84.2	90.6
	9	9.5	12.0	14.6	78.7	85.1	91.6
	10	9.7	12.2	14.8	79.4	86.0	92.5
	11	9.8	12.4	15.0	80.2	86.8	93.5
2	0	9.9	12.6	15.2	80.9	87.6	94.4
	1	10.1	12.8	15.5	81.7	88.5	95.2

年龄		体重（千克）			身长（厘米）		
岁	月	−2SD（最低限）	中位数	＋2SD（最高限）	−2SD（最低限）	中位数	＋2SD（最高限）
	2	10.2	12.9	15.7	82.4	89.2	96.1
	3	10.3	13.0	15.9	83.2	90.0	96.9
	4	10.5	13.2	16.2	83.9	90.8	97.6
	5	10.6	13.4	16.5	84.7	91.6	98.4
2	6	10.8	13.6	16.7	85.4	92.3	99.2
	7	10.9	13.7	16.9	86.2	93.0	99.9
	8	11.0	13.9	17.2	86.9	93.7	100.6
	9	11.1	14.1	17.4	87.6	94.5	101.4
	10	11.2	14.3	17.7	88.2	95.2	102.1
	11	11.3	14.4	17.9	88.8	95.8	102.8
3	0	11.4	14.6	18.3	87.3	94.9	102.5
	1	11.5	14.8	18.5	87.9	95.6	103.3
	2	11.7	15.0	18.7	88.6	96.3	104.1
3	3	11.8	15.2	18.9	89.2	97.0	104.9
	4	11.9	15.3	19.1	89.8	97.7	105.7
	5	12.0	15.5	19.3	90.4	98.4	106.4
3	6	12.1	15.7	19.5	91.0	99.1	107.2
	7	12.3	15.8	19.7	91.6	99.7	107.9
	8	12.4	16.0	19.9	92.1	100.4	108.7
	9	12.5	16.2	20.1	92.7	101.0	109.4
	10	12.6	16.4	20.4	93.3	101.7	110.1
	11	12.8	16.5	20.6	93.9	102.3	110.8
4	0	12.9	16.7	20.8	94.4	102.9	111.5
	1	13.0	16.9	21.0	95.0	103.6	112.2
	2	13.1	17.0	21.2	95.5	104.2	112.8
	3	13.3	17.2	21.4	96.1	104.8	113.5
	4	13.4	17.4	21.7	96.6	105.4	114.2
	5	13.5	17.5	21.9	97.1	106.0	114.8
4	6	13.7	17.7	22.1	97.7	106.6	115.4
	7	13.8	17.9	22.3	98.2	107.1	116.1
	8	13.9	18.0	22.6	98.7	107.7	116.7
	9	14.0	18.2	22.8	99.2	108.3	117.3
	10	14.2	18.3	23.0	99.7	108.8	117.9
	11	14.3	18.5	23.3	100.2	109.4	118.5
5	0	14.4	18.7	23.5	100.7	109.9	119.1
	1	14.6	18.8	23.7	101.2	110.5	119.7

年龄		体重（千克）			身长（厘米）		
岁	月	−2SD（最低限）	中位数	＋2SD（最高限）	−2SD（最低限）	中位数	＋2SD（最高限）
	2	14.7	19.0	24.0	101.7	111.0	120.3
	3	14.8	19.2	24.2	102.2	111.5	120.9
	4	15.0	19.3	24.5	102.7	112.1	121.4
	5	15.1	19.5	24.7	103.2	112.6	122.0
5	6	15.2	19.7	25.0	103.6	113.1	122.6
	7	15.4	19.8	25.2	104.1	113.6	123.1
	8	15.5	20.0	25.5	104.6	114.1	123.7
	9	15.6	20.2	25.7	105.0	114.6	124.2
	10	15.8	20.3	26.0	105.5	115.1	124.7
	11	15.9	20.5	26.3	105.9	115.6	125.3
6	0	16.0	20.7	26.6	106.4	116.1	125.8
	1	16.2	20.9	26.8	106.8	116.6	126.3
	2	16.3	21.0	27.1	107.3	117.1	126.9
	3	16.4	21.2	27.4	107.7	117.5	127.4
	4	16.5	21.4	27.7	108.1	118.0	127.9
	5	16.7	21.6	28.0	108.6	118.5	128.4
6	6	16.8	21.7	28.3	109.0	119.0	128.9
	7	16.9	21.9	28.6	109.4	119.4	129.4
	8	17.1	22.1	28.9	109.8	119.9	129.9
	9	17.2	22.3	29.2	110.3	120.3	130.4
	10	17.3	22.5	29.5	110.7	120.8	130.9
	11	17.5	22.7	29.9	111.1	121.2	131.4

注：因0月～2岁11月采用卧位身长，3岁0月～6岁11月采用立体站高，故在2岁11月与3岁0月相接处，身长（身高）值有波动。下表相同。

表 1-3-2 7 岁以下女童年龄别体重、身长（高）参考值

年龄		体重（千克）			身长（厘米）		
岁	月	−2SD（最低限）	中位数	＋2SD（最高限）	−2SD（最低限）	中位数	＋2SD（最高限）
0	0	2.2	3.2	4.0	45.5	49.9	54.2
	1	2.8	4.0	5.1	49.0	53.5	58.1
	2	3.3	4.7	6.1	52.0	56.8	61.6
	3	3.9	5.4	7.0	54.6	59.5	64.5
0	4	4.5	6.0	7.7	56.9	62.0	67.1
	5	5.0	6.7	8.4	58.9	64.1	69.3
0	6	5.5	7.2	9.0	60.6	65.9	71.2

年岁	龄月	体重（千克）			身长（厘米）		
		-2SD（最低限）	中位数	+2SD（最高限）	-2SD（最低限）	中位数	+2SD（最高限）
	7	5.9	7.7	9.6	62.2	67.6	72.9
	8	6.3	8.2	10.1	63.7	69.1	74.5
	9	6.6	8.6	10.5	65.0	70.4	75.9
	10	6.9	8.9	10.9	66.2	71.8	77.3
	11	7.2	9.2	11.3	67.5	73.1	78.7
1	0	7.4	9.5	11.6	68.6	74.3	80.0
1	1	7.6	9.8	11.9	69.3	75.5	81.2
1	2	7.8	10.0	12.2	70.8	76.7	82.2
1	3	8.0	10.2	12.2	71.9	77.8	83.7
1	4	8.2	10.4	12.6	12.9	78.9	84.8
1	5	8.3	10.6	12.9	73.8	79.9	86.0
1	6	8.5	10.8	13.1	74.8	80.9	87.1
	7	8.6	11.0	13.3	75.7	81.9	88.1
	8	8.8	11.2	13.5	76.6	82.9	89.2
	9	9.0	11.4	13.8	77.4	83.8	90.2
	10	9.1	11.5	14.0	78.3	84.7	91.1
	11	9.3	11.7	14.2	79.1	85.6	92.1
2	0	9.4	11.9	14.5	79.9	86.5	93.0
2	1	9.6	12.1	14.7	80.7	87.3	93.9
2	2	9.7	12.3	15.0	81.5	88.2	94.8
2	3	9.9	12.4	15.3	82.3	89.0	95.7
2	4	10.1	12.6	15.6	83.0	89.8	96.5
2	5	10.2	12.8	15.8	83.8	90.6	97.3
2	6	10.3	13.0	16.2	84.5	91.3	98.1
	7	10.5	13.2	16.4	85.2	92.1	98.9
	8	10.6	13.4	16.8	85.9	92.8	99.7
	9	10.8	13.5	17.0	86.6	93.5	100.5
	10	10.9	13.8	17.3	87.2	94.2	101.2
	11	11.0	13.9	17.7	87.8	94.9	102.0
3	0	11.2	14.1	17.9	86.5	93.9	101.4
	1	11.3	14.3	18.3	87.1	94.6	102.1
	2	11.4	14.4	18.5	87.7	95.3	102.9
	3	11.5	14.6	18.7	88.4	96.0	103.6
	4	11.6	14.8	19.0	89.0	96.6	104.3
	5	11.8	14.9	19.2	89.6	97.3	105.0
3	6	11.9	15.1	19.4	90.2	97.9	105.7

年龄		体重(千克)			身长(厘米)		
岁	月	-2SD（最低限）	中位数	+2SD（最高限）	-2SD（最低限）	中位数	+2SD（最高限）
	7	12.0	15.2	19.6	90.7	98.6	106.4
	8	12.1	15.4	19.8	91.3	99.2	107.1
	9	12.2	15.5	20.1	91.9	99.8	107.8
	10	12.3	15.7	20.3	92.4	100.4	108.4
	11	12.4	15.8	20.5	93.0	101.0	109.1
4	0	12.6	16.0	20.7	93.5	101.6	109.7
	1	12.7	16.1	20.9	94.1	102.2	110.4
	2	12.8	16.2	21.1	94.6	102.8	111.0
	3	12.9	16.4	21.3	95.1	103.4	111.6
	4	13.0	16.5	21.5	95.6	104.0	112.3
	5	13.1	16.7	21.7	96.1	104.5	112.9
4	6	13.2	16.8	21.9	96.7	105.1	113.5
	7	13.3	17.0	22.2	97.1	105.6	114.1
	8	13.4	17.1	22.4	97.6	106.2	114.8
	9	13.5	17.2	22.6	98.1	106.7	115.4
	10	13.6	17.4	22.8	98.6	107.3	116.0
	11	13.7	17.5	23.0	99.1	107.8	116.6
5	0	13.8	17.7	23.2	99.5	108.4	117.2
	1	13.9	17.8	23.5	100.0	108.9	117.8
	2	14.0	18.0	23.7	100.5	109.5	118.4
	3	14.1	18.1	23.9	100.9	110.0	119.1
	4	14.2	18.3	24.1	101.4	110.5	119.7
	5	14.3	18.4	24.4	101.8	111.0	120.3
5	6	14.4	18.6	24.6	102.2	111.6	120.9
	7	14.5	18.7	24.9	102.7	112.1	121.5
	8	14.6	18.9	25.1	103.1	112.6	122.1
	9	14.7	19.0	25.4	103.5	113.1	122.7
	10	14.8	19.2	25.7	104.0	113.6	123.3
	11	14.9	19.4	25.9	104.4	114.1	123.9
6	0	15.0	19.5	26.2	104.8	114.6	124.5
	1	15.1	19.7	26.5	105.2	115.1	125.1
	2	15.2	19.9	26.8	105.6	115.6	125.7
	3	15.3	20.0	27.1	106.0	116.1	126.3
	4	15.4	20.2	27.4	106.4	116.6	126.8
	5	15.5	20.4	27.7	106.8	117.1	127.4
6	6	15.7	20.6	28.0	107.2	117.6	128.0

第三章 健康评价

年龄		体重（千克）			身长（厘米）		
岁	月	−2SD（最低限）	中位数	+2SD（最高限）	−2SD（最低限）	中位数	+2SD（最高限）
	7	15.8	20.8	28.4	107.6	118.1	128.6
	8	15.9	21.0	28.7	108.0	118.6	129.2
	9	16.0	21.2	29.1	108.4	119.1	129.8
	10	16.1	21.4	29.4	108.8	119.5	130.4
	11	16.2	21.6	29.8	109.2	120.1	131.0

以上资料由卫生部提供。

三、健康检查

（一）健康检查的目的

对健康的儿童定期或不定期进行的体格检查，称为"健康检查"。通过系统的检查，可以了解生长发育和健康状况，早期发现疾病或身体缺点，以便及早采取矫治措施。健康检查是保护儿童健康成长的重要方法之一。

（二）健康检查的种类

1. 儿童入园前健康检查

通过检查可了解儿童生长发育情况及健康状况，以鉴定儿童是否适合过集体生活，并预防将传染病带入托幼机构。

检查的主要项目是：

（1）了解儿童健康情况、有无传染病及慢性病史。

（2）了解预防接种完成情况。

（3）了解近期有无传染病接触史。如有结核病接触史者，需做胸部透视；有肝炎接触史者，要做肝功能检查，如是肝炎密切接触者，暂不能入园；有急性传染病接触史者，如猩红热、百日咳、麻疹、水痘、腮腺炎等，需过检疫期后重新检查才能入园。

（4）测量身长、体重。

（5）做全面体检，对两岁以下小儿要注意有无佝偻病及营养不良。

儿童入园前的健康检查，只在一周内有效。

2. 儿童定期健康检查

儿童入园后应定期进行健康检查，以全面衡量儿童生长发育情况，发现体弱儿及时矫治。

一般 1 岁以内的小儿，每 3 个月检查一次，1 周岁时做一次总的健康评价。1～3岁，每半年检查一次，3岁时做一次总的健康评价。3～7岁，每年检查一次，7岁时做一次总的健康评价。

在儿童定期体检、生长监测中发现的特殊儿童，包括维生素D缺乏性佝偻病、小儿营养性缺铁性贫血、体重增长不良（包括营养不良、反复感染）的病儿，称为体弱儿。对体弱儿要进行精心的照顾和管理，并采取相应的防治措施，保证婴幼儿的正常生长发育。

(三)健康检查的某些方法

1. 体重测量法

测量工具为杠杆秤。秤的最大载重不超过50千克，准确读数不超过50克。测量前先检查0点，即把游锤放到"0"刻度上，若杠杆不呈水平位，调节杠杆侧端的螺丝。测量时受测男童穿短裤，女童穿背心及短裤。3岁以上可站在秤台中央，3岁以下可蹲于秤台中央，1岁以下可躺着测量。测量者移动游码到刻度尺处于水平位后读数，记录以千克为单位。

2. 身长(身高)测量法

3岁以下可用量床测身长（卧位时颅顶点到脚跟的垂直长度）；3岁以上可用身高计测身高（站立时，颅顶点到脚跟的垂直高度）。

量床用法：小儿取卧位，脱去鞋袜，卧于量床底板中线上。测量者扶住小儿头部，使小儿面向上，两耳在一水平线上，颅顶接触头板。另一位测量者位于小儿右侧，左手握住小儿双膝，使下肢伸直并紧贴量床底板，右手移动足板，使足板接触小儿足跟。读量床上的刻度数以厘米为单位。

身高计使用法：受测者脱去鞋帽，取立正姿势站在身高计的底板上，上肢自然下垂，足跟并拢，足尖分开。足跟、骶骨部和肩胛间，三点靠在身高尺上，躯干自然地挺直，两眼平视前方，头部保持正直。测量者将滑测板轻压受测者头顶，测量者的眼睛与滑测板呈水平位，读数以厘米为单位。

3. 头围测量法

测量者面对儿童，将布卷尺的始端固定于眉间最突出点，然后环绕头围，经过枕骨粗隆，再向眉间围拢，卷尺在头两侧的水平要一致，读数准确至0.1厘米。

4. 胸围测量法

3岁以下小儿取卧位，3岁以上取立位，均不取坐位。要在小儿呼吸处于平静状态下测量胸围。取立位时，受测者自然站立，两足分开与肩同宽，双肩放松，两上肢自然下垂。测量者面对受测者，将带尺上缘经背部肩胛骨下角下缘至胸前，带尺下缘经过乳头上缘。读数准确至0.1厘米。

5. 测视力

视力检查是早发现视力异常极为重要的方法。幼儿园应每个季度为幼儿普查一次视力。

为幼儿测查视力可用儿童图形视力表，以吸引幼儿的注意，取得合作。

保育工作要点

· 婴儿少坐、多爬好处多。

· 用科学的标准评价婴幼儿的高矮、胖瘦。

· 定期为幼儿测查视力。

· 创造有利的生活环境：合理的生活日程，平衡的膳食，运动，预防疾病，使儿童生长发育的潜力得以充分发挥。

思 考 题

1. 影响生长发育的因素是什么？

2. 评价身体发育的常用指标有哪些？

3. 怎样测量身长、体重、头围、胸围？

第四章　婴幼儿一日生活制度

一日生活制度是指婴幼儿在幼儿园内，一日生活中主要环节的时间分配和顺序。

在幼儿园一日生活制度的贯彻执行中，培养幼儿良好的生活卫生习惯是保育工作的重要内容。

一、制定一日生活制度

(一)制定一日生活制度的意义

1. 形成动力定型

将婴幼儿一日生活中的主要环节，如起床、早操、盥洗、进餐、游戏、户外活动、学习、睡眠和休息等加以合理安排，使婴幼儿养成习惯，到什么时间就知道干什么，干时轻松、愉快，就是形成动力定型的过程。

建立动力定型后，可使各种生理活动形成一定的规律，吃饭时食欲好，就寝时入睡快，游戏时精力充沛，学习时精神集中，从而节省神经细胞的功能消耗，起到"事半功倍"的效果。

2. 保证劳逸结合

合理安排和组织好婴幼儿的一日生活，可使婴幼儿生理上和生活上的各种需要得到满足。随着活动内容的变换，大脑皮质工作区和休息区也相应变换，从而预防过度疲劳。

遵守合理的生活制度，使婴幼儿的脑力活动与体力活动交替进行，不同性质的活动穿插安排，可保证劳逸结合。

3. 更好地进行婴幼儿教育

在组织好婴幼儿一日生活的基础上，才能更有效地进行学习活动，使婴幼儿更多地获得知识、技能，并养成良好的行为习惯。因此，组织好婴幼儿生活也是关系到完成婴幼儿教育任务的一个重要方面。

(二)制定一日生活制度的原则

婴幼儿的一日生活制度，应根据婴幼儿的心理和生理特点，结合教育上的要求和卫生保健原则来制定。

1. 考虑年龄特点

应根据婴幼儿的年龄来规定进餐、睡眠、户外活动和学习的时间。原则是：年龄越小，睡眠和户外活动的时间越长，学习时间越短。

2. 结合季节做适当调整

夏季，早晨起床早，中午可延长午睡时间，晚上推迟上床时间。冬季，早晨起床晚，可缩短午睡时间。其他主要生活环节也要做适当调整。

3. 坚持执行

只有坚持执行一日生活制度，才能起到预计的效果。如果轻易改变，就会加重神经系统的负担。生活没有规律，婴幼儿还容易生病。

但是，对体弱多病，有生理缺陷的婴幼儿要给以个别照顾。

二、主要生活环节的安排

(一)睡眠

一般整日制幼儿园，3～6 岁幼儿，中午安排一次午睡。寄宿制幼儿园，3～6 岁幼儿一昼夜需要 12 小时左右的睡眠。

保证幼儿有充足的睡眠，并使幼儿养成良好的睡眠习惯，是促进其健康成长的重要条件之一。

安排幼儿准时上床，按时起床。睡眠不足可导致幼儿精神不振、脾气暴躁、食欲减退。长时间睡眠不足可使幼儿身体发育水平下降。但是睡眠过多，会影响其他活动的安排，使幼儿活动量减少，也不利于健康。午睡时间过长还会影响夜间睡眠。

为了使幼儿入睡快、睡得深沉，睡眠的环境应保持安静和空气清新、温度适宜。

睡前不安排剧烈的活动，使入睡时情绪安定。

提醒幼儿睡前如厕。教会幼儿自己穿脱衣服。

教育幼儿不要蒙头睡，蒙着头吸不到新鲜空气，醒后不解乏。

睡眠的姿势也应注意。不要"趴"着睡，免得压迫胸部，呼吸不畅。

幼儿在睡眠过程中，工作人员要经常巡视。

(二)进餐

进餐前可组织幼儿安静的做游戏，不要剧烈活动。

进餐应定时，端来饭再让幼儿有秩序地去洗手，洗完就吃，不必等别的小朋友。

掌握每个幼儿的进餐情况。饭、菜不要盛满，吃完再添加。

48

一般，每顿饭 20～30 分钟。应教育幼儿专心吃饭、细嚼慢咽。不要催促幼儿快吃，或比谁吃得快。但对边吃边玩的幼儿，要提醒他专心吃饭。

有的幼儿刚入幼儿园，不适应多样化的膳食，可能不吃猪肝、胡萝卜、白菜、豆腐等。幼儿还没有完成形成固定的"口味"，经过耐心诱导是可以纠正偏食的。

在进餐这一环节中，不要处理各种可能影响幼儿情绪的事情，要使他们在愉快的心情下吃饭。吃"气饭"，不仅影响食欲，而且也影响消化吸收功能。

(三)户外活动

一般，每日应有 3～4 小时的户外活动。夏、秋季可安排多一些，冬季可适当缩短，但不可取消。

婴幼儿在户外活动，接受一些冷空气的刺激，可增强机体对冷热的适应能力，并接受阳光的照射。

在户外活动时，对体弱儿要多给予照顾，随天气变化，及时增减衣服，有汗及时擦干。

注意活动场所地面、大型玩具等的安全。

(四)盥洗

培养幼儿自己洗手、刷牙、洗脸等能力，可以按一定程序，习惯成自然。比如洗手，初学时，可帮助小朋友卷好袖子，然后：(1)接水把手浸湿；(2)擦肥皂；(3)反复搓洗手指、手心、手背；(4)接水冲洗干净；(5)用干毛巾把手擦干。

又如，刷牙：(1)将牙刷浸湿；(2)挤上牙膏；(3)用水杯接水；(4)漱一下口；(5)先刷门牙，后刷两边，上牙从上往下刷，下牙从下往上刷，里里外外都要刷到；(6)接水漱口；(7)把牙刷冲干净，刷头朝上放入口杯中。

(五)如厕

应逐渐培养幼儿定时排大便的习惯。教会幼儿便后擦屁股要由前向后擦。

在活动间歇，提醒幼儿如厕，不要憋尿。

教育幼儿大便后用肥皂洗手，拉稀要告诉老师。

保育工作要点

- 严格执行生活日程，使幼儿生活有规律。
- 在照顾幼儿睡眠、进餐等生活环节时，态度要和蔼，语气要亲切，对个别"淘气"的幼儿更要有耐心。
- 加强对体弱儿的照顾。
- 注意使幼儿养成良好的卫生习惯。

思 考 题

1. 制定一日生活制度有什么意义?

2. 制定一日生活制度有哪些原则?

第五章 婴幼儿营养

一、合理营养

儿童正值长身体的时期，"吃得好"是保证他们健康成长的重要因素。若营养摄入不足，不仅会导致营养不良症，还会影响智力发展。若膳食结构不合理、营养过剩也可带来各种营养病，如肥胖症等。所以安排孩子的膳食也要讲究科学。

那么，什么叫"吃得好"呢？"吃得好"应符合以下几方面的要求，也就是为儿童提供合理的营养：

1. 多样、平衡、适度，按照儿童的营养需要合理地搭配食物，即"杂食"，使各种营养物质齐全、平衡。

中国最早的医药典籍《黄帝内经》中就指出了"五谷为养，五果为助，五畜为益，五菜为充"的膳食原则，这就是多样、平衡，人们一向主张的"食不过饱"就是适度。

为什么要强调"杂食"呢？因为没有一种天然食品能含有人体所需要的全部营养物质。比如，说鸡蛋的营养价值高，是指它所含的蛋白质说的；母乳是乳儿最理想的食品，但母乳含铁极少；富强粉细腻，好吃，但缺少维生素 B_1。只有合理地搭配食物，才能满足人体对各种营养素的需要。

2. 要从小培养孩子有良好的饮食习惯，有规律地进食，不挑食，不偏食，不贪食。

3. 为孩子提供的膳食，应适合他们的消化能力。

4. 讲究食品卫生，严防食物中毒。

二、有关营养的基础知识

(一)"胖"并不等于健壮

平时人们看见胖娃娃总爱说："多好啊，长得真胖。"有些家长也误认为"长得胖"就是健壮。其实，肥胖对儿童的身心发育有不良的影响。从乳儿时期就要预防肥胖症，因为"胖娃娃"胖下去，容易长成"胖墩儿"，儿童时期"胖墩儿"

容易长成"胖人"。

那么,孩子怎么才能不胖不瘦呢?主要是摄取的热量与消耗的热量要达到平衡。另外,常测量体重,观察体重增长是否正常,如果超重要及时采取措施。

(二)儿童对热量的需要

1. 热量

人体每时每刻都在消耗能量,这些能量是由食物中的产热营养素提供的。食物中能产生热量的营养素有蛋白质、脂肪和碳水化合物。它们经过氧化产生热量供机体在维持生命、生长发育和从事活动等方面的需要。

如果膳食中热量供给不足,则会消瘦,抵抗力下降;热量供给过多,多余的热量变成脂肪贮存起来,天长日久,积少成多,就胖起来了。

2. 热量的主要来源

碳水化合物应做为热量的主要来源。碳水化合物在体内分解成葡萄糖,葡萄糖氧化释放出热量,供人体之需,尤其是中枢神经系统所需的热量,完全要靠葡萄糖来提供。当膳食中碳水化合物充足时,可以减少蛋白质作为热量来源的消耗。不能被消化吸收的碳水化合物称为纤维素(粗纤维),纤维素能促进肠蠕动,增加粪便量,冲淡肠道内的毒素,虽不能提供热量,但却是人体不可缺少的物质。

3. 碳水化合物的食物来源

(1)谷类:南方人爱吃大米,北方人爱吃面食,谷类是人们一日三餐不可缺少的食物,是主要的供给热量的食物。谷类富含淀粉,淀粉在体内分解成葡萄糖。

(2)根茎类:根茎类食物如甘薯、马铃薯、山药等富含淀粉,也是提供热量的主要食物。

(3)蔗糖:白糖、砂糖,只供热量,不含其他营养素。红糖是没有经过高度精炼的蔗糖,除可提供热量之外,还含有少量无机盐。

在儿童膳食中可以搭配着吃些甜食,如糖包、糖稀饭等,但不宜过多。因为谷类、根茎类食物,除可提供热量,还含有其他的营养素,如无机盐和维生素。若甜食过多,会使进食量减少,影响营养素的全面摄入。甜食、糖果吃得过多,还容易出现龋齿。

(4)乳糖:乳类所含的糖为乳糖。母乳中含乳糖较多,为乳儿的主要热量来源,牛奶含乳糖少,需另加蔗糖。

(5)蜂蜜:蜂蜜的营养价值比蔗糖高。除了含糖可供热量外,还含有无机盐(如钙、铁、铜、锰等)和维生素(如维生素 B_2、叶酸、维生素 C 等)。另外还含有多种酶，对于促进人体的代谢起着良好的作用。

（6）果糖：水果、蔬菜可提供少量果糖，还是纤维素的主要来源。

（三）生命的基础——蛋白质

蛋白质是细胞和组织的重要成分，蛋白质与核酸是生命的物质基础。

1. 蛋白质的生理功能

（1）构造新细胞、新组织：人体的任何一个细胞、组织和器官中都含有蛋白质。儿童正值生长发育时期，要不断增加新的细胞、新的组织，就需要蛋白质做为原料。膳食中长期缺乏蛋白质，就会影响他们的身体发育和智力发展。

（2）修补组织：人体在新陈代谢过程中，旧的组织需要不断更新、修补。

（3）调节生理功能：蛋白质是构成酶、激素、抗体等的基本原料。以上这些物质都具有调节生理功能的作用。

（4）供给热量：蛋白质可提供热量，但用蛋白质作为人体能量的主要来源是不经济的，故蛋白质不是热量的主要来源。

2. 蛋白质的组件——氨基酸

无论哪种蛋白质，分解后的最终产物都是氨基酸。氨基酸是组成蛋白质的基本组件，共20多种。由几十个乃至几万个氨基酸"手拉手"地按一定顺序排起队来，就构成形形色色的蛋白质。从食物中摄取蛋白质，经过消化，分解为氨基酸，再组合成人体的多种多样蛋白质。

（1）必需氨基酸：必需氨基酸是指在人体不能合成，必需由食物中的蛋白质来提供的氨基酸。对儿童来说有9种：赖氨酸、色氨酸、苯丙氨酸、蛋氨酸、亮氨酸、异亮氨酸、苏氨酸、缬氨酸和组氨酸。

（2）非必需氨基酸：非必需氨基酸是指在人体内可以合成或可由别的氨基酸转化而成的氨基酸，而并非人体不需要它们。

3. 蛋白质的营养价值

蛋白质的营养价值要从"质"和"量"两方面去评价。

（1）蛋白质的量：常用食物中，每500克食物所含蛋白质的量大致如下：粮谷类，40克；豆类，150克；肉类80克，蛋类，60克；鱼类，50～60克；蔬菜，5～10克。

（2）蛋白质的质：一般来说，动物食品中的蛋白质所含的必需氨基酸种类比较齐全，比例比较适当，消化率也高于植物性食品，其蛋白质的营养价值比植物蛋白质高。

在植物性蛋白质中，豆类，尤其是黄豆，蛋白质的营养价值接近于肉类，且蛋白质含量高，价钱又便宜，也属于优质蛋白质。

（3）蛋白质的互补作用：食物中的蛋白质能被人体利用越多，它的营养价值越高。几种营养价值较低的蛋白质混合食用，可以互相取长补短，提高营养价值，称为蛋白质的互补作用。

比如，大米中含赖氨酸较少，含色氨酸较多；豆类含赖氨酸较多，色氨酸较少，用大米和红小豆煮成小豆粥，则起到互补作用，比单独食用大米或红小豆的营养价值要高。"腊八粥"，不仅喝起来格外香甜，而且还是提高五谷杂粮营养价值的好法子。"素什锦"更是充分发挥了各种植物蛋白质的互补作用。

如果荤素搭配，则可起到动、植物蛋白质取长补短的作用。将鱼、肉、蛋等分配于各餐中，细水长流，比偶尔大吃一顿，能发挥出更好的营养效用。

4. 儿童对蛋白质的需要量

在每日膳食中，动物性及豆类蛋白质不宜少于每日所需蛋白质总量的50%。但动物性食品含脂肪、胆固醇较高，尤其猪肉，比其他肉类更高。所以也不是吃肉越多越好。

(四)脂类

1. 脂类的功用

(1)储存能量：人体自身能量的贮存形式为脂肪。脂肪的产热量大，所占空间大，可在皮下、腹腔等处贮存。人在饥饿时首先动用体脂，以避免消耗蛋白质。

(2)保护机体：脂肪层如同软垫，可以保护和固定器官，使器官免受撞击和震动的损伤。脂肪不易导热，可以减少热量散失，有助于御寒。

(3)构成组织的成分：类脂是组成细胞所必不可少的物质。在神经组织中类脂含量丰富。这部分脂类即使在长期饥饿时也不会被动用，故有"定脂"之称。

(4)促进脂溶性维生素的吸收：维生素 A、D、E、K 等不溶于水而溶于脂肪。膳食中有适量脂肪存在，有利于脂溶性维生素的吸收。

(5)提供必需脂肪酸：必需脂肪酸不能在人体内合成，必须由食物脂肪供给。

(6)增进食欲：在烹调食物时，少不了油，油可增加食物的美味，引起食欲。脂肪在消化道内停留的时间较长，可增加饱腹感，不易感到饥饿。

2. 预防动脉硬化要从儿童时期开始

世界卫生组织宣布，现代医学正处于"向非传染病斗争"的第二次革命时期心、脑血管疾病、肿瘤等非传染性慢性疾病已成为导致人类死亡的主要因素。专家们还呼吁：预防动脉硬化要从儿童时期开始。

血液中胆固醇过多，是高血脂的一种，与动脉粥样硬化关系密切。多余的胆固醇在动脉管壁沉积下来，日积月累，光滑的动脉内壁逐渐出现高低不平的斑块，甚至引起管腔狭小、闭塞。冠心病的主要原因是冠状动脉(供应心脏肌肉本身营养的一套血管)发生硬化的结果。

像其他疾病一样，动脉硬化也有其发生和发展的过程。中老年人患病，但疾病的发生可始于童年，所以从儿童时期起，就应适当控制胆固醇的摄入量，少吃胆固醇含量高的食物。一般每100克食物中胆固含量超过100毫克的食物主要为动物的内脏、蛋黄、奶油等。每100克食物中胆固醇含量少于100毫克的食物主要有瘦肉、鱼等。

食物中的脂肪在体内分解为甘油和脂肪酸。脂肪酸有两种，即饱和脂肪酸与不饱和脂肪酸。前者可使血胆固醇增高，促成动脉硬化；后者可降低血胆固醇含量。

动物性油脂，猪油、牛油、羊油、奶油，含饱和脂肪酸多，但鱼油例外。植物油，芝麻油、豆油、花生油、菜籽油、玉米油、葵花籽油、茶油等，含不饱和脂肪酸多，但椰子油例外，含饱和脂肪酸多。

为预防动脉硬化，应多选用植物油。

(五)维持生命的要素——维生素

维生素是一类有机化合物，它既不是构成身体组织的原料，也不是供应热量的物质，但它却是维持机体正常生命活动所必需的营养素，在物质代谢中起着重要的作用。

目前已知的维生素有20多种，它们多数不能在体内合成，必须由食物供给。

1. 维生素 A 与夜盲症

(1)夜盲症：有一些人尽管白天视力很好，但到了傍晚或光线暗的地方就看不清了，变得寸步难行。这就是夜盲症，俗称"雀蒙眼"。

为什么缺乏维生素 A 可引起夜盲症呢？在人的视网膜上有两种视觉细胞，一种细胞短而粗，叫视锥细胞；一种细胞细而长，叫视杆细胞。前者接受强光刺激，并管辨别颜色；后者接受弱光刺激，使人在若明若暗的光线中仍能辨认物体。举个例子来说，电影已经放映了，我们刚进入影院会感到眼前一片漆黑，但几分钟后就能渐渐辨清过道和座位，这叫作暗适应能力。缺乏维生素 A，会使暗适应能力减弱，产生夜盲症。

维生素 A 除了与眼的暗适应能力有关之外，还能促进儿童的生长发育，并与上皮细胞的健康有关。缺乏维生素 A 时，皮肤粗糙，眼球干燥，机体抵抗力下降。

(2)维生素 A 的食物来源：维生素 A 主要来源于动物性食品，如各种动物的肝、蛋黄、乳类等。在植物性食品中，深绿色、红色、黄色的蔬菜水果含有较多的胡萝卜素，如菠菜、豌豆苗、辣椒、胡萝卜、红心甜薯、杏、柿子等。胡萝卜素在人体内可转变为维生素 A。但人体对胡萝卜素的吸收利用率较差，一般吸收利用率仅为摄入量的 1/3，吸收后转变为维生素 A 的量只有吸收量的 1/2。

鱼肝油含有维生素 A 和维生素 D。过量摄入鱼肝油或维生素 A 制剂可致维生素 A 中毒。一般注射维生素 A30 万国际单位即可产生急性中毒症状，表现为食欲减退、烦躁或嗜睡、呕吐、前囟膨隆等。如维生素 A 用量达每日数万国际单位，可于数月后产生中毒症状，表现为骨头疼、毛发脱落、体重不增等。

应用鱼肝油制剂或维生素 A 制剂时要严格掌握用量，不是"越多越好"，避免产生中毒症。

2. 维生素 B_1 与脚气病

(1)脚气病：维生素 B_1 是机体充分利用糖类所必需的物质。维生素 B_1 可维持神经、消化、肌肉、循环系统的正常功能。

维生素 B_1 缺乏症称为脚气病，最初的症状是疲乏、腿脚无力、食而无味，病情进一步发展，可出现肢体麻木、水肿、肌肉萎缩、感觉迟钝。

若乳母饮食中缺乏维生素 B_1，乳儿亦可患脚气病，表现是：烦躁不安或嗜睡，眼睑下垂，哭声嘶哑或失音，吮奶无力。因颈肌和四肢肌肉无力，致头颈后仰，手不能抓握。严重者可昏迷、抽风。

(2)维生素 B_1 的食物来源：谷类、豆类和硬果类含有丰富的维生素 B_1，谷类的维生素 B_1 主要存在于谷皮和胚芽内，粮食加工过细，会损失大量的维生素 B_1。吃粗制的糙米和带麸皮的面粉能摄入较多的维生素 B_1。动物内脏、蛋类、干酵母等也含有较丰富的维生素 B_1。

维生素 B_1 溶于水，且在碱性环境中极易被破坏，如果吃捞饭，不喝米汤，或者煮粥加碱，都会损失维生素 B_1。

标准米面虽然不如精白米、富强粉好吃，但其中维生素 B_1 的含量高。在调配孩子的膳食时，最好粗细粮搭配着吃。豆类含维生素 B_1 丰富，可多选用。蒸馒头用酵母发面更有营养。

3. 维生素 C 与坏血病

(1)坏血病：坏血病是一种以多处出血为特征的疾病。维生素 C 能防治坏血病，故又称抗坏血酸。维生素 C 还能协助造血、促进伤口愈合、增强机体对传染病的抵抗力，并有抗癌作用。

缺乏维生素 C 会出现乏力、食欲减退、容易出血等症状。

(2)维生素 C 的食物来源：含维生素 C 较多的蔬菜有辣椒、菜花、苦瓜、油菜、芹菜等。番茄、北方的心里美萝卜也含丰富的维生素 C，还可以生吃。桔子、鲜枣、山楂中维生素 C 含量丰富。冬天蔬菜种类少，可以常吃豆芽菜。维生素 C 溶于水，加热易被破坏，烹调时宜用急火快炒，且吃菜也要渴菜汤，使汤中的营养不白白丢掉。

（六）无机盐

遍布地球的众多元素，几乎在人体中都能发现它们的踪迹，骨头里含有丰富的钙、磷；铁是血红蛋白的重要原料；甲状腺里有碘，矿物质是人体不可缺少的营养素。当然还有许多元素是因为环境污染而进入人体的，只有消除环境污染，才能保障健康，避免对人体有害的元素进入体内。

微量元素是指含量少于体重 0.01％ 的元素。目前已知有 14 种微量元素是人体所必需的，如铁、磷、氟、锰、铬、铜、锌、镁、硒、钴、钼和镍等。

体内的微量元素与人的健康和疾病息息相关，过多过少都会引起疾病。

下面仅就儿童容易缺乏的几种无机盐作一介绍。

1. 钙

钙为人体含量较多的元素之一。人体中的钙有 99％ 存在于骨骼中。骨骼中钙的沉淀与溶解一直在不断进行，这种钙的更新率随年龄的增长而减慢。幼儿的骨骼每 1～2 年更新一次，成人更新一次则需 10～12 年。

维生素 D 可促进钙的吸收利用。膳食中蛋白质供给充足，也有利于钙的吸收（由于蛋白质消化所释出的氨基酸与钙形成可溶性钙盐，因而促进钙的吸收）。

食物中的植酸与草酸可与钙形成不溶性钙盐，因而影响钙的吸收。因草酸和植酸存在于植物性食物中，故植物性食物中钙的吸收一般不理想。当膳食组成以谷类为主时，因谷类含植酸多，所以应供给更多的钙。在选择供钙的食物时，不能单纯考虑钙的绝对含量，还应注意其草酸含量。例如，苋菜和菠菜，虽然含钙量高，但因其草酸含量也高，所以它们不是供钙的理想食物。

摄入过多的脂肪，可因大量脂肪酸与钙结合成为不溶性的皂化物，使钙自粪便中排出，从而影响钙的利用。

食物中钙的来源：奶和奶类制品不但含钙丰富，而且吸收率高。蔬菜和豆类含钙也较多，只是这类食物中钙的吸收受草酸、植酸等不同程度的干扰，使其吸收率降低。一些海产品也含有丰富的钙，如小虾米皮含钙量就很高。

2. 铁

铁在机体中参与氧的转运、交换。摄入铁不足，可致缺铁性贫血。

植物性食物中铁的吸收率多在 10％ 以下，如大米为 1％，玉米、黑豆为 3％，莴笋为 4％，小麦为 5％，菠菜、大豆为 7％。动物性食物中的铁，吸收率较高，如鱼类为 11%，动物血为 12%，动物肌肉、肝脏为 22%，但蛋类铁的吸收率仅有 3%。

奶类含铁极少(100 毫升含铁 0.1～0.2 毫克)，小儿 6 个月以后，体内储存的铁用尽，应及时添加含铁丰富的食物。

3. 锌

锌对人类健康和生长发育的重要性现已得到充分证实。任何生长过程都需要锌，因此儿童对锌的需要比成年人更为重要。机体受到创伤(如外伤、烧伤)的恢复期对锌的需要量增加。人体锌的 60% 存在于肌肉中，30% 存在于骨骼中，另有少量存在于皮肤(包括头发)、内脏等组织中。

锌的吸收易受膳食中多种因素的影响，如植酸、纤维素等可影响锌的吸收。高蛋白食物普遍含锌较高，海产品是锌的良好来源，奶类和蛋类次之，蔬菜水果一般含锌较少。

4. 碘

碘是构成甲状腺素的必要物质，在机体的新陈代谢中具有重要的作用。

碘缺乏病是由于自然环境缺碘，使人体摄入碘不足，导致一系列损害。最主要的是导致儿童智力和体格发育的迟滞或永久障碍，造成病区人口的智能损害。缺碘还可以导致流产、死产、先天畸形和新生儿死亡率的增高，因此碘缺乏最主要的受害者是妇女和儿童。

《中国 2000 年消除碘缺乏病规划纲要》是实现中国政府对"2000 年全球实现消除碘缺乏病目标"的承诺。纲要的总目标是：2000 年全国消除碘缺乏病。要使合格碘盐覆盖人群达 95%，重点人群覆盖率均大于 95%，基本知识普及率达 95%。具体的措施是以预防为主，大力推行以食盐加碘为主，碘油为辅的综合防治措施。

(七)水

1. 水的生理功能

(1)细胞的主要成分：水是构成身体组织细胞的主要成分。细胞内液约占体重的 40%，细胞外液约占体重的 20%。

(2)代谢反应的基础：水是机体物质代谢所必不可少的溶液媒介，机体内一切化学变化都必须有水参加。

(3)运输养料和代谢废物：水是血液、尿液的主要成分，可维持血液输送营养物质的功能和正常的排泄功能。

(4)润滑作用：水是体腔、关节、眼球等器官良好的润滑剂。如泪液可防止眼球干燥；关节滑液对关节起润滑作用。

(5)调节体温：人体通过血液循环，将体内代谢产生的热运送到体表散发，保持体温的相对恒定。

2. 儿童对水的需要量

儿童对水的需要量相对比成人要多，拿水分占体重的百分数来说，新生儿为80%、婴儿为70%、幼儿为65%，成人仅占60%。年龄越小，水在体内所占的比重越大。比如，一个10千克重的孩子，体内就有7千克的水。这么多的水都分布在哪里呢？除了血液、消化液等之外，大部分的水在细胞内或细胞间隙中，如同揉在面粉里的水，只见面团不见水一样。各年龄儿童每日水的需要量大致如下：初生~1岁，120~160毫升/千克体重；2~3岁，100~140毫升/千克体重；4~7岁为90~110毫升/千克体重。

小孩贪玩，常急忙把饭吃完就跑了，既不喝水也不喝汤，或渴极了才暴饮一顿。孩子活动量大，水分消耗多，应该多喝水，才能满足需要。若出汗多，不能及时喝上水，尿量就会减少，使体内代谢废物排出不畅。

要为小朋友准备可口、清洁的饮水，还要教育他们勿暴饮，勿喝生水，讲究饮水卫生。

三、乳儿喂养

（一）母乳喂养

1. 母乳喂养的好处

（1）营养价值高：健康母亲的乳汁是营养价值最高、最适合乳儿生长发育需要的理想食品。人乳与牛奶相比较，人乳的优点在于：人乳中大部分是乳蛋白，遇胃酸形成较小的凝块，易消化；牛奶以酪蛋白为主，在胃内形成的乳凝块大，不容易消化吸收。人乳所含的脂肪颗粒小，易被吸收，并含有较多的不饱和脂肪酸；牛奶中脂肪颗粒大，所含不饱和脂肪酸仅为人乳的三分之一。人乳内乳糖含量较高，乳糖不仅可提供大脑所需的热量，还能抑制大肠杆菌的繁殖，减少发生腹泻的机会。人乳中钙和磷的比例适宜，易被吸收利用。人乳中含有多种维生素，且因直接喂哺，维生素不被破坏。

（2）提高抵抗力：人乳中含有抗体，可增强乳儿对疾病的抵抗力。人乳中的溶菌酶可杀死细菌。牛奶中虽然含有某些抗体，但对人类不产生作用，而且经过加热煮沸，免疫成分破坏殆尽。

（3）减少过敏反应：湿疹（俗称奶癣）是乳儿中常见的一种过敏症，多因喂牛奶引起。牛奶中的蛋白质对人体来说是异体蛋白，进入有过敏体质的乳儿体内，可引起过敏反应。

（4）有利于乳儿心理健康：乳儿在吸吮母乳的同时，享受着母体的温暖和亲切的爱抚，有利于心理健康。

（5）母乳新鲜、干净、温度适宜、喂哺方便。

（二）人工喂养

完全没有母乳，而用牛奶、羊奶、豆制代乳粉等配方奶喂哺乳儿，称为人工喂养。

1. 各种乳类及乳制品

鲜牛奶：加糖5%（每100毫升乳液加糖5克，一个较大的汤匙容量约15克），煮沸消毒。

乳儿每日所需奶量，个体间差别较大，应灵活掌握，以吃饱为适度。如果体重增长正常，不宜加量过快，以免超过需要量。一般6个月以前，每日每千克体重需牛奶100～120毫升；6个月以后，渐加辅食，每天供应500～1 000毫升牛奶即可。

全脂牛奶粉：鲜牛奶经干燥喷雾制成，比鲜奶更易消化。调配乳液，以1平匙奶粉加4平匙水。

鲜羊奶：羊奶中的蛋白质和脂肪较牛奶好消化。但羊奶中含维生素 B_{12}、叶酸较少，需按时加辅食，以免发生"营养性巨幼细胞性贫血"。

豆浆及豆制代乳粉：在没有条件得到乳类及其制品的情况下，可用豆浆或豆制代乳粉喂乳儿。宜同时补充鱼肝油及其他辅食。

2. 某些乳儿食品的用法

糕干粉、奶糕等食品，是由米粉或面粉加糖制成，所含蛋白质、脂肪和钙均不足，不能代乳，但可以作为辅食。

（三）混合喂养

母乳量不足，用牛奶、奶粉等补充，称为混合喂养。可在某1～2次喂哺时间，完全喂牛奶，或在每次喂母乳后补给一些牛奶，其量可试着由乳儿吸食，吃饱为止，若乳儿消化正常，即可确定其用量。

（四）乳儿的辅助食品

1. 为什么要添加辅食

添加辅食可补充乳类中矿物质和维生素的不足。如乳类中缺少铁；牛奶加热后维生素C被破坏。乳儿的胃容量渐渐增加，5、6个月后牙齿萌出，食物也应从流质过渡到半流质、软食以至固体食物，添加辅食可逐渐增强小儿的咀嚼和消化能力，在断奶时不致因食物的变化而引起消化不良。添加辅食可冲淡乳儿对母乳的依恋，为断奶做好心理上的准备。用汤匙喂辅食，是训练乳儿脱离奶瓶的第一步。

2. 辅食的种类和添加顺序

1～3个月：主要添加含维生素 C 的食品。可用白菜、萝卜、山楂等，切碎煮水。还可喂西红柿汁、鲜桔汁、西瓜汁等。每天可给浓缩鱼肝油 2～3 滴。

4～6个月：可加蛋黄，从少量开始渐增至 1 个。出牙前可加乳儿糕等食品，出牙后可吃烂粥、面片，还可将菜泥、土豆泥、肝泥等与粥调在一起食用。

7～8个月：可增加一些手拿食，如烤馒头片、饼干等，有利于牙齿萌出。

8个月以后可加瘦肉末、鸡蛋羹、碎菜等。

接近 1 岁，可用两顿米、面食代替两顿奶。

3. 添加辅食的注意事项

加辅食的量要由少到多，先试一种，若能消化，再加另一种。如发生腹泻，应暂停辅食，待大便恢复正常后，再以小量试喂。

小儿患病或天气炎热时，应避免加新食品。

(五)断奶

生后 8～12 个月是断奶的适当时期。若遇炎热天气宜延至秋凉后再断奶。至迟 2 岁，即使仍有少量母乳也应断奶，否则可致贫血、营养不良等疾病。断奶期间要加强护理，多加爱抚，但不要一哭就给东西吃，饮食要有规律。在三餐之外可加 2 次点心。

四、幼儿膳食

(一)1～3 岁小儿的膳食

断奶后的小儿，牙齿没有长全，咀嚼能力差，肠胃消化力弱，在饮食上还需要为他们专门制作。有条件时，每天可喝半斤牛奶或豆浆。主食可吃各种谷类做的稠粥、软饭、面片等。副食要有一定量的鱼、肉、蛋、豆制品，以及蔬菜、水果。不要用糖稀饭等甜食来代替副食。

烹调时，应注意食物要碎、软、细、烂，并且新鲜、清洁。豆类宜煮烂，鸡、鸭去骨，鱼去刺，枣去核。少吃油煎炸的食物。

2 岁以后可逐渐增加食物的品种。肉类、蔬菜可切成细丝、小丁、小片。

这个时期的小儿喜欢弄杯握匙自己吃东西，大人可以从旁帮助，让他们用小勺自己吃，大人用另一个勺喂，逐渐过渡到完全由他们自己吃。

(二)3～6 岁小儿的膳食

3 岁以上的小儿，可增加食物种类，但因消化能力仍不如成人，食物仍要细软些。在这个时期是培养饮食习惯的重要时期。饮食习惯直接关系着儿童的营养状况，所以应该引起重视。

1. 饮食定时

进食有规律，就能形成良好的习惯，到了该进餐的时候，能有食欲。每顿饭应有一定的时间限制，既要求孩子细嚼慢咽，又不要拖得太长。不要为了让孩子快吃，而吃汤泡饭、水泡饭，未经充分咀嚼就咽下了，会加重胃肠道的负担。

2. 饮食定量

除了三顿饭，1～2次点心之外，少吃零食。若零食不断，终日似饱非饱，胃肠道得不到休息，时间久了就会引起食欲不振。

另外，要有节制，不要贪食。

小孩偶尔一两顿饭吃得少些，不要强迫他多吃。过多的干涉，反而会引起厌食。

3. 专心吃饭

不要边吃边玩，或边吃边看小人书。大人在孩子吃饭时不要分散他的注意力，更不要训斥孩子。若不能专心吃饭，会影响消化液的分泌。

4. 不偏食

偏食是一种不良的饮食习惯，不仅影响小儿的健康，而且形成固定的口味以后，长大成人也难再适应多样化的膳食。膳食多样化才能使人获得全面的营养。

孩子的口味是受环境的影响形成的。首先是周围大人的言谈、态度和行为的影响。如果大人挑剔食物，或在孩子面前讲这不好吃、那没滋味，孩子也会先入为主，不爱吃这些食物了。

有时，孩子挑食，家长百依百顺，这样就助长了孩子偏食的毛病。

应该让孩子吃得"杂"些，主副食多样化。比如，开始吃胡萝卜、芹菜，孩子往往不爱吃，可以用这些蔬菜做饺子馅，常吃就逐渐习惯了。

5. 不剩饭、不洒饭

吃饭时，饭菜有好几种，不要一齐放在小孩碗里，弄得满满的。最好少盛，吃完再添。要教育孩子不糟踏饭菜，但也不要拣地上的东西吃。

保育工作要点

· 培养幼儿良好的饮食习惯，不挑食、不偏食、不贪食。

· 防止"病从口入"，培养幼儿有好的个人卫生习惯，如饭前洗手，不喝生水，不吃腐烂变质的东西。

· 不在饭桌上批评幼儿，使他们在吃饭时有愉快的情绪。

1. 应以哪些食物做为碳水化合物的主要来源？

2. 蛋白质的生理意义是什么？

3. 脂肪的生理意义是什么？

4. 哪些因素可影响钙的吸收利用？

5. 锌、铁、碘的生理意义是什么？

6. 维生素 A、维生素 C 的生理意义是什么？

7. 什么叫胡萝卜素？食物来源是哪些？

8. 水的生理意义是什么？

9. 母乳喂养的好处是什么？

10. 培养儿童良好的饮食习惯，都包括哪些内容？

第五章　婴幼儿营养

第六章　预防常见病

佝偻病、缺铁性贫血、肥胖症、龋齿等疾病都是小儿的常见病。

佝偻病，不仅影响婴幼儿的骨骼发育，还使患儿体质虚弱，易患伤风感冒、气管炎、肺炎，是严重影响小儿健康的疾病。特别是北方，冬季漫长，在3岁以下小儿中佝偻病的发生率可达到20％左右。防治佝偻病最简便的方法是晒太阳。每天有2小时左右的户外活动就能有效的预防佝偻病。

缺铁性贫血也是小儿常见病，幼儿患这种病，最常见的原因是挑食、偏食。药补不如食补，饮食全面、平衡，就可以纠正贫血。

龋齿是最常见的口腔疾病。讲究口腔卫生可以有效的预防龋齿的发生。

户外活动、饮食习惯、早晚刷牙等良好习惯的养成，都与保育工作有密切的关系。了解预防常见病的有关知识，更好的完成保育工作，是婴幼儿健康成长的保证。

一、佝偻病

佝偻病为3岁以下小儿的常见病，系因缺乏维生素D所致，因此又称维生素D缺乏性佝偻病。由于维生素D缺乏，使体内的钙磷不能正常吸收与利用，从而影响骨骼的生长发育，严重者可导致骨骼畸形。

(一)病因

1. 接触日光不足

人体所需要的维生素D除一部分由食物中摄取外，主要由皮肤接受紫外线照射后产生。

阳光中紫外线到达地面的多少，与季节、纬度、时间、大气中烟雾的多少等有很大关系。在寒冬季节较长的北方，由于白昼较短，加之玻璃窗密闭，衣着很厚，皮肤接受紫外线照射量很少，因此，易患佝偻病。

2. 生长过快

早产儿、双胎，先天储存在体内的钙少，并且生后生长速度快，容易患佝偻病。

3. 疾病的影响

慢性腹泻，肠道对钙、磷的吸收减少。

4. 钙的吸收利用障碍

牛奶含磷多，钙、磷比例不适宜，用牛奶喂养的婴儿易患佝偻病。

(二)症状

1. 一般症状

易激怒、烦躁、不活泼，对周围环境缺乏兴趣。睡眠不安，夜间常惊醒哭闹。较大儿童可出现记忆力、理解力差，语言发育迟缓。

患儿明显多汗，常于睡眠时汗液浸湿枕头。因头部多汗，头皮痒，在枕头上来回蹭痒，致枕部秃发，称为枕秃。

由于全身肌肉韧带松弛，使坐、立、走均较正常婴儿晚。

牙齿的钙化因缺乏维生素 D 而受影响，牙萌出较晚。

2. 骨骼改变

在骨骼生长发育期间，由于维生素 D 的缺乏而致骨骼发育不正常。

(1)头部：颅骨呈方形，头大脸小，称为方颅。多见于 8～9 个月以上的婴儿。

前囟晚闭，指前囟在 1 岁半尚未闭合。

(2)胸部：于患儿前胸，左右相对称，由上到下，可见钝圆形的隆起呈串珠状，故称串珠肋。

由于胸壁两侧下陷，致胸骨向前突出，而出现"鸡胸"。

上述畸形均可影响呼吸功能，使肺活量减少。

(3)四肢：由于骨质缺钙软化，缺乏支撑力，且肌肉关节韧带松弛，特别是在学站、学走时，在重力作用下可使骨干弯曲，出现"O"形腿或"X"形腿。

几个月的婴儿，小腿可向内弯曲，属生理性弯曲。某些地区，有为小婴儿捆腿的习惯，用带子把腿捆得很直，这样做既不利于婴儿的生长发育，也不能预防佝偻病所致的下肢弯曲。

(4)脊柱：婴儿学坐后，因脊柱无支撑能力，加上肌肉韧带松弛，可致脊柱后凸或侧弯。

(三)预防

了解佝偻病发病原因之后，就可采取有效措施加以预防。

1. 预防先天性佝偻病

胎儿于出生前的 3 个月内，要从母体摄取大量的钙，供骨骼钙化。若孕母少见阳光，饮食中缺钙，胎儿出生后可患先天性佝偻病。因此，孕母要经常晒太阳，吃含钙丰富的饮食。

2. 提倡母乳喂养，及时添加辅食

母乳中钙、磷比例适宜，是理想的钙的来源。及时添加蛋黄、肝泥、菜泥等辅食，可提供一定量的维生素 D。

3. 多晒太阳

组织婴、幼儿在户外活动，多晒太阳。只要有充分的日光照射，即使食物中缺少维生素 D 也不至于发病。普通的玻璃、衣服能阻碍紫外线通过，因此，要多在户外活动，并尽量使阳光直射在皮肤上，但夏天要避免暴晒。

4. 补充维生素 D

在寒冬漫长的北方，当阳光照射不足时，小儿满月以后，可给予适量的维生素 D 制剂，以预防佝偻病。

儿童两岁以后，生长速度减慢，又常在户外活动，就不必再服药了。况且两岁以后的儿童，一般地说，佝偻病已不再进展。此时儿童虽有下肢弯曲、鸡胸等骨骼改变，大多为后遗症。

在补充维生素 D 的同时，可口服钙剂，或供给含钙丰富的饮食。

二、肥胖症

因过量的脂肪储存使体重超过正常 20％以上的营养过剩性疾病称为肥胖症。超过标准体重 20％～30％者为轻度肥胖症；超过标准体重 30％～50％者为中度肥胖症；超过 50％以上者为高度肥胖症。

(一)病因

1. 多食

人工喂养的婴儿，容易喂哺过量，胖娃娃远比母乳喂养的多见。喂牛奶要加糖，往往糖加得多，引起婴儿口渴而啼哭，若误把渴当饥，又喂牛奶，可致多食。

已进入幼儿园的孩子，一早一晚常在家里加餐。节假日则点心、巧克力、花生米等零食不断。每日摄入的热量超过他们的消耗量。

2. 少动

大多数小胖子平时不爱运动，少动就更胖，形成恶性循环。饮食与运动不能达到热量的收、支平衡。

3. 遗传

双亲肥胖，子女易成肥胖体型。

4. 心理因素

受到精神创伤或心理异常的幼儿可有异常的食欲，导致肥胖症。

5. 内分泌疾病

因疾病所致的肥胖症，除超重以外，还有其他的症状，可加以鉴别。

(二)肥胖症的危害

肥胖除了使行动笨拙、体型不美观以外，还会影响健康。

儿童期肥胖易致扁平足，虽然走路不多也会感到腰疼、腿疼。由于腹部脂肪堆积，横膈上升，使呼吸不畅，儿童易感疲乏。小儿肥胖还会造成高血脂症，成为动脉硬化的发病基础。

肥胖继续发展，延续到成人，更易合并高血压心脏病、糖尿病等疾患。

肥胖还会带来种种心理问题，如常被人取笑，因而很少交朋友，产生孤独感。由于肢体不灵活，在体育活动上往往不如别人，进而不愿意参加集体游戏，产生自卑感。

(三)预防

1. 避免婴儿哺乳量过多

从出生到 1 岁，体内脂肪的增长很快。在这期间，哺乳量过多，或辅食中谷类过量，都可能使婴儿体内的脂肪细胞数目猛增，成为胖娃娃。

那么，如何正确判断婴儿的饥饱，避免过食呢？

(1)哺乳量与辅食量足，婴儿能安静入睡。夏天，婴儿可因口渴而啼哭，莫把渴当饥饿，应在两次喂食物之间，喂些水。

(2)监测体重。定期测体重，若超重及时采取措施。

2. 避免幼儿陷入多食、少动的怪圈。

幼儿不光要吃好睡好，还要有一定的活动量。吃好睡足不能代替运动。特别是胖娃娃，要让他们在跑、跳、蹦、攀、爬、钻、掷等活动中，找到乐趣，喜欢运动，使热量的收支平衡。

(四)矫治

对于肥胖症的饮食调整，小孩和成人不同。调整饮食的原则如下：

1. 营养应能满足生长发育之需

小孩正在长身体，饮食要提供生长发育所需的全部营养素。蛋白质充足，限制脂肪，足够的无机盐和维生素，适量的碳水化合物。

2. 不宜使体重骤然减少

最初，只需制止体重速增。以后可使其体重逐渐下降，降至体重仅为轻度超重时可不再严格限制食物，但仍应坚持按计划进食，否则放开肚子大吃几天，体重就会反弹。

3. 基本满足食欲

膳食应能基本满足食欲，不致因饥饿而感到痛苦。应多选热量少、体积大的食物，如芹菜、萝卜、笋等。必要时可在两餐之间供给热量较低的食品。

根据以上原则，食物应以蔬菜、水果、米饭、面食为主。适量的瘦肉、鱼、蛋、豆制品、牛奶、豆浆。

调整饮食不能操之过急，但需长期坚持，方能奏效。

三、缺铁性贫血

缺铁性贫血，系因体内缺乏铁，影响血红蛋白的合成所致，为小儿贫血中最常见的一种，3 岁以下小儿发病率较高。

(一)体内缺铁的原因

1. 先天储铁不足

胎儿于出生前三个月，自母体获得较多的铁，储存在体内。早产、双胎儿往往先天储铁不足。

2. 饮食中铁的摄入量不足

这是导致缺铁性贫血的重要原因。人奶和牛奶含铁量均低，不能满足较大婴儿之需，若不及时添加含铁丰富的辅食，则易缺铁。幼儿多因偏食，使铁的摄入量不足。

3. 疾病的影响

长期腹泻引起铁的吸收障碍。长期、反复患肺炎、气管炎，可因消耗增多而引起贫血。患钩虫病，一条钩虫每日平均吸血 0.04～0.06 毫升，每失血 1 毫升就相当于丢失铁 0.5 毫克。由于钩虫经常变换吸血部位，在肠黏膜上形成许多小出血点，不断出血可致严重贫血。

(二)症状

贫血可降低血液摄氧能力，使机体各器官、组织出现不同程度的缺氧。

1. 面色苍白

由于红细胞数及血红蛋白含量减少，皮肤显得苍白，没有血色儿(正常小儿面色红润)。

2. 乏力

运动使氧的需要量增加，因缺氧，稍事活动即感乏力。小儿变得不活泼，不好动。

3. 食欲不振

因为缺氧，消化吸收能力下降，可有食欲不振、恶心等症状。

4. 注意力不集中

由于脑组织缺氧，小儿精神不振，注意力不集中。脾气暴躁，很少开心。

(三)预防

1. 随着月龄增加，给婴儿添加含铁丰富的辅食。

2. 纠正幼儿偏食。提供含铁丰富的膳食。

四、龋　齿

龋齿是因牙齿经常受到口腔内酸的侵袭，使牙釉质受到腐蚀而变软变色，逐渐发展为实质缺损而形成龋洞。

龋齿是儿童最常见的牙病，儿童会因牙痛而影响食欲、咀嚼，进而影响消化、吸收和生长发育。在时还会引起骨髓炎、齿槽脓肿等并发症。

乳牙不仅龋患率高，而且龋齿发展迅速，龋洞易穿通牙髓，并发骨髓炎等疾病。龋齿是乳牙过早丢失的主要原因。乳牙早失，可使恒牙萌出异常。

（一）病因

目前认为龋齿的发生与下列三个主要因素有关。

1. 口腔中细菌的破坏作用

变形链球菌和乳酸杆菌在口腔的残留食物上繁殖产酸，酸使牙釉质脱钙，形成龋洞。

2. 牙面牙缝中的食物残渣

小儿临睡前吃东西，或口含食物睡觉，滞留在牙面牙缝上的食物残渣，尤其是糖果、糕点等甜食残渣，是造成龋齿的重要因素之一。

3. 牙齿结构上的缺陷

（1）牙釉质发育不良：牙釉质的发育与钙、磷、氟等矿物质及维生素 D 的供给量有关。氟是增进抗龋能力的最主要的微量元素。氟在人体中主要储存在骨骼和牙齿中，尤其在牙釉质内。牙釉内含氟量达一定浓度时，才具有较强的抗腐蚀能力，含氟低则容易受酸腐蚀。

（2）牙齿排列不齐：因牙齿排列不齐，不易刷净，使食物残渣和细菌存留，这也是造成龋齿的原因之一。

（二）预防

我国儿童龋齿患病率呈逐年上升的趋势，普及口腔卫生知识乃当务之急。由原卫生部、国家教委等共同确立，每年 9 月 20 日为"全国爱牙日"。1991 年全国爱牙日的主题是"爱护牙齿，从小做起"。重点是抓好儿童口腔保健工作，使儿童建立良好的口腔卫生习惯。

1. 注意口腔卫生

应从小培养儿童饭后漱口和睡前刷牙的习惯，以便及时清除口腔内的食物残渣和细菌。否则细菌会在儿童睡眠时大量繁殖产酸，腐蚀牙齿。睡前刷牙后不可再吃零食。

刷牙要用顺着牙缝直刷的方法，以便彻底清除牙缝里的食物残渣，不要横着刷。要着重刷后面磨牙的咬合处。选用儿童保健牙刷，牙刷头小，刷毛较柔软，只有两排刷毛，便于直刷，同时又能将里外牙面都刷到。选用含氟牙膏。

2. 多晒太阳，注意营养

乳齿钙化开始于胎儿第 5 个月，萌出后仍继续钙化。恒齿的钙化开始于出生时。怀孕期间要注意钙、磷的摄入量。要供给儿童合理的膳食，多晒太阳，以保证牙齿的正常钙化，加强牙轴质的抗酸能力。

3. 定期口腔检查

早期发现龋齿，早期治疗。如龋洞尚未穿通牙髓，可补牙。若乳牙患了龋齿，未能及时修补，可使牙周组织发炎，以致影响恒牙的正常发育；若乳牙因患龋齿过早丢失，还可影响恒牙的正常排列，因此，乳牙患龋也应早治。

保育工作要点

· 组织婴幼儿在户外晒太阳，四季有所区别。

春天，乍暖还寒，户外活动时间由短到长，逐渐增加。冬天一般接触阳光少，若春天突然晒太阳时间很长，容易使血里钙骤然下降，婴儿可能会发生抽风。

夏天，注意防中暑。可让婴幼儿在树荫下玩。

秋天，是防治佝偻病的好季节。多在户外活动，晒太阳，体内制造出的维生素 D 可以存储起来，供冬天使用。

冬天，中午前后阳光充足，让婴幼儿露出小手、小脸，晒晒太阳。隔着玻璃晒太阳，紫外线被阻挡了，没有预防佝偻病的作用。

· 喂婴儿吃辅食需要耐心。若辅食吃得太少，因乳类含的铁不足，婴儿就会贫血。

· 教育幼儿不挑食。"杂"食才能营养全面。不要贪食甜食、油炸的食物。

· 督促幼儿饭后漱口，早晚刷牙。

思 考 题

问答题

1. 如何预防佝偻病？

2. 小儿肥胖有什么危害？

3. 缺铁性贫血有什么症状？

4. 怎样预防龋齿？

选择题

1. 龋齿是怎样发生的？（　　　）

   A. 虫子蛀的

   B. 糖腐蚀的

   C. 是细菌作用在食物残渣上产生酸，酸腐蚀牙面形成的

2. 龋齿有哪些危害？（　　　）

   A. 牙痛影响进食和休息

   B. 造成偏侧咀嚼，影响颌骨正常发育

   C. 妨碍食物消化吸收，造成营养不良

   D. 有可能引起心脏、肾、关节等主要器官发病

3. 乳牙患龋该怎么办？（　　　）

   A. 反正迟早要换牙，不必补

   B. 危害很大，应及时治疗

4. 在下面两种刷牙方法中应选用哪种？（　　　）

   A. 横刷法

   B. 竖刷法

5. 要将牙齿里里外外都刷干净，至少需要刷多长时间？（　　　）

   A. 半分钟

   B. 1分钟

   C. 3～5分钟

6. 牙刷多长时间应换一把？（　　　）

   A. 半年

   B. 2～3个月

   C. 一年

   D. 牙刷毛卷了再换

答案：

1. C；　2. A、B、C、D；　3. B；　4. B；　5. C；　6. B。

第七章　预防传染病和寄生虫病

托、幼机构是儿童集中生活的地方，一旦发生传染病容易造成流行。预防传染病、管理传染病，是集体儿童机构中一项重要的保健工作。

环境的清洁，食具、毛巾等的消毒，经常通风减少空气污染，等等，都是预防传染病的有效措施。保育工作的质量关系着儿童的健康。

一、有关传染病的基础知识

(一)传染病的特性

1. 有病原体

在人体外环境中，有一些能侵袭人体的微生物被称为病原体。如，麻疹、水痘的病原体为病毒；结核、痢疾的病原体为细菌。

抗菌素，如青霉素、四环素等只能杀灭细菌，对病毒无效。

某些病毒的生命力不如细菌，被排出人体后在外环境中的生存时间不长，开窗通风，特别是冷空气，可以有效的杀灭某些病毒(如流感病毒、风疹病毒、腮腺炎病毒、水痘病毒等)。

但某些病毒(如甲肝病毒、乙肝病毒)生命力很强，一般的消毒剂不能杀灭这些病毒，煮沸是有效的消毒措施。

2. 发病有潜伏期

自病原体侵入人体，至出现症状的这段时间叫潜伏期，不同的传染病有不同的潜伏期。

可以参考某种传染病的"最长潜伏期"，决定该传染病的检疫期限。

例如，某幼儿园大班发现一名幼儿患猩红热。猩红热的最长潜伏期是 12 天。该幼儿所在班，自病儿离园后要检疫 12 天。过了 12 天，没有再发现新的病人，该班可解除检疫。

(二)传染病流行过程的三个基本环节

传染病的传播必须有三个基本环节：传染源、传染途径、易感者。缺少哪一环节都不能造成传染。

预防传染病也就是针对这三个环节采取措施。

了解传染病流行的三个环节，对于加深对保育工作的认识，提高保育工作质量有益。

1. 传染源

传染源是指被病原体感染的人或动物。传染源又可分为以下几种。

(1)病人：是指感染了病原体，并表现出一定的症状和体征的人。就大多数传染病来说，病人是主要的传染源。病人排出病原体的整个时期叫传染期。根据某种传染病的传染期，可决定病人的隔离日期。

(2)病原携带者：可分为病后病原携带者(亦称恢复期病原携带者)和健康病原携带者。某人患传染病后，症状已消失，但仍能排出病原体，称为病后病原携带者。病原体侵入人体，但人体未出现任何症状，却排出病原体，称为健康病原携带者。

有些传染病的主要传染源是病原携带者，如猩红热、流行性脑脊髓膜炎、脊髓灰质炎、伤寒、痢疾等。

(3)受感染的动物：以动物为传染源传播的疾病，称为动物源性传染病，如狂犬病等。

2. 传染途径

病原体从传染源体内排出后，经过一定的方式，又侵入他人体内，所经过的途径称为传染途径。主要的传染途径有：

(1)空气飞沫传播：病原体随同病人或病原携带者咳嗽、打喷嚏时喷出的飞沫，散布到周围的空气中，被他人吸入体内，受到传染。空气飞沫传播是呼吸道传染病的主要传播途径。实行湿式打扫，防止灰尘飞扬，加强通风换气，采用紫外线照射或乳酸蒸气消毒，可有效地切断此传播途径。

(2)食物传播：食物在制作、储藏、运输和销售过程中被病原体污染，造成"病从口入"。食物传播是肠道传染病的主要传播途径。

(3)水源传播：病原体污染水源并能在水中存活一段时间，使饮用此水的人感染疾病。不少肠道传染病，如伤寒、细菌性痢疾、甲型病毒性肝炎等都可因此引起。有些传染病，如血吸虫病，是因接触被病原体污染的水(如戏水、游泳等)，病原体经皮肤侵入人体的。保护水源，饮用开水，可减少水源传播。

(4)土壤传播：寄生虫卵和细菌等随人的粪便进入土壤，可因土壤沾在人们手上，病原体经口进入人体；也可因土壤污染伤口致病(如破伤风)；或在土壤中的寄生虫幼虫，自人的皮肤钻入人体致病(如钩虫病)。土壤传播与人们接触土壤的机会及个人卫生习惯有关。

(5)日常生活接触传播：病原体随同患者或携带者的排泄物或分泌物污染周围的日常用品，如衣被、毛巾、食具、玩具、器皿等，造成传播。与职业和个人卫生习惯有关。从事炊事员、保育员等职业的人尤应注意个人卫生，幼儿园应严格执行消毒制度，以减少传播机会。家庭中也应提倡分餐或用公筷，毛巾、脸盆等生活用品专人专用。

（6）虫媒传播：因昆虫叮咬、吸血而引起。如，蚊子传播流行性乙型脑炎，白蛉传播白蛉热、黑热病等。

（7）直接接触传播：病原体不经过外界途径，由传染源直接到达易感者身上，使之得病。如狂犬病、性病等。

（8）医源性传播：医务人员在检查、治疗和预防疾病时或实验操作过程中造成的疾病感染。如，带有乙型肝炎病毒的血液，经输血造成传播。

（9）母婴传播：母亲和婴儿接触密切，一方可将疾病传染给另一方。包括胎盘传播、分娩损伤传播、哺乳传播和产后接触传播四类。

3. 易感者

易感者是指体内缺乏对某种传染病的免疫力，或免疫力较弱，病原体侵入后可能发病的人。

易感人群是指人群对某种传染病缺乏免疫，易受感染而言。人群的易感性决定于人群中每个人的免疫状态。这种易感人群的多少，对传染病的发生和传播，往往有很大的影响。

（三）预防传染病

预防传染病需要针对传染病流行的三个基本环节，采取综合性的措施。

1. 保护易感者

（1）增强儿童体质：合理安排儿童的一日生活，组织幼儿锻炼身体，培养个人卫生习惯，提供合理的幼儿膳食，增强幼儿体质，加强免疫力。

（2）预防接种：将疫苗接种到人体内，使人体产生对该疾病的抵抗力，从而达到预防该传染病的目的。

由于大力开展预防接种，已经消灭了天花这一烈性传染病，其本上消灭了脊髓灰质炎（又称小儿麻痹），白喉、麻疹等的发病率亦明显下降。

①基础免疫：选择几种对小儿健康威胁严重的传染病疫苗，按计划接种到小儿体内，使他们获得对这些传染病的免疫力，这种初次接种叫基础免疫。

②加强免疫：基础免疫后，经过若干时间，免疫力逐渐下降，需要再接种一次，以巩固免疫效果，这种复种叫加强免疫。

③计划免疫：传染病的种类很多，各地防疫部门，制定出该地区儿童的免疫程序，并组织接种工作。

托幼机构应密切配合，并建立预防接种卡片。表1-7-1供参考。

表 1-7-1　儿童免疫程序

注	初种	加强
	●	▲

疫苗名称＼年龄	接种计划						预防疾病名称
	刚出生	3月到1岁	1岁半到2岁	3岁	4岁	7岁	
卡介苗	●					▲	结核病
乙肝疫苗	●	▲		▲			乙型肝炎
脊髓灰质炎糖丸		●▲	▲		▲		脊髓灰质炎
百白破疫苗		●▲	▲			▲	百日咳、白喉、破伤风
麻疹疫苗		●				▲	麻疹
乙脑疫苗		●	▲	▲		▲	乙型脑炎

④预防接种的护理工作：为减轻预防接种的反应和避免接种局部感染，在接种的头一天，通知家长，给儿童洗澡，清洁皮肤。

接种前不要空腹，要吃饱饭。空腹注射疫苗，加上害怕，可能会"晕针"。

接种后，可组织幼儿轻微活动，注意避免受热、受凉。

一般，预防接种的反应轻微。在接种后24小时左右，接种局部可发生红肿、疼痛，可有低烧，第二天可恢复正常。若高烧并有其他症状应及时就医。

偶尔儿童"晕针"，应让儿童平卧，喝些温糖水，安静休息，在短时间内可恢复正常。

2. 切断传染途径

(1)经常性预防措施：

①环境清洁，消灭蚊、蝇；

②室内空气新鲜；

③饮食卫生好；

④幼儿个人卫生习惯好；

⑤做好经常性的消毒工作。

(2)传染病发生后应采取的措施

病儿已离园隔离治疗，对病儿所在的班要进行一次彻底的消毒。

若病儿患的是呼吸道传染病(流行性感冒、水痘、腮腺炎、风疹、幼儿急疹等)，要彻底开窗通风换气。

若病儿患的是肠道传染病(痢疾、肠炎、甲型肝炎等),病儿所用过的物品,如便盆、马桶、玩具、桌椅等都要用适当方法进行消毒(日晒、煮沸、药品消毒等)。

3. 及早发现传染病的措施

(1)儿童入园前要经过健康检查,合格方可入园。

(2)日常观察:

①晨间检查:检查可在日托儿童每天入园时,整托儿童早晨起床后进行。检查可根据传染病好发季节而有所侧重。

晨间检查的方法可概括为:一摸、二看、三问、四查,摸摸前额,粗知体温是否正常;问问儿童在家中的生活情况;看看皮肤、五官及精神状况有无异常。

对怀疑有传染病的儿童,暂不得入班,需经医生进一步检查,再确定是否入班。

②全日观察:结合日常护理,随时注意儿童有无异常的表现。

全日观察的重点是幼儿的精神、食欲、大小便、体温及睡眠情况。

儿童活泼好动,若发现不爱活动、乏力、呆滞等现象,往往是有病。平时食欲旺盛,突然食欲不振、恶心、呕吐,为疾病的表现。平时入睡快、睡得安稳,现变得入睡困难或睡眠不安;大便次数增多、小便颜色加深;发烧等,均应进一步检查,以便早发现、早治疗疾病。

(3)职工健康检查:任职前要进行健康检查,在职期间要定期体检,以便及早发现传染源。

(4)早隔离患者:许多传染病,在患病早期传染性最强,早隔离病人是控制传染病流行的重要环节。可疑传染病,也应先隔离。

有条件的托、幼机构可设立隔离室,防止传染病蔓延,并使患儿得到个别照顾。

(5)病儿所在班进行检疫观察:观察班不接受新来的儿童,该班一日生活制度照常进行,但一切活动都应与其他班严格分开。对观察班的儿童应加强晨检和全日观察,详细了解其饮食、睡眠、大小便性状等,注意早期症状和发病迹象,如有可疑,立即隔离,有待确诊。

二、儿童常见传染病

(一)水痘

1. 病因

水痘是由病毒引起的呼吸道传染病。病毒存在于病人的鼻咽分泌物及水痘的浆液中。从病人发病日起到皮疹全部干燥结痂，都有传染性。病初，主要经飞沫传染。皮肤疱疹破溃后，可经衣物、用具等间接传染。

2. 症状

病初1～2天有低烧，以后出现皮疹。皮疹先见于头皮、面部，渐延及躯干、四肢。

最初的皮疹是红色的小点，1天左右变成水疱，3～4天后水疱干缩，结成痂皮。干痂脱落后，皮肤上不留疤痕。

在病后一周内，由于新的皮疹陆续出现，陈旧的皮疹已结痂，也有的正处在水疱的阶段，所以在病人皮肤上可见到三种皮疹：红色小点、水疱、结痂。出疹期间，皮肤刺痒。

3. 护理

(1)发烧时要让孩子卧床休息。室内保持空气清新。吃容易消化的食物，多喝水。

(2)可用炉甘石洗剂等止痒。疱疹上涂龙胆紫，可使疱疹尽快干燥结痂。

(3)给小孩剪短指甲，避免抓破皮肤引起感染。水痘感染，日后会落下疤痕。

勤换洗内衣和床单。

(4)需隔离到全部皮疹结痂为止。没出过水痘的孩子要避免和病儿接触。

(5)保育员护理水痘病儿后，要用肥皂洗手，脱去隔离衣，最好是在户外晒一会太阳，再接触正常儿童。

(二)流行性感冒

1. 病因

流行性感冒(简称流感)是由流感病毒引起的呼吸道传染病，多在冬末春初流行。流感病毒易发生变异，当人群对变异的病毒尚无免疫力时，常酿成世界性大流行。本病传播力强，经飞沫直接传播，飞沫污染手、用具等也可造成间接传染。病后免疫力不持久。

2. 症状

(1)潜伏期数小时至1～2日。起病急，高烧、寒战、头痛、咽痛、乏力、眼结膜充血。

(2)以胃肠道症状为主者，可有恶心、呕吐、腹痛、腹泻等症状。

(3)以肺炎症状为主者，发病1～2日后即出现咳嗽、气促、喘、发绀等症状。

(4)部分病儿有明显的精神症状，如嗜睡、惊厥(抽风)等。

(5)婴幼儿常并发中耳炎。

3. 护理

(1)高烧时卧床休息。病儿居室要有阳光，空气新鲜。饮食应易消化、有营养，多饮水。

(2)按医嘱服药。

(3)患儿高烧应适当降温。婴幼儿多采用物理降温法。

(4)保育员护理病儿时要戴口罩，护理后用肥皂洗手。

(三)腮腺炎

1. 病因

流行性腮腺炎是由病毒引起的呼吸道传染病。病人腮腺肿大期间，唾液中有病毒，经飞沫传播。

2. 症状

(1)起病急，可有发烧、畏寒、头痛、食欲不振等表现。

(2)1～2天后腮腺肿大。肿大以耳垂为中心，边缘不清楚，有轻度压痛。张口或咀嚼时感到腮腺部位胀痛，尤其吃硬的或酸的食物疼痛加剧。

(3)经4～5天腮肿消退。

3. 护理

(1)注意口腔清洁，常用淡盐水漱口。

(2)腮腺肿痛可用湿毛巾做冷敷，也可外敷清热解毒的中药。

(3)在腮肿期间饮食以流质、半流质为宜，避免吃酸的食物。

(4)用中药治疗。

(四)传染性肝炎

1. 病因

传染性肝炎是由病毒引起的传染病。肝炎病毒可分为甲型、乙型和非甲非乙型等诸多类型。

(1)甲型肝炎病毒可引起甲型传染性肝炎。病毒存在于病人的粪便中。粪便污染了食物、饮水，经口造成传染。由于水源受到污染，泥蚶或牡蛎等水产品有浓缩并贮存甲型肝炎病毒的能力，上述被污染的水产品未经煮熟煮透，食用后可造成爆发性的流行。

(2)乙型肝炎病毒可引起乙型传染性肝炎。病毒存在于病人的血液中，病人的唾液、鼻涕、乳汁等亦带有病毒。

含有乙型肝炎病毒的极微量的血液就可造成传染。可通过输血、注射血制品、共用针头等途径传播。由于病人的唾液和鼻咽分泌物中带有病毒，所以日常生活密切接触，共用牙刷、食具等，也是重要的传播途径。

在乙型传染性肝炎病人及带病毒者的血液中，"乙型肝炎表面抗原"(原称

"澳抗")为阳性，可借此与甲型传染性肝炎区别。

2. 症状

感染了甲型肝炎病毒以后，约经 1 个月的潜伏期发病，有黄疸型肝炎与无黄疸型肝炎两种类型。

感染了乙型肝炎病毒，经 2～6 个月的潜伏期发病，多为无黄疸型肝炎，黄疸型较少。

(1)黄疸型肝炎：病初类似感冒，相继出现食欲减退、恶心、呕吐、腹泻等症状。尤其不喜欢吃油腻的食物。

精神不好、乏力。平时活泼好动的小孩，现在喜欢坐着或躺在床上。平时不爱哭的小孩，此时表现得好发脾气、烦躁好哭。

在发病 1 周左右，巩膜（白眼珠）、皮肤出现黄疸，尿色加深。肝功能不正常。

出现黄疸后 2～6 周，黄疸消退，食欲、精神好转。肝功能逐渐恢复正常。

(2)无黄疸型肝炎：比黄疸型肝炎病情轻，一般可有发烧、乏力、恶心、呕吐、头晕等症状。在病程中始终不出现黄疸。

3. 护理

(1)急性肝炎应卧床休息。病情好转后可轻微活动，但以不感觉疲劳为宜。要给患儿订立每天的作息制度，使生活有规律。

(2)饮食宜少吃脂肪，适当增加蛋白质和糖的量，多吃水果、蔬菜。蛋白质是肝细胞的再生和修复所必需的营养物质。糖是供给热量的主要来源，可以节省蛋白质作为能源的消耗。脂肪过多，只能加重肝脏的负担，甚至发生脂肪肝。但也不宜吃过多的蛋白质和糖。过剩的蛋白质加重肾脏的负担，糖可转化成脂肪，并可加重腹胀。

(3)做好消毒隔离。病人的食具、水杯、牙刷等均要专用，食具、水杯、毛巾每日煮沸消毒一次。

便盆用消毒液浸泡。衣服、被褥常晒（暴晒 4～6 小时）。

护理患儿后，要用肥皂洗净手。

三、儿童常见寄生虫病

(一)蛔虫病

1. 流行特点

蛔虫感染率很高。蛔虫的受精卵自粪便排出，如温度和湿度适宜，就发育成感染性虫卵。儿童在地上爬滚玩要，饭前不洗手，吸吮手指或生吃未洗净的瓜果、蔬菜,均可将感染性虫卵吞入。

自吞入感染性虫卵至雌虫成熟开始排卵,约需 2 个月。成虫能存活 1～2 年。

2. 症状

(1)成虫在肠道内寄生,由于机械刺激常引起脐周围阵发性疼痛,片刻可自行缓解。

(2)蛔虫的代谢产物或死亡后的裂解物为有毒物质,可引起低烧、多汗、夜惊、磨牙等症状。

(3)蛔虫有喜移行及钻孔的习性,当人体内发生某些变化,如发烧、服不足量的驱虫药等,可刺激蛔虫,引起各种并发症。常见的并发症有胆道蛔虫病、蛔虫性肠梗阻等。

3. 预防

(1)积极治疗蛔虫病,以减少散播虫卵的机会。集体儿童机构可于 9—10 月集体驱蛔,因 6—7 月最易感染蛔虫卵,9—10 月已长为成虫。

常用驱虫药为驱蛔灵、驱虫净,药量遵医嘱。

(2)改善环境卫生,讲究饮食卫生、个人卫生。

(二)蛲虫病

1. 流行特点

蛲虫虫体细小、乳白色,又称线头虫。成虫寄生在人体结肠内,雄虫交配后死亡,雌虫沿结肠下行,一般在宿主入睡后两小时左右移行至肛门周围、会阴部产卵。雌虫在产卵后死亡。

虫卵经数小时即发育为有感染性的虫卵。由于雌虫产卵使肛周奇痒,病儿用手搔痒,手指就会沾上虫卵。病儿的内裤、床单、被褥等沾染了虫卵,也可传至手上。手沾染了虫卵,就会造成自身感染或互相感染。含有虫卵的灰尘经呼吸道进入鼻咽部,被吞下也可造成感染。

2. 症状

(1)肛门周围和会阴部奇痒。

(2)由于搔伤,可使局部皮肤糜烂。

(3)睡眠不安,易烦躁。

3. 预防

(1)避免重复感染。蛲虫存活时间短,一般仅两个月。但由于自身重复感染的机会多,故蛲虫病不易除根。若能防止重复感染,虽不服驱虫药,也可治愈蛲虫病。

避免重复感染的方法是,小儿穿满裆裤睡觉,并于肛周涂上药膏,以粘住虫卵并止痒。早晨再用肥皂与温水洗净肛门周围。换下的内裤洗净并煮沸消毒。连续 10 天，即可见效。

(2)培养良好的卫生习惯，如饭前便后洗手、勤剪指甲、不吸吮手指等。

(3)勤换衣服，勤晒被褥。

保育工作要点

1. 做好幼儿园室内外的环境卫生。环境清洁、室内空气新鲜、无蚊蝇等，都是预防传染病的重要措施。

2. 做好日常消毒工作。

3. 培养幼儿个人卫生习惯。

4. 注意自身的清洁卫生。不随地吐痰，便后洗手。

5. 护理感冒的病儿后要洗手。手是传播感冒的重要途径。给病儿擤鼻涕、擦眼泪以后，手上带有感冒病毒，若再接触健康幼儿的口鼻，可将病毒传给健康幼儿，造成传染。

思 考 题

问答题

1. 保育工作对预防传染病有什么重要性？

2. 预防接种前后有哪些护理工作？

3. 如何预防甲型传染性肝炎？

4. 为什么蛲虫病不易除根？怎样才能除根？

名词解释

传染源　易感者　基础免疫　加强免疫

第八章　常用护理技术及急救术

一、常用护理技术

常言说："三分治，七分养。"对于小孩来说，生病后的护理就显得更为重要。比如，治病离不开药，成人可以自己服药，小孩却需要喂药；成人卧床，可以勤翻身变换体位，乳儿患肺炎若不能给他勤翻身，就不利于疾病的痊愈；成人腹泻，自己会喝水，小孩腹泻不勤喂水就可能发生脱水。

所以掌握一些护理技术，有利于生病的孩子早日恢复健康。

（一）测体温

体温表由玻璃制成，里边装有水银柱，水银遇热上升的刻度就是体温度数。

测体温前，先要看看体温计的水银线是否在 35 摄氏度以下。查看度数时，一手拿体温表的上端，使表与眼平行，轻轻来回转动体温表，就可清晰地看出水银柱的度数。如果超过了 35 摄氏度，可用一只手捏住没有水银球的那一头，向下向外轻轻甩几下，使水银线降到"35"刻度以下。

测腋下温度既安全又卫生，一般常采用这种方法。测时先擦去腋窝下的汗，然后把体温表的水银端放在小儿腋窝中间，水银端不能伸出腋窝外，让小儿屈臂，大人扶着他的胳膊以夹紧体温表，测 5 分钟取出。

孩子正在哭闹，不要勉强测量体温，等孩子安静下来再测为好。为减少误差，刚吃奶、吃饭后，不宜马上测体温，应在饭后 30 分钟再测。

（二）物理降温法

病儿体温升至 39 摄氏度左右，就应及时采取降温措施。降温措施有药物降温和物理降温两种。6 个月以下乳儿应多采用物理降温法。

1. 头部冷敷：将小毛巾折叠数层，放在冷水中浸湿，拧成半干以不滴水为度，敷在前额，每 5～10 分钟换一次。也可以用热水袋灌进凉水或小的冰块，作成冰枕，枕在头后。或将冷湿毛巾放在腋窝、肘窝、腘窝、腹股沟（大腿根部）等处。若冷敷时小儿发生寒战、面色发灰，应停止冷敷。

2. 酒精擦拭：酒精易于挥发，能较快地使体内热量放散。可将 70％酒精或白酒加一倍水，用小毛巾浸泡后擦腋下、肘部、颈部两侧、腘窝等处。擦拭时注意避风，以免病儿受凉。如病儿突然寒战或面色苍白，应停止擦拭。

应用物理降温法，使体温降至 38 摄氏度左右即可。体温在 38 摄氏度左右，发生抽风的机会已经很少。

(三)热敷法

热敷适用于疖初起时，有消炎、消肿作用。可用少一半开水，多一半凉水(水温略低于 50 摄氏度)灌入热水袋至 2/3 左右，慢慢放平热水袋，使水流至袋口将气排出，拧紧盖子，倒提水袋检查是否漏水，然后将水袋表面擦干，试试温度以不烫为宜，用毛巾包裹好，放在需要热敷的部位。

(四)喂药

给小婴儿喂药，可将药片研成细小粉末，溶在糖水、果汁等香甜可口的液体中，或用奶瓶像喂奶那样喂进去。

1 岁左右的孩子，已似懂非懂，常会又哭又闹拒绝吃药，有时需要灌药。灌药的办法是，将药片压成粉末，放在小勺里，加点糖、少许水，调成半流状。固定小孩头部，使头歪向一侧，左手捏住小孩下巴，右手将勺尖紧贴孩子的嘴角将药灌入，等孩子将药咽下去以后，放开下巴，再让孩子喝几口糖水，以免嘴苦。

对 2~3 岁以后的小孩，就要鼓励他自己吃药了，不宜再采用灌药的办法。

(五)滴眼药水

先核对药名(一定要做这一步)，千万不可滴错了药。操作者先把手洗干净。小儿眼部如有分泌物，先用干净毛巾擦净，滴药时用左手食指、拇指轻轻分开小儿上下眼皮，让小儿头向后仰，向上看。右手拿滴药瓶，将药液滴在下眼皮内(不是滴在角膜上)，每次 1~2 滴。让小儿轻轻闭上眼睛。用拇指食指轻提上眼皮，嘱小儿转动眼球，使药液均匀布满眼内。

眼药膏，宜在睡前涂用。用干净的玻璃棒蘸少许软膏，让小儿向上看，分开他的眼皮，将玻璃棒上的油膏放在下眼皮内，闭上眼皮，将棒平行由外眼角部抽出，轻轻按摩眼球，使软膏分布均匀。使用玻璃棒前要注意检查两头是否破碎，以防扎伤眼睛。使用牙膏筒样眼药膏，可直接挤在下眼皮内，闭上眼睛轻轻揉匀即可。

(六)翻转眼皮

翻下眼皮：让小儿向上看。用右手拇指向下牵拉下眼皮即可翻下。

翻上眼皮：让小儿向下看。用右手拇指及食指轻拉住上眼皮中部皮肤，在食指向下压的同时，拇指向上卷，即可将上眼皮翻转。

(七)滴鼻药水

让小儿平卧，肩上垫上枕头，使头后仰，鼻孔向上。或坐在椅上，背靠椅背，头尽量后仰。这样可避免药液通过鼻咽部流到口腔，或仅滴到鼻孔外口。右手持药瓶，在距鼻孔2～3厘米处将药液滴入鼻孔，每侧2～3滴，轻轻按压鼻翼(外鼻两侧突出的部分)，使药液均匀接触鼻腔黏膜，并进入鼻道，以发挥疗效。滴药后保持原姿势3～5分钟。

(八)滴耳药水

让小儿侧卧，使患耳向上。如外耳道有脓液，可先用棉花棍将脓液擦净，再滴药。左手牵拉耳壳，使外耳道变直。右手持药瓶将药水从外耳道后壁滴入2～3滴药液，轻轻压揉耳屏，使药液充分进入耳道深处。滴药后保持原姿势5～10分钟。

(九)简易通便法

肥皂条通便法：将普通肥皂削成圆锥形，蘸少许温水，慢慢塞入肛门，利用肥皂的机械刺激，引起排便。

开塞露通便法：开塞露内装甘油。使用前将管端封口处平行剪开，挤出少许液体润滑管口，插入肛门，用力挤压塑料壳后端使药液射入肛门内。让小儿尽量憋一会，再排便。

二、急救技术

(一)发生意外后

意外事故有大有小，伤势有轻有重。在最初的几分钟里，要迅速判断出病情的轻重，以及是否需要应急处理。

1.根据发生意外的原因判断

可迅速危及生命的意外：如淹溺、触电、雷击、外伤大出血、气管异物、中毒、车祸等，这一类意外事故，必须在现场争分夺秒地做急救处理，以挽救生命。还有一类虽不会马上致命，但迟迟不做处理或处理不当，可造成伤残，如烧烫伤、腰椎骨折等。上述意外伤害发生后，都需要进行急救。

2.根据伤者的情况判断

(1)呼吸：垂危病儿的呼吸可变得不规则，时快时慢、时深时浅，也就是出气不均匀，有明显的呼吸困难。一般观察胸、腹的起伏，听其呼气的声音，并以面颊感觉其呼气，来检查呼吸。呼吸已停，立即做人工呼吸。

(2)脉搏：可触摸桡动脉、颈动脉，检查脉搏。严重创伤、大失血等病人，心跳增快，力量减弱，脉搏细而快。心跳停止，立即进行胸外心脏按压。

(3)瞳孔：瞳孔一般直径3毫米，左右两侧瞳孔大小相同，遇到光线能迅速收缩。当病儿头部受到严重伤害时，左右两侧瞳孔可大小不同，用光照射反应不灵敏，都是危险的信号。

(二)呼吸停止的急救处理

不管因为哪种伤害，已经造成呼吸极其微弱或呼吸停止，要立即施行人工呼吸。因为呼吸完全停止4分钟以上就濒临死亡。

口对口吹气法是国内外学者一致推荐的一种简便的人工呼吸方法，常可起到起死回生的效果。

操作的方法是：

1. 畅通呼吸道

尽量清除病人口鼻中的污泥、痰涕。已昏迷者，舌根后坠，阻塞呼吸道，要将病人在颈部垫高，头部后仰，使舌根抬起，保持呼吸道通畅。

2. 吹气方法

(1)对小乳儿：用嘴衔住乳儿的口鼻，往里吹气，以2～3秒间隔吹一次。吹气时不要太用力，见到其胸部隆起，便把嘴松开，再压其胸，帮助呼气。这样有节奏地进行，直至将病人送到医院，或病人又恢复了匀称的呼吸。若吹气后不见胸部隆起，可能呼吸道仍不通畅，要及时纠正自己的动作，并清除呼吸道分泌物。

(2)对较大的小孩：救护者深吸一口气，捏住病儿的鼻孔，用嘴贴紧病儿的嘴，向里吹气。吹完一口气，嘴离开，放松病儿鼻孔，轻压其胸部，帮助呼气。这样有节奏地进行，每隔3～4秒吹一次。如果病儿牙关紧闭，也可对着鼻孔吹气，方法与口对口吹气法一样。

用口对口吹气进行急救，吹进去的是我们呼出的气，为什么能有起死回生的效果呢？空气中氧的含量约占20%，二氧化碳约占0.03%。我们呼出的气中氧的含量为16%，二氧化碳为4%。对于严重缺氧的病儿来说，能获得16%的氧含量已能维持机体的基本需要。呼气中二氧化碳含量高，还可以起到兴奋呼吸中枢的作用。所以，只要有一线希望，就要坚持进行口对口吹气。

(三)心跳停止的急救处理

当病儿心跳停止，要立即用人为的方法来维持病儿的血液循环，使心脏重新跳动。常用胸外心脏按压法，具体的操作方法如下：

1. 使病儿仰卧，背部有硬物支撑

将病儿脸朝上躺在平直的木板或平整的地面上，背部有硬物支撑。如果原来躺在软床或帆布担架上，要移至硬板或地面上，才能使心脏按压有效。

2. 按压心脏

(1)对新生儿：用双手握住其胸，用两拇指按压胸骨(乳头连线的中央)，使胸骨下陷约1厘米左右，然后放松，每分钟按压120次左右。

（2）对 3 岁以下小儿：左手托其背，右手用手掌根部按压胸骨偏下方，使胸骨下陷约 2 厘米左右。胸骨下陷则挤压心脏，心脏收缩将血液注入动脉，当救护者手放松时（手不离开原位），心脏舒张，静脉血回流入心脏。如此，每分钟按压 80 次左右。

（3）对年长儿童：救护者把右手掌放在胸骨偏下方，左手压在右手上，呈交叉式，以助右手之力，每分钟按压 60～80 次。

在进行胸外心脏按压时，要垂直向下用力，按压面积不可过大，以免伤及肋骨，更不能按压左胸乳头处，该处为坚硬的肋骨，非但起不到按压心脏的效果，还可能造成肋骨骨折，刺伤肺脏，使病情加重。

3. 口对口人工呼吸同时进行

垂危病人，呼吸、心跳常同时停止，胸外心脏按压与口对口吹气需同时进行。可每吹一口气，做心脏按压 4～5 次。为了避免吹气和按压互相干扰，吹气时，按压的动作暂停。若仅一名救护人员，可先吹两口气，再做 8～10 次心脏按压，然后再吹两口气，再做 8～10 次心脏按压，也能收到较好的抢救效果。

（四）创伤出血的鉴别和止血方法

小量外伤出血不会有多大危险，但若遇到动脉损伤，就会引起大出血。在短时期内人体丢失了全身血量的 1/3，就有生命危险，发生大出血要立即采取止血措施。

止血法：

1. 小伤口：对伤口较小的静脉或毛细血管出血，可用干净的纱布紧压出血处，即可止血。

2. 较大伤口：用干净的布、棉花，垫在伤口上，用绷带包扎。

3. 指压止血：用于动脉出血的临时止血方法。用拇指压住出血血管的上端（即近心端），压闭血管，阻断血流。迅速送病儿去医院作进一步处理。

（1）面部出血：一侧面部出血，压迫同侧的下颌角。头顶或一侧颞部出血（太阳穴附近），用拇指压迫耳屏前的血管搏动处。

（2）前臂出血：压迫肘窝（偏内侧）肱动脉跳动处。

（3）手掌、手背出血：压迫腕部动脉跳动处。

（4）手指出血：将手指屈入掌内，成握拳状。

（5）大腿出血：屈起大腿，压迫大腿根动脉跳动处，重压方能止血。

（6）脚出血：压迫足背动脉跳动处。

（五）骨折的急救

儿童时期，骨折是较常见的意外伤害。如，玩弄门窗可致指骨骨折；乳儿把脚伸到床栏杆外，可因扭旋而骨折；被带在自行车上，脚伸进车轮；伸手摸电扇；嬉弄动物被抵伤、踢伤，以及车祸等都可造成骨折。

1. 骨折的症状

（1）疼痛：因断骨刺伤周围的组织，有剧烈的疼痛和局部明显的压痛。

（2）功能：骨折后失去正常的功能。如指骨骨折，不能握物；下肢骨折，不能站立、行走。

（3）出现畸形：骨折后，原来附着在骨骼上的肌肉失去平衡，组织肿胀，局部出现畸形。

由于小儿骨头最外层的骨膜较厚，可以发生"折而不断"的现象。就像鲜嫩的柳枝，被折后，外皮还连着。小儿的这种骨折称为"青枝骨折"，疼痛不如骨头完全断裂时明显，伤肢还可以做些动作，因此这类骨折容易被忽略，而未能送去医院治疗。骨折未经复位长上以后，肢体就会出现畸形，甚至影响正常功能。所以，小孩肢体受伤后，即便痛的不十分厉害，也要去医院检查一下，是否发生了骨折。

2. 现场处理

骨折的急救原则是限制伤肢再活动，避免断骨再刺伤周围组织，减轻疼痛。这种处理叫"固定"。

在处理骨折前，要注意观察伤者的全身情况，若有大出血，先止血。

（1）肢体骨折：使用薄木板将伤肢固定，木板的长度必须超过伤处的上、下两个关节。在伤肢上垫一层棉花或布类，用三角巾或绷带把木板固定在伤肢上，将伤肢的上、下两个关节都固定住。例如，前臂骨折，要将腕关节和肘关节都固定，使断骨不再有活动的可能。露出手指或脚趾，以便观察肢体的血液循环。若指、趾苍白、发凉，示绷带捆得太紧，应放松绷带，重新固定。

没有薄木板可就地取材，选用竹片、硬纸板、雨伞等，甚至可利用健肢做固定。例如一侧大腿骨折，可将伤肢与健肢固定在一起，以避免伤肢再活动。

如果皮肉破损，断骨露在外面，不要把断骨强行还纳回去。可盖上干净纱布(伤口上不要涂红药水、紫药水)然后做简单固定，进行转运。

（2）肋骨骨折：仅肋骨骨折，未伤及肺，伤者不觉呼吸困难，可用宽布带将断骨固定。让伤者深呼气，用宽布带缠绕断骨处的胸部，以减少呼吸运动的幅度。

若伤者感到呼吸困难，示已伤及肺，不要处理断骨，速送医院。

（3）颈椎骨折：先在颈下垫一小软枕，保持颈椎的生理屈曲度，再在头的两侧各垫一小软枕，以避免头部晃动。

（4）腰椎骨折：凡伤及腰部，应严禁伤者弯腰、走动，也不得搀扶、抱持伤者使腰部弯曲。应由数名救护者动作一致地托住伤者的肩胛、腰和臀部，将伤者"滚"到木板上，伤者俯卧，用宽布带将其身体固定在木板上。

任何腰部的活动，屈曲、侧弯和扭转，都会加重脊髓的损伤。严重的脊髓损伤可导致不可恢复的截瘫。

在运送过程中，要尽量平稳。

怀疑伤及骨盆，也要选用木板做担架。

(六)眼外伤的处理

眼睛是一个精细而娇嫩的器官，遭受外伤后视力即受影响，严重的可致失明。

要耐心教育孩子，使他们懂得珍惜自己的眼睛，自我保护、躲避危险。同时，成人要了解一些有关处理眼外伤的常识，当不测发生时，能进行现场救护，这对保留孩子的眼睛和视力是十分重要的。各种眼外伤，从小至眼内掉进一颗砂粒到眼受到严重的外伤，都要认真对待。

1. 角膜异物和眯眼

沙子、铁屑等异物已嵌在角膜上，应迅速送医院处理。不得自己用针等锐物去挑拨异物，因为异物细小，需在良好的照明、严密的无菌条件下进行操作，方能防止损伤角膜和预防感染。

沙子、谷皮、小飞虫等眯眼，嘱小儿不要用力挤眼、揉眼，要安静的等着大人来处理。粘在眼表面的异物，翻开眼皮后，可用干净的手帕或棉签轻轻擦去。

2. 钝挫伤

被弹弓子打在眼上，被足球、土块、木块击伤眼睛，可致眼钝挫伤。眼球受到撞击，会出现视网膜震荡、出血。可立即用毛巾冷敷，减少眼内出血，速送医院。

3. 刺伤、划伤

被铁丝、小刀、毛衣针、树枝等刺伤或划伤眼睛，可使眼球部分破损或完全破裂。若完全破裂，可以有眼内组织脱出(最常见是深褐色的虹膜脱出)及水样物流出。可用消毒的纱布或干净的毛巾敷盖眼睛，但不必还纳已经脱出的眼内容物，否则会增加感染的机会，也不要用力压迫眼球，因为任何外力都会使眼内容物被挤出眼球，导致失明。

4. 酸、碱烧伤

火碱、石灰、硫酸等溅入眼内可致眼严重烧伤。一旦发生，要分秒必争，就地用大量净水清洗眼睛，自来水、井水均可。冲洗时，必须扒开上下眼皮，将眼内深部也冲洗到，以免残留有化学物质。注意不要让冲洗出来的水流入健眼。

5. 鞭炮炸伤

逢年过节，孩子都喜欢放鞭炮。生活在矿区的孩子偶尔在煤堆中捡到废旧的雷管玩耍，常因此引起眼爆炸伤。爆炸的冲击力对眼球往往是严重的震荡并伴有穿通伤，处理方法见刺伤、划伤的处理。眼科医生曾多次呼吁，不要放鞭炮，放鞭炮百害无一利。

(七)溺水的急救

1. 抓紧水上救护。

2. 救上岸后：

(1)迅速清除溺水者口鼻内的淤泥杂草。松解内衣、裤带。

(2)控水。救护者取半跪姿势，将溺水者匍伏在救护者的膝盖上，使其头部下垂，按压其腹、背部，使溺水者口、咽及气管内的水控出。但控水时间不能太久，否则失去心肺复苏的时机。

(3)迅速复苏。检查溺水者呼吸、心跳的情况。有心跳、无呼吸者，可作口对口人工呼吸。如果心跳、呼吸都停止了，应就地进行胸外心脏按压和口对口人工呼吸，以保证溺水者脑的血流灌注，不至于因缺氧造成不可逆的损害。边运送溺水者，边进行复苏。复苏开始得越早，成功率越高。

(八)煤气中毒的急救

煤在燃烧不完全时可产生一氧化碳，所谓煤气中毒实际是一氧化碳中毒。冬季室内用煤炉取暖，若室内通风不良、烟筒漏烟、风倒灌等常可使人煤气中毒。

1. 症状

由于一氧化碳与血液中血红蛋白的结合能力，比氧气与血红蛋白的结合能力大240倍，因此，当吸入大量的一氧化碳后，一氧化碳即与血红蛋白结合，破坏了血红蛋白运输氧气的能力，使人体缺氧。

(1)中毒轻者，感到头痛、头晕、耳鸣、眼花、恶心、全身无力。

(2)中毒重者，呼吸困难，最后不省人事。如不及时抢救，可出现呼吸、心跳停止。

一氧化碳与血红蛋白结合后，形成鲜艳的红色，所以中毒者的嘴唇、皮肤出现鲜艳的红色，这与其他疾病引起缺氧而表现嘴唇青紫，有明显不同。

2. 急救

(1)立即打开门窗。尽快将病人移至通风好的房间内或户外，呼吸到新鲜空气。

(2)注意保暖。给病人盖好被子，防止受凉。

(3)呼吸、心跳已停止，立即进行胸外心脏按压和人工呼吸，护送到医院。

（4）不要浪费时间去找醋或酸菜汁，酸不能解煤气中毒。

（九）中暑、冻伤的处理

1. 热射病

由于阳光长时间照射头部，使脑膜和大脑充血而引起的热射病，为中暑的一种类型。

（1）症状：有头痛、头晕、耳鸣、眼花、口渴等症状，严重时可发生昏迷。

（2）急救：迅速将病儿移至阴凉通风的地方。解开衣扣，躺下休息。用冷水浸湿毛巾敷在头上，用扇子扇风，帮助散热。病儿若能自己饮水，多喝一些清凉饮料。可服十滴水、人丹。较轻的日射病，经上述处理，能很快痊愈。

2. 冻伤

（1）全身冻伤：冬季落水或衣着不暖、疲劳、饥饿且在严寒中长时间停留，可发生全身冻伤。

急救的原则是保暖复温，将病儿救护到温暖的屋里，搬动时，动作要轻柔，以免用力不当造成肢体扭伤或骨折。除去已经冻结的衣服，裹上厚棉被，用温热的水灌热水袋，放棉被内以暖和身体。病儿清醒后，给热饮料，如牛奶、姜糖水等。

在进行上述处理的同时，请医生为病儿做进一步治疗。

（2）局部冻伤：轻度冻伤多发生在耳廓、手、足等部位，仅伤及皮肤表层，局部红肿，感到痒和痛。在冻伤部位可用白酒、辣椒水轻轻涂擦，再涂上冻疮药膏。伤愈后不留疤痕，但再受冻易复发。

重度冻伤，局部皮肤呈紫黑色、肿胀、有水疱。不要用热水烫、火烤，不要捶打伤处，勿弄破水疱。保暖，送医院处理。

（十）鼻腔异物

小孩在玩耍中可将纸团、小珠子、豆粒、果核等塞进鼻孔，形成鼻腔异物。

1. 症状

长时间一侧鼻堵，鼻涕很臭，带有血丝。

2. 处理

若当即发现小儿将异物塞进一侧鼻孔，可压住另一侧鼻孔，擤鼻，若不能排出异物，要去医院处理。千万不要用镊子试图将异物夹出，尤其是圆滑的异物，很难夹住，越捅越往深处去，一旦落入气管，有生命危险。到了医院，医生使用取异物的工具，可手到病除。

（十一）外耳道异物

小孩误将一些小物件放入外耳道，或昆虫钻进外耳道，形成外耳道异物。

1. 昆虫入耳

昆虫入耳，爬行骚动，使小儿感到疼痛，易及时发现。可用灯光对着外耳道口，诱昆虫爬出。或先用甘油、食油、酒精等滴入外耳道内，将昆虫淹毙，再夹取出来。若看不清异物，不要盲目操作，应去医院处理。因昆虫已死，不再使小儿感到不适，可待医生将昆虫取出。

2. 植物性异物

植物种子、豆粒等异物遇湿膨胀，可堵塞外耳道，使听力减退，始被发现；或因引起外耳道炎，小儿感到疼痛时才被发现。

3. 非生物类异物

石子、玻璃球、煤渣等异物，光滑者无甚刺激，可久留外耳道内；有棱角或锐利者，可损伤外耳道而引起耳痛和炎症，易较早发现。

对于植物性和非生物类异物，要去医院处理。家里没有良好的照明和必要的器械，且技术不熟练，易损伤外耳道皮肤，也可能将异物推向深处，损伤鼓膜，甚至将异物推入中耳，后果严重。

(十二)咽部异物

被骨头碴、鱼刺、枣核等扎在嗓子上，不能用硬往下吞食以求将异物咽下的办法。

硬吞食物可能将异物推向深处，若扎破大血管，十分危险。发生咽部异物，要去医院处理。

(十三)鼻出血

1. 常见原因

小孩鼻出血的原因，以外伤居多。鼻黏膜干燥、挖鼻孔、用力擤鼻、鼻内异物以及感冒发高烧等均可引起鼻出血。

出血的部位大多位于接近鼻孔的鼻中隔上，该处鼻黏膜菲薄、血管密集成网，为"易出血区"。

2. 处理

(1)安慰孩子不要紧张，安静躺着或坐着。

(2)头略低，张口呼吸。捏住鼻翼，一般压迫十分钟可止血。前额、鼻部用湿毛巾冷敷。

(3)止血后，2～3小时内不要做剧烈运动。

(4)出血较多时，可用脱脂棉卷，塞入鼻腔，填塞紧些才能止血。若有麻黄素滴鼻液，可把药洒在棉卷上，止血效果更好。

(5)若经上述处理，鼻出血仍不止，立即去医院处理。

若自鼻孔流出的血已不多，但病儿有频繁的吞咽动作，一定让他把"口水"

吐出来。若吐出的为鲜血，说明仍在出血，病儿将流入咽部的血咽下，要送医院处理。因鼻后部出血难用一般的止血方法止住，若大量失血，十分危险。

(6)如果常发生鼻出血，而且皮肤上常有瘀斑，小伤口出血也不易止住，应去医院做全面检查。因为鼻出血可能是全身疾病的一种表现。这种有"出血倾向"的病儿，发生鼻出血，难以止住，应尽早去医院处理。

(十四)晕厥

晕厥是指因短时间大脑供血不足而失去知觉。常因疼痛、精神过度紧张、闷热、站立时间过久等引起。

1. 症状

晕厥发生前，多有头晕、恶心、心慌、眼前发黑等症状然后晕倒。面色苍白、出冷汗，但很快能清醒过来。

2. 处理

让病儿平卧，头部略放低、脚略抬高，以改善脑贫血状况，松开衣领、裤带。清醒后，喝些热饮料。一般经短时间休息即可恢复。

(十五)惊厥(抽风)

1. 若因高烧抽风，应采取物理降温措施。病儿清醒后喝些凉开水。可按以往服退烧药的用量，服一次药，送医院治疗。

2. 抽风时，让病儿侧卧，松开衣扣、裤带。保护病儿不要从床上摔下，但不要紧搂着、按着病儿。用毛巾或手帕拧成麻花状放在上、下牙之间，以免咬破舌头。随时擦去痰涕。可针灸或重压人中穴。

(十六)小外伤

1. 擦伤

因摔跤，把皮肤磕破了，伤口脏，可用凉开水冲洗伤口，除去污物。涂红药水或紫药水，盖上纱布。脸上皮肤擦伤不要涂紫药水。

2. 挫伤

受到石子、弹弓子等的打击，皮肤未破，但伤处肿痛、发青。可局部冷敷，防止皮下继续出血。水调七厘散或活血止疼散，敷伤处。限制受伤的肢体活动。

3. 割伤

削铅笔，划破了手，皮肤割裂、出血。可用碘酒消毒伤口，盖上消毒纱布，包扎止血。

4. 扭伤

多发生在四肢的关节部位，肌肉、韧带等软组织因过度牵拉而受到损伤。损伤的局部充血、肿胀和疼痛，活动受到限制。初期应停止活动减少出血，采用冷敷，以达到止血、消肿、止痛的目的。经1～2天，出血已停止，可用热敷促进消肿和血液的吸收。中药七厘散外敷伤处有良好效果。

保育工作要点

·随时抓住机会对幼儿进行安全教育。如，不捡食野花、野果，不把小物件含在口中，上、下楼梯不拥挤，等等。

·消毒剂、杀虫剂等绝不可随便乱放，用后放在妥善之处。

·给病儿服药前（包括滴眼药水、上皮肤药等），一定要核对药名，知道准确的用药量，以免发生错服、超量服药等事故。

·万一幼儿发生摔伤等意外，要冷静、迅速地按照科学的应急技术进行现场救护。

·当发生以下情况时：

沙子迷眼——勿"揉"。嘱小儿轻轻闭着眼，别用手揉，等着大人给处理。揉眼，会损伤角膜。

异物在鼻——勿"夹"。小儿误将豆粒、果核、纸团等塞入一侧鼻孔。不可用镊子夹取，因为很难夹住异物，越捅越往后去，异物落入气管则有窒息的危险。

骨鲠在喉——勿"噎"。硬往下吞咽食物，可使鱼刺、骨头渣、枣核等异物刺向深处，有伤及大血管的危险。

烫出水疱——勿"挑"。烫出皮疱，勿挑破、压破水疱，可用干净纱布、毛巾等轻轻盖住伤处，送医院处理。

面部长疖——勿"挤"。面部鼻、唇周围为"危险三角区"。该处皮下静脉与颅内静脉相通。面部长疖，若疖肿被挤压，脓液就可能循静脉到达颅内，引起严重的疾病。这就是俗话所说"面无善疮"的道理。

思 考 题

1. 简述"口对口吹气法"的操作要领。

2. 简述"胸外心脏按压法"的操作要领。

3. 怀疑伤及腰部，现场救护的原则是什么？

4. 发生煤气中毒，急救的原则是什么？

5. 如何处理鼻出血？

6. 如何对抽风的孩子进行救护？

总复习提纲

一、名词解释

1. 脊柱生理性弯曲

2. 脊柱侧弯

3. 六龄齿

4. 上行性泌尿道感染

5. 生理性远视

6. 斜视

7. 遗尿症

8. 口吃

9. 发育性口齿不流利

10. 生长

11. 发育

12. 必需氨基酸

13. 蛋白质的互补作用

14. 肥胖症

15. 龋齿

16. 潜伏期

17. 传染源

18. 病原携带者

19. 易感者

20. 青枝骨折

二、填空题

1. 人体最大的消化腺是_____。

2. 鼻腔对空气起着_____、_____和_____的作用。

3. 乳牙至迟于_____岁出齐。

4. 脑细胞只能利用_____所提供的热能。

5. 预防佝偻病最简便的办法是_____。

6. 鱼肝油的成分是_____和_____。

7. 夜惊是一种_____障碍。

8. 预防碘缺乏症的简便方法是食用_____食盐。

9. 煤气中毒患者的皮肤、黏膜呈_____色。

10. 测量体重，应该用_____秤。

三、选择题

1. 垂体分泌的生长激素，在睡眠时，分泌（　　）。

    A. 减少　　　　　　　　B. 增加　　　　　　　　C. 无变化

2. 斜视可导致（　　）。

    A. 近视　　　　　　　　B. 远视　　　　　　　　C. 弱视

3. 进行心脏按压术，按压的部位应在（　　）。

    A. 左胸心尖搏动处　　B. 左胸乳头处　　　　C. 胸骨偏下方

4. 佝偻病的病因是（　　）。

    A. 缺乏钙　　　　　　B. 缺乏维生素D　　　C. 缺乏铁

5. 水痘是（　　）传染病。

    A. 呼吸道传染病　　　B. 肠道传染病　　　　C. 皮肤传染病

6. 按计划为儿童进行预防接种是为了（　　）。

    A. 增强体质　　　　　B. 预防某些传染病　　C. 少得病。

7. 缺乏维生素A可患（　　）。

    A. 弱视　　　　　　　B. 夜盲症　　　　　　C. 沙眼

8. 为了早发现视力异常，每（　　）应为幼儿测一次视力。

    A. 1年　　　　　　　　B. 半年　　　　　　　C. 2年

9. 在下面两种刷牙方法中应选用（　　）。

    A. 横刷法　　　　　　B. 竖刷法

10. 为了保护牙齿，应少吃（　　）。

    A. 蔬菜、水果　　　　B. 鱼、肉禽　　　　　C. 各种甜食、含糖饮料

四、问答题

1. 小儿的骨盆有什么特点？在组织小儿活动时应注意什么？

2. 小儿骨骼成分有什么特点？针对这些特点，在组织小儿活动时应注意什么？

3. 小儿声带有什么特点，怎样保护嗓音？

4. 怎样使小儿有一口健康的乳牙？

5. 为什么要关心婴幼儿的心理健康？

6. 幼儿心理健康的标志是什么？

7. 如何预防"口吃"的发生？

8. 对"功能性遗尿症"如何矫治？

9. 影响生长发育的因素是什么？

10. 常用的评价生长发育的指标有哪些？各有什么意义？

11. 健康检查的目的是什么？

12. 全日观察的重点内容是什么？

13. 应以哪些食物做为碳水化合物的主要来源？

14. 蛋白质的生理意义是什么？

15. 哪些因素可影响钙的吸收利用？

16. 哪些食物里含有丰富的胡萝卜素？

17. 水的生理意义是什么？

18. 培养小儿良好的饮食习惯，都包括哪些内容？

19. 如何预防佝偻病？

20. 缺铁性贫血有什么症状？

21. 如何预防龋齿？

22. 肥胖症的危害是什么？

23. 如何护理水痘病儿？

24. 如何预防蛔虫病？

25. 为什么蛲虫病不易根治？

26. 简述"口对口吹气法"的操作要领。

27. 简述"胸外心脏按压法"的操作要领。

28. 对腰部受伤的人，如何进行现场急救？

29. 如何给幼儿测体温？

30. 如何止鼻血？

第二部分

———————————

婴幼儿心理发展
基础知识

———————————

DI'ER BUFEN
YINGYOU'ER XINLI FAZHAN
JICHU ZHISHI

序　言

保育员为什么要学习婴幼儿心理发展基础知识

保育员是幼儿园重要的工作人员之一，保育员的工作是幼儿园工作的重要组成部分。

第一，从幼儿园的性质、特点和任务来看，保育工作与教育工作密不可分，共同担负着促进幼儿身心和谐发展的任务

《幼儿园工作规程》指出："幼儿园是对 3 周岁以上的学龄前幼儿实施保育和教育的机构""幼儿园的任务是：贯彻国家的教育方针，按照保育与教育相结合的原则，遵循幼儿身心发展特点和规律，实施德、智、体、美等方面全面发展的教育，促进幼儿身心和谐发展"。这表明，幼儿园与其他各级各类教育机构相比，有自己的特点，而这个特点，恰恰集中体现在她的保育工作上。幼儿园的保育和教育工作，就像布匹的经线和纬线一样密切地交织在一起，不可截然分开。因此，在幼儿园中，保育员和教师的分工只是相对的，不是绝对的，正如《规程》对二者职责的表述一样，幼儿园教师要"严格执行幼儿园安全、卫生保健制度，指导并配合保育员管理本班幼儿生活和做好卫生保健工作"，保育员则要"在教师指导下，管理幼儿生活，并配合本班教师组织教育活动"。保育员和教师既分工又合作，共同承担着促进幼儿健康成长的任务。

第二，从幼儿学习和发展的角度来看，保育员作为幼儿园教育环境中的重要因素，其言行举止，尤其是对待儿童的态度，同样影响着幼儿的发展

保育员是幼儿在幼儿园中经常接触到的为数不多的成人。在孩子的眼里，我们也是他们的教师，同样受到他们的尊敬。他们遇到困难，会主动找我们帮助解决；有了值得高兴和自豪的事，马上会告诉我们，让我们分享他们的快乐；我们亲切的语言和微笑的面孔，会安抚他们焦虑的情绪；我们创设的安全、卫生、整洁的环境，会使他们感到舒适……不仅如此，我们怎样工作，怎样待人接物，怎样处理问题，也都被孩子看在眼里，记在心里。他们的眼睛就像是一架架小小的摄象机，把我们的言行举止一一摄下，并通过自己的行动表现出来。我们每时每刻都对幼儿产生着教育影响。

既然国家赋予我们保育和教育幼儿的使命，既然我们的确在对幼儿产生着实实在在的影响，那么，我们必须发挥自身的积极作用，努力保育教育好今天的幼儿，使他们健康成长为 21 世纪国家的有用之材。而保育教育好幼儿的前

提条件就是了解他们，了解他们的需要和情感，了解他们认识事物的方式和特点，了解影响他们心理发展的因素和原理，从而理解他们，正确地对待他们。而"婴幼儿心理发展基础知识"，就是为帮助我们保育员了解幼儿的心理发展特点而编写的。

"婴幼儿心理发展基础知识"针对的是幼儿园保育员工作的实际需要，因此，在编写上不过分关注心理学知识的系统性，也不过多地去解释各种名词术语，而是力求切合保育员的工作实际，尽量选取保育员工作中经常遇到的幼儿心理学及其有关问题，加以解释、说明，并适当地提出一些教育建议。希望通过这门课的学习，帮助保育员理解幼儿园保育教育工作中所蕴含的科学道理，提高保育教育幼儿的自觉性。

第一章　幼儿心理发展的一般年龄特点

幼儿不是缩小了的大人，他们与大人的不同不在于身材矮一些，经验少一些，能力差一些。幼儿与大人最主要的差别不是"量"上的，而是"质"上的：他们常常会做一些我们看来莫名其妙、甚至毫无意义的事，比如，放着宽阔平坦的大路不走，偏偏要走路边凹凸不平的土坡；下雨时，不往屋里躲，却往外边跑；他们常常会提一些我们意想不到的问题，说一些十分可笑的话，如，邻居们在聊天，妈妈夸赞林家的小姑娘长得真甜，孩子便突然插上一句："你舔过她？"；有个男孩在表达自己对妈妈的爱之后，又加上一句"妈妈，等我长大以后，也要和你结婚！"……幼儿有自己的兴趣爱好，有自己的学习方式，有自己对事物的独特理解。当然，他们也有和我们相同的东西，如希望得到别人的爱，希望别人理解和尊重自己，希望获得成功……作为幼儿的保育者和教育者，我们应该会"将心比心"，理解孩子作为一个"人"的基本情感需要，也应该清楚地认识到幼儿作为一个不成熟的人、一个发展中的人的特殊性。这种普遍存在在不同年龄阶段儿童身上的心理发展的特殊性，就是我们通常所说的儿童心理发展的"年龄特征"。

准确地说，儿童心理发展的年龄特征，指的是：儿童心理发展过程中各年龄阶段所特有的一般的、典型的、本质的心理特点。

由于我们面对的主要是幼儿园的孩子，所以，先大概地介绍一下幼儿阶段（3～6 岁）心理发展的一般特点。

一、以游戏为基本活动和主要学习方式

健康的幼儿都喜欢游戏。他们以游戏为基本活动，并通过游戏进行学习。

游戏之所以能成为幼儿的基本活动和主要学习方式，是因为游戏能满足幼儿的需要，适合他们身心发展的特点，同时又能促进他们的身心发展进一步发展。

（一）游戏能满足幼儿的需要

游戏能满足幼儿以下基本需要：

追求快乐的需要。儿童之所以喜欢游戏，首先是因为游戏中没有压力，没有紧张，可以自由自在，轻轻松松地在做自己想做的事，这本身就是一种快

101

乐。在游戏中幼儿可以与自己的好伙伴一起说说笑笑，友好合作，感受人际交往的乐趣；可以充分显示自己的才能，体验成功时的满足感……游戏能给他们带来无限的欢乐。

认识和行动的需要。幼儿对各种事物都有强烈的好奇心和实际探究的欲望，而游戏中的玩具和各种活动材料可以任他们自由摆弄，操作、实验。他们可以变换不同的活动方式，通过想象赋予活动材料以不同的意义。在操作中发现材料的一些独特性和新功能，以及不同的活动方式所产生的不同效果，等等。儿童的认识兴趣和行动的需要在游戏中得到满足。

自我表现和获得成功的需要。幼儿有独立的愿望。他们喜欢积极影响周围事物，喜欢表现自己，展示自己的才能，渴望获得成功。游戏能够实现他们的这些愿望。因为游戏的任务是儿童自己确定的，是他们力所能及的。因此，他们可以充分发挥自己的"能动性"，积极控制和改变游戏情境，显示并进一步确认自己的力量，从中体验到成功和自信。

(二)游戏最符合幼儿身心发展的特点

下面要谈到，幼儿身心发展的最大特点是心理活动的具体性和无意性，这两个特点使得幼儿的学习不同于学校的学生。具体性的特点使他们不可能主要依靠语言讲解的方式进行学习；无意性的特点则使他们不可能较长时间集中注意于某一项单调的、缺乏趣味性、生动性、活动性和变化性的学习任务。因此，正规的学习不太适合幼儿园的孩子。而游戏是最符合幼儿身心发展特点、最能引起有效学习的活动方式。

(三)游戏在幼儿心理发展中的作用

游戏对幼儿心理的发展有特殊的意义和作用。

1. 游戏是幼儿认识世界的一种手段，是促进其智力发展的强有力的工具。

儿童在搭积木、玩沙箱等建筑游戏中，能够认识各种建筑材料、各种物体的性质和特点，获得初步的物理经验，例如，只有把大积木放在下面，小积木放在上面，"楼房"才能站稳；沙土只有在加水变得潮湿时才能做成"馒头"，等等。

游戏时，儿童的各种器官都要参加，从而促进了感知能力的发展。

游戏所表现的往往是幼儿经历过的事情，为了正确、确切地表现某些事物，幼儿必须有意识地回忆以往的知识经验。特别是在规则游戏中，幼儿必须有意识地去记住某些游戏规则，这就促进了有意记忆和有意注意的发展。

游戏并非是以往经验的简单再现，而是一个积极主动的再创造过程。幼儿在共同确定游戏主题、构思情节、制作"道具"等一系列活动中，总是在积极思考，不断解决问题，这样，思维能力也得到了锻炼和提高。

游戏以想象为前提，同时又不断增进想象的目的性，并促使它朝着创造想象的方向发展。

2. 游戏又是一种实际的道德教育，有助于培养和形成幼儿优良的个性品质。

幼儿在游戏中总是以角色自居，力图像扮演的人物那样行动。这样，在实际的模仿活动中，幼儿不仅能体验到劳动者的高尚情操（如医生的同情心和责任感），初步理解司机与乘客、医生和病人等人与人之间的关系，而且能在"人"（扮演的角色）与"我"（扮演者）的比较中发展自我意识。

游戏能加强幼儿与同伴之间的交往。在游戏中，儿童共同商定主题、制定规则、互相影响、互相监督，有利于克服"自我中心"倾向，增进相互理解，培养合作精神。

由于游戏对幼儿有巨大的吸引力，因此比较容易激励他们克服困难，努力达到一定的目的，从而锻炼了幼儿的意志。

游戏是一种不带任何强制性的活动，但并不意味着儿童在游戏中可以随心所欲，他们的行为必须受游戏规则的约束。这种约束不是外加的，而是一种自我监督、自我调节。因此，游戏有利于培养幼儿的自制力和自觉纪律。

总之，游戏是一种特殊的实践活动，它对幼儿整个身心的发展都能起促进作用。因此，我们应该重视幼儿的游戏，为游戏活动提供必要的条件，支持幼儿开展游戏。

二、认识活动以具体形象性为主要特征

幼儿主要是通过感知、依靠表象来认识事物的，具体形象的表象左右着幼儿的整个认识过程。甚至思维活动也常常难以摆脱知觉印象的束缚。如两排相等数目的棋子，如果等距离摆开，幼儿都知道是"一样多"，但如果将其中的一排棋子聚拢，不少幼儿就会认为密的这一排棋子数目少些，因为"这一排比那一排短"。可见，幼儿辨别数目的多少这要受棋子排列形式的影响。所以说幼儿的思维也是以具体形象性为主要特点的。

三、心理活动及行为的无意性占优势*

幼儿控制和调节自己的心理活动和行为的能力很差，很容易受其它事物的

---

* 三、四两个特点在后面的内容还会涉及，故此处不详细介绍。

影响而改变自己的活动方向，因而行动表现出很大的不稳定性。在正确的教育条件下，随着年龄的增长，这种状况逐渐有所改变。

四、开始形成最初的个性倾向

3岁前，儿童已有个性特征的某些表现，但这些特征是不稳定的，容易受外界的影响而改变，个性表现的范围也有局限性，很不深刻，一般只在活动的积极性、情绪的稳定性、好奇心的强弱程度等方面反映出来。幼儿个性表现的范围比以前广阔，内容也深刻多了。无论是在兴趣爱好方面、行为习惯、才能方面，以及对人对己的态度方面，都开始表现出自己独特的倾向。这时的个性倾向与以后相比虽然还是容易改变的，但已成为一生个性的基础或雏型。

由于幼儿心理发展较快，以上几个基本特征在幼儿初期、中期和晚期又各有不同。

(一)幼儿初期(幼儿园小班阶段)的心理特点

3岁，对于多数儿童来讲，是生活上的一个转折年龄。正是从3岁起，儿童才开始离开父母入幼儿园，过起集体生活。这个变化比较大，儿童要有一个适应过程。而适应的关键在于使幼儿与老师、幼儿园、小朋友建立感情，其中最重要的是师生之间的感情。孩子一旦感到教师像妈妈一样可亲，新的集体生活就不再是可怕的，而是极有吸引力的了。否则，孩子可能根本不愿到幼儿园来，即使来了，也不愉快，甚至变得胆小、固执，或者焦躁、神经质、不合群。

为什么建立感情就容易适应集体生活呢？这是因为小班儿童有一个突出的特点——情绪性强。

1. 行为具有强烈的情绪性

小班儿童的行动常常受情绪支配，而不受理智支配。情绪性强，是整个幼儿期儿童的特点，但年龄越小越突出。

小班儿童情绪性强的特点表现在很多方面。高兴时听话，不高兴时说什么也不听；痛恨大灰狼，就把图书上狼的眼睛都挖掉，戳成洞洞；喜欢哪位老师，那位老师组织的活动就特别爱参加，等等。

小班幼儿的情绪很不稳定，很容易受外界环境的影响，看见别的孩子哭了，自己也莫名其妙地哭起来。老师拿来新玩具，马上又破涕为笑了。

了解儿童的以上特点，对教育工作有重要意义。如每年开学初，小班教师都面临一个接待新入园儿童的问题。大多数初次离开妈妈的儿童刚入园的几天总爱哭，有经验的老师一边用亲切的态度对待每个孩子，稳定他们的情绪，一边用新鲜事物(如新奇的玩具、儿童喜爱的小动物等)吸引儿童的注意,使他们不知不觉地加入了伙伴的行列。

2. 爱模仿

小班儿童的独立性差,爱模仿别人,看见别人玩什么,自己也玩什么;看见别人有什么,自己就想要什么,所以小班玩具的种类不必很多,但同样的要多准备几套。在教育过程中,多为儿童树立模仿的样板。比如,当着全班儿童的面,表扬某位走路姿势好的小朋友:"看××小朋友走路多有精神!像解放军叔叔一样!"马上全班儿童都挺起胸来了。需要集中儿童的注意力,可以说:"看××小朋友学习多认真,小眼睛一个劲儿地看着老师呢!"一般不要当众批评没有注意的孩子。如果老师说"×××,把你的手绢收起来!"可能会引起更多孩子玩手绢。

教师常常是儿童模仿的榜样,因此,应该时刻注意自己的言行举止,为孩子们树立好榜样。

3. 思维仍带直觉行动性

思维依靠动作进行,是1~3岁儿童的典型特点。小班幼儿仍然保留着这个特点。让他们说出某一小堆糖有几块,他们只有用手一块一块地数才能弄清,不会像大些的孩子那样在心里默数。

由于小班儿童的思维还要依靠动作,所以他们不会计划自己的行动,只能是先做后想,或者边做边想。比如,在捏橡皮泥之前往往说不出自己要捏成什么,而常常是在捏出某种形象之后才突然有所发现:"面条!""土豆!"

小班幼儿的思维很具体,很直接。他们不会作复杂的分析综合,只能从表面去理解事物。因此,对小班儿童更要注意正面教育,讲反话常常引起违反本意的不良效果。例如,上课时,有的孩子要上厕所,其他几个孩子一个跟着一个学,也要去。教师不高兴了,说:"都去都去!"孩子们一下就全跑光了。对儿童提要求也要注意具体,最好说"眼睛看着老师!"而不要说"注意听讲!"因为儿童不容易接受这种一般性的抽象的要求。

(二)幼儿中期(幼儿园中班阶段)的心理特点

中班儿童已经适应了幼儿园的生活,加上身心各方面的发展,显得非常活泼好动。与小班相比,中班儿童比较突出的特点是:

1. 爱玩、会玩

幼儿都喜欢游戏。但小班儿童虽然爱玩却不大会玩。大班儿童虽然爱玩,也会玩,但由于学习兴趣日益浓厚,游戏的时间相对少了一些。中班处于典型的游戏年龄阶段,是角色游戏的高峰期。中班儿童已能计划游戏的内容和情节,会自己安排角色。怎么玩,有什么规则,不遵守规则应怎么处理,基本都能商量，但游戏过程中产生的矛盾还需要教师帮助解决。

2. 活泼好动

正常的儿童都是活泼好动的，他们总是手脚不停地变换姿势和活动方式。如果要求他们安静地坐一会，很快就会有疲倦的表现；如果此时让他们自由活动，一个个立即又生龙活虎一般。

活泼好动的特点在中班幼儿身上表现得特别突出，甚至表现为顽皮、淘气。不少老师和保育员都反映"中班的孩子最难带"。与中班相比，小班幼儿还不太熟悉和习惯幼儿园的集体生活，有些"怯生生的"，加上动作、语言的速度相对要慢些，头脑里的主意也不多，所以比较"乖"；而大班幼儿懂得的道理比较多，兴趣比较稳定，自我控制的能力也有所增强，对自己喜欢的事能比较长时间地集中注意，因此显得比较懂事。中班的幼儿介于两者之间，既不像小班那样乖巧听话，又不像大班那样懂事，但他们的可爱之处也恰恰在于的他们"活泼好动"。因为活泼好动锻炼了他们的身体，增强了活动能力，扩展了他们的视野。不少研究发现，中班是幼儿许多心理品质发展最快的时期。

3. 思维具体形象

中班儿童的思维可以说是典型的幼儿思维。他们思考解决简单问题的办法时，可以不再依赖实际的尝试性动作，但却必须借助于事物的形象。事物的形象常常影响他们的思考和对问题的理解。比如，在他们的头脑中，"儿子"的形象是小孩或年轻人，而长胡子并满脸皱纹的人是"爷爷"的特点，因此，当听人说某个符合爷爷特点的人是某某的儿子时，常常感到不解甚至可笑。他们理解，"能吃苦"的意思就是"能吃掉很多带苦味的东西"；而孔融之所以"让梨"，是因为"他人小，大的吃不了"。

(三)幼儿晚期(幼儿园大班阶段)的心理特点

幼儿晚期，儿童的心理特点开始接近小学生。

1. 好学、好问、好探究

好奇是幼儿的共同特点，但大班儿童的好奇与小、中班有所不同。小、中班儿童的好奇心较多表现在对事物表面的兴趣上，看见什么都想去摸摸，去摆弄摆弄。他们经常向成人提问题，但问题多半停留在"这是什么""那是什么"上。大班儿童不同，他们不光问"是什么"，还要问"为什么"。问题的范围也很广，天文地理，无所不有，希望成人帮助解答。同时，通过自己实际地尝试、实验，发现问题、寻求答案的主动性、积极性更加提高。

好学、好问是求知欲的表现。甚至一些淘气行为也反映儿童的求知欲。这个年龄的孩子特别喜欢拆拆卸卸，他们把玩具汽车拆开，是为了看看它里面有些什么，它为什么会动，为什么会发出声音，教师应该保护幼儿的求知欲。不应该因嫌麻烦而拒绝回答孩子的提问。对类似拆坏玩具的行为也不要简单地训斥了事，而应该加以正面引导：为儿童提供一些可以自由摆弄的材料，支持他们的探究行为，对探究过程中的失误采取宽容的态度，并适时地教给一些科学探究的方法。

2. 抽象概括能力开始发展

大班儿童的思维仍然是具体形象的，但已有了抽象概括性的萌芽。例如，他们已开始掌握一些比较抽象的概念(如左、右概念)，能对熟悉的物体进行简单的分类(白菜、西红柿、茄子都是蔬菜，苹果、梨、葡萄都是水果)；也能初步理解事物的因果关系(针是铁做的，所以沉到水底下去了；火柴棒是木头做的，所以能浮上来)。由于大班幼儿已有了抽象概括能力的萌芽，所以可以、也应该进行简单的科学教育，引导他们去发现事物间的各种内在联系，促进智力发展。

3. 个性初具雏型

大班儿童初步形成了比较稳定的心理特征。他们开始能够控制自己，做事也不再"随波逐流"，显得比较有"主见"。对人、对己、对事开始有了相对稳定的态度和行为方式：有的热情大方，有的胆小害羞，有的活泼，有的文静，有的自尊心很强，有的有强烈的责任感，有的爱好唱歌跳舞，有的显示出绘画才能……

对于幼儿最初的个性特征，成人应当给予充分的注意。幼儿园教师在面向全体幼儿进行教育的同时，还应该因材施教，针对各人的特点，长善救失，使儿童全面地健康地发展。

思 考 题

1. 结合自己的工作实践，想想幼儿有哪些主要的心理特点。

2. 为什么游戏是幼儿的主要活动？怎样利用游戏促进幼儿的心理发展？

3. 观察小、中、大班幼儿的游戏，比较它们的异同。

第二章　幼儿认识活动和认识能力的发展（上）

　　人是通过感知、记忆、思维、想象等心理过程来认识世界的，并通过语言把这些认识固定下来，相互交流，使个人的认识成为大家的认识。所以，心理学常常把运用上述心理过程和语言去反映世界的活动一起，统称为"认识活动"。而人在认识活动中所表现出来的心理特征称为"认识能力"。

一、幼儿认识世界的方式

　　毫无疑问，人是综合运用各种认识活动和认识能力来了解世界的。

　　当代心理学在把人的认知过程视为一个信息的接受（输入）、编码、储存、提取（输出）和使用的过程的同时，把它看作是一个由感知（感觉、知觉、注意）、记忆（表象、学习、记忆等）、控制（兴趣、思维、内部言语等）、反应（表情、动作、外部言语等）四个子系统共同组成的整体结构。在不同的年龄阶段，各子系统内部的组成成分是不一样的，四个子系统之间的相互关系及其在整体结构中的地位也是不一样的。这就使得不同年龄阶段的人有不同的认识世界的方式。对于成年人来说，思维是认识过程的核心，主宰着整个认识活动；对感知过程输送来的信息进行"去粗取精、去伪存真、由此及彼、由表及里"的加工处理，以保证对事物的认识正确、深刻，真正反映事物的本质。而对婴幼儿来说，情况却有所不同。

（一）感知觉是婴儿认识世界的基本手段

　　感知觉是人一生中出现得最早，发展得最快的认识过程，因此是婴儿认知结构中最重要的一个组成成分，是他们认识世界和自己的基本手段。

　　婴儿期，由于思维、言语（包括外部言语和内部言语）、表象等心理现象都还没有出现，控制系统的力量极其微弱，反应的方式以动作为主，这就决定了婴儿的认知结构只能以感知系统为主，其认识方式也只能是"感知—动作"方式：依靠感知到的信息对客观刺激做出反应。如果他们不能利用感觉器官直接接触事物，直接获取客观事物本身的视、听、触、嗅、味等各方面的信息，就无法认识它们。

（二）感知觉在幼儿的认识活动中仍占主导地位

两岁以后，儿童陆续出现了言语、思维等心理过程，认知结构的组成成分发生了很大变化，但各组成成分之间的力量仍十分不均衡。由于感知觉出现得最早，发展得也最快，其力量相对大于后出现的几种认识过程。虽然从长远来看，"后来者居上"，但在整个幼儿期，感知觉在其认识活动中仍占主导地位，即使是思维活动，也摆脱不了它的制约和影响。

有人做过这样一个实验：向幼儿出示两个高矮、粗细都一样的玻璃瓶（a、b），其中装着染色的水（水面一样高），待儿童确认"两瓶水一样多"以后，用屏幕将它们遮挡起来。然后，当着儿童的面把其中一瓶水（如 b）倒入另一个略粗些的瓶子（c）里，放到屏幕后面。问："现在这两瓶水（a 和 c）是否一样多？"这时几乎所有的孩子都回答是一样多。有趣的是，当实验者把屏幕撤掉以后，许多孩子马上改变了主意，认为这两瓶水（a 和 c）不一样多，a 比 c 多，因为 a 瓶的水面看起来比 c 瓶的水面高。幼儿似乎宁愿相信自己的眼睛，而不肯相信自己的判断。这充分说明幼儿的感知觉在其认识活动中的主导地位以及与思维活动的特殊关系。也正是因为这种特殊关系，幼儿的思维才有所谓"直觉行动思维""具体形象思维"和"抽象逻辑思维萌芽"的区分。

感知觉在认识活动中占主导地位，这是幼儿的特点。随着年龄的增长，思维逐渐取而代之，成为认识活动的主宰。

二、幼儿的感知能力

（一）视力

视觉是人最重要的感觉通道，有人估计，约有 80％的信息是通过眼睛这个视觉感受器输送给大脑的。对于婴幼儿来说，视觉的作用更为巨大。因为成人有时可以单凭语言听觉获取信息，而婴幼儿很难做到这一点，他们对语言的接受和理解常需要视觉形象作为支持。

人类的新生儿从呱呱坠地的那一时刻起就能够睁开眼睛进行某些视觉活动，从中表现他们的视觉能力。

我们通常所说的"视力"，心理学中称之为"视敏度"指的是眼睛精确地辨别细小物体或远距离物体的能力，也就是发觉物体的形状或体积上最小差别的能力。

视力主要依靠眼睛内晶状体的变化来调节。晶状体由睫状肌牵动。睫状肌连着睫状小带，把晶状体固定在中间的位置。当睫状肌收缩时，睫状小带的纤维就放松，于是晶状体的弯度增大，晶状体变厚。睫状肌松弛时，睫状小带的纤维就拉紧，将晶状体拉薄，成扁平状。看近处物体时，晶状体弯度变大，看远处物体时，晶状体弯度变小。晶状体的这种变化，可使物体在视网膜上形成清晰的影像。

初生时，婴儿晶状体的变形能力很差，因而投射到其视网膜上的影像比成人模糊。婴儿期视敏度的改善极其迅速，不少研究认为，半岁至1岁期间，儿童的视力已可达到成人的正常水平。然而，视力的个别差异是很大的。且不说那些不幸而先天失明的儿童，就是在那些具有一双明亮的大眼睛的儿童当中，也有不少人由于各种原因存在着在表现形式和程度上不同的视力障碍：远视、近视、弱视等。这些孩子平日看东西时常伴随有一些异常的用眼表现：如脖子伸得很长，目光有些呆滞，眯缝着眼睛、皱着眉等。一旦发现这些表现，应及时带孩子去医院作视力检查，并在医生的指导下纠正视力。大量研究表明，视力上的问题越早发现、早纠正，其效果越好。

视力是视觉功能的一个重要方面。对于所有的儿童来说，保护视力是一个重要的任务。其中，预防近视更是十分紧迫。

3岁以后，儿童用眼看近距离和细小客体(如看电视、小人书、绘画等)的机会越来越多，持续用眼的时间越来越长，近视力(看近处东西和小东西)的负担日益加重，而幼儿晶状体的弹性又比较大，甚至能够看清距离眼睛仅有5厘米处的物体。正因为这样，他们常常把书或纸放在离眼睛非常近的地方。长此下去，睫状肌长期处于收缩状态，晶状体变凸后不易复原，最后失去调节的灵活性，形成近视眼。

必须从幼儿期就开始注意用眼卫生，保护视力，预防近视。要努力做到：

(1)保证幼儿画画看书时有充足的光线。灯光要有足够的度数，让幼儿在光线充足的地方看书画画。天气不好，光线阴暗时，要及时开灯。幼儿坐在背光的地方看书，应及时提醒。

(2)培养幼儿正确的阅读和握笔姿势。注意不让幼儿躺在床上看书，也不要趴着和跪着看书画画。

(3)不要让孩子过长时间看小人书和电视。有的寄宿制幼儿园为了省事或保持安静，整个晚上都让幼儿看电视，这会使其眼睛过度疲劳。

(4)给幼儿看的书、图画和教具，字体形象应该较大而清晰。印刷质量不好的书画对孩子的视力也是有害的。

(5)要经常检查幼儿的视力，发现视力减退的，应及时治疗。

(二)听力

听力是对声音的高低、强弱、品质等特性的感觉分辨能力。

听觉也是人极其重要的感觉通道。人们可以借助于听觉所辨别出的声音的特色、强调、大小、高低来判断发声物体的种类、方向、距离、意义；更可以依靠听觉来欣赏音乐，接受各种渠道传来的口语信息。对于婴幼儿来说听觉还有一种特殊的意义：它是儿童学习语言（口语）的基础。俗话说"十聋九哑"，如果从小听不到别人说话，即使具有健全的发音器官，儿童也是无法学会说话的。

现代心理学研究发现，不仅新生儿具有明显的听觉能力，就是尚未出生的胎儿，也有了明显的听觉反应。

婴儿不仅能辨别不同的声音，而且表现出对某些声音的"偏爱"——表现为对某些声音能更长时间地注意倾听。研究者发现，1～2个月的婴儿似乎已经偏爱乐音（有规律而且和谐的声音）而不喜欢噪声（杂乱无章的声音）；喜欢听人说话的声音，尤其是母亲说话的声音；2个月以上的婴儿似乎更喜欢优美舒缓的音乐而不喜欢强烈紧张的音乐；7～8个月的儿童已乐于合着音乐的节拍而舞动双臂和身躯；对成人安详、愉快、柔和的语调报以欢愉的表情，而对生硬、呆板、严厉的声音表示烦躁、不安、甚至大哭。

儿童听觉的敏感性（听力）随其年龄的增长而不断增高。12、13岁以后开始稳定。

儿童听觉的个别差异很大。幼儿园应该注意那些所谓"半聋"或"半听见"的孩子，他们听力上有缺陷，但是能够根据别人的面部表情和动作，或根据眼前的情景，理解别人说话的内容。因而听力问题往往被忽略。可以通过听力检查，了解儿童听力的状况。

听力可以经过训练得到提高。应该有意识通过音乐或语言，培养孩子的听觉能力。也可以做一些训练听力的游戏，例如，让孩子闭上眼睛，猜猜是哪个小朋友在喊他。

对于听力较差的孩子，除了增加训练外，应创造条件加以保护。例如，让他坐在离老师较近的地方，对他讲话时声音放大些，说得清楚些，防止他听觉过分疲劳。

孩子耳道短，容易患中耳炎，可能导致听力丧失，在儿童保健方面应加以注意。

环境的噪声对听觉是有害的。所谓噪声，就是指那些杂乱无章的，使人烦躁的声音。人最理想的声强环境是15～35分贝。10分贝的声强大约相当于离耳朵两步远的轻声耳语，或微风吹动树叶的沙沙声。大声说话，声强可达60～70分贝。60分贝以上的噪声，就会使人产生不舒服的感觉。如果长期在80分贝的强烈噪声持续刺激下，人的内耳听觉器官就会发生病变，产生噪声性耳聋。严重的还会使大脑神经受损伤，影响到心脏和肺等器官的功能。

幼儿园是孩子集中的地方。幼儿又非常容易兴奋。许多孩子在一起玩的时候，容易出现大声喧哗的现象。教师应该加强对孩子的教育和组织工作，使孩子们都有适当的活动，防止乱叫乱嚷。有条件的话，孩子们的自由活动可以多在户外进行。

（三）触觉探索能力

触觉探索能力是肤觉、压觉和运动觉综合而成的感知能力，是皮肤与物体接触时的运动所引起的。

对于成人来说，触觉在认识世界、获取信息中的作用已经大大降低，因为许多原本应由触觉来完成的认识课题已由视觉或其他感觉代劳了。比如，西红柿的软硬程度本应通过触觉去感知，但有经验的人可以观其颜色（视）、听人介绍（听）而获得有关信息，不必亲自触摸。但对学前儿童来说，触觉在其认知活动中的地位却是不容忽视的，任何其他感觉都代替不了它。他们依靠触觉或触觉与其他感觉（视、听等）的协同活动来认知事物的特性，建立与他人的依恋关系，形成关于周围人、事、物的基本概念。

儿童出生时就有触觉反应，用手指或小棍碰新生儿的手心，立即就会引起抓握反应；触摸他们的脚底，脚趾会马上张开成扇形。半岁以后，儿童开始主动地运用触觉探索事物。

婴儿的触觉探索有两种形式：口腔探索、手的探索。

婴儿对物体的探索最初是通过口腔活动进行的，以后手的探索活动才开始形成。

人生第一年，尤其是手的探索活动形成之前，口腔触觉一直发挥着重要的探索功能。手的触觉探索活动出现以后，口腔探索逐渐退居次要地位，但在相当长一段时间内（1.5～2岁之前，甚至有时到3岁），儿童仍以口的探索作为手的探索的补充手段。我们不是常常发现小孩子有一种"坏毛病"。无论拿到什么东西，玩一玩，摆弄摆弄之后，马上放到嘴里去吗？原来，他们是在用嘴"认识"物体！

鉴于小孩子的这种特点，家长和托儿所、幼儿园小班的教师要格外注意：

（1）不给小孩子过小的、可以放进口中的物体或玩具玩，比如小珠子、小盒子、小积塑粒（片）等，以免在放进嘴里后不小心吞咽下去或卡在咽喉部位。

（2）不给小孩子，特别是刚刚学会走路的孩子诸如筷子、长柄汤勺之类坚硬的物体玩，以免他们噙在嘴里而四处走动时，不小心跌倒。这都可能危及他们的生命。

（3）不给小孩子不卫生或含有毒素的东西玩，以免病毒细菌进入口中。

利用口腔进行探索活动是小孩子的"专利"。大些的儿童及成人的触觉探索主要是通过手来进行的。婴幼儿期是手的探索活动形成的时期，其形成和发展过程大致经历以下几个阶段：

(1)手的本能性触觉反应阶段；

(2)视触协调阶段；

(3)手的有目的的探索阶段，即操作——探究活动形成阶段。（参看第三章三（一））

这里，需要再次强调的是：触觉探索，尤其是手的触觉探索，对儿童有极其重要的认识价值。年龄越小，触觉探索的作用就越大：它不仅帮助幼儿认识物体的软和硬、光滑和粗糙、大和小、弹性大小等特性，而且帮助他们揭示事物的"隐蔽特性"和相互关系，并促进其思维能力的发展。婴幼儿之所以看见什么东西都想去摸一摸，碰一碰，有时越不想让他动的东西他越想动，主要就在于这样一种认识的需要和特殊认识方式。因此，"动口不动手"对幼儿来说不是好的教育方法和合理的教育要求。应该解放孩子的双手，允许他们用自己的方式去认识世界。大人的任务不是限制他，而是保护他。

(四)观察力

观察是一种有目的、有计划、比较持久的感知活动，是感知觉的高级形态。人在观察过程中表现出的稳定的品质和能力就是我们通常所说的观察力。

婴儿缺乏观察力，他们对事物的知觉基本是无意的、被动的。幼儿期观察力逐渐形成。

幼儿观察力的发展主要表现为观察的目的性、持续性、细致性、概括性不断增强和观察方法不断完善。

1. 目的性

幼儿还不善于按既定的目的和任务自觉地观察，如有外部新异刺激的干扰，更容易忘掉观察目的，小班尤为突出。例如，给幼儿一张图片，上面画着几个孩子在溜冰，冰场上有一只手套。向幼儿提出任务，要求他们从画面上找出那个丢了手套的孩子。小班幼儿大部分根本不认真去找。他们观察时，胡乱看一些无关的细节，完全忘了观察的目的。中、大班幼儿观察的目的性有所提高，能够按照规定任务进行观察。

2. 持续性

幼儿所能坚持观察的时间比较短。

观察持续的时间短，与幼儿观察的目的性不强有关。对于喜欢的东西，观察的时间就长些。比如观察金鱼，时间可达5～6分钟，观察静景，则只能坚持1～2分钟。因为前者是活动多变的，幼儿较有兴趣。

在一个实验里，3～4岁儿童观察图片的时间只有6分8秒，5岁增加到7分6秒，6岁可达12分3秒。可见，在学前期，儿童观察持续的时间随着年龄的增长有显著提高。

3. 细致性

幼儿观察常常不够细致，并且很难抓住观察的重点。自己感兴趣的部分，即使是不重要的细节也能较仔细地观察，而对兴趣不大的地方，即使十分重要，往往也粗略地一带而过。这就使他们获得的印象往往是表面的、浮浅的，大班儿童的观察开始表现出一定的细致性。

4. 概括性

观察的概括性意味着发现事物的内在联系和本质特征。概括性与思维发展水平有关。幼儿由于思维水平的限制，常常不能在头脑中把观察时获得的感知印象加以分析整理，"去粗取精""由表及里"，因而也常常发现不了事物的内在联系和本质特征。年龄越小越如此。例如，给幼儿看两张画，一张画面是小孩打狗，另一张则画着狗咬破了小孩的衣服。在没有专门教学的情况下小班幼儿基本发现不了两张画之间的因果关系，大班也仅有一半儿童作出正确的回答。

研究发现，儿童观察图画能力的发展，大致经过三个阶段：①列举阶段，即儿童只能孤立地说出图画中的一个个人或物的名称，如"图画中这有只小狗，这有个房子……"；②描述阶段，此阶段的儿童能对画面的情境进行"描述"，并能发现人物动作，表情所反映的意义；③解释阶段，这一阶段的突出表现是，儿童能在描述画面要表现的事物及其关系的基础上，概括出图画的"中心思想"，能给图画起一个较为适当的"名字"。幼儿一般只处于①②阶段。在良好的教育下，有些大班幼儿可以达到阶段③。

5. 观察方法

观察的方法直接影响观察效果。小班幼儿基本不掌握观察的方法，不能有顺序、系统地观察，东看一眼，西看一眼。有的孩子虽然会利用手指的动作引导视线，边指边看，但往往手指的移动缺乏顺序，同样也影响了观察效果。随着经验的积累，幼儿逐渐掌握了一些有效的观察方法，如顺序观察、部分整体观察、对比观察等。

观察力是构成智力的主要成分之一，也是智力发展的基础成分。儿童的观察力是在生活环境和教育的影响下，经过系统的培养训练，逐渐发展起来的。幼儿期是观察力开始形成的时期，需要成人的帮助和指导。幼儿园可以创设各种条件引导幼儿观察。比如，开展种植活动，幼儿便会以极大的兴趣去看种子怎样发芽、长高、开花、结果；轮流记气象日记，可促使幼儿关心天气和物候变化；班级设一个"小小电视台"，孩子们为了当好"新闻小播音员"，对周围事物自然会格外关注，仔细观察。在丰富多彩的观察活动中，幼儿的观察力自然就发展起来了。

三、幼儿的记忆能力

儿童的心理是在与周围环境的相互作用中积累经验、在与成人的交往中学习和掌握人类优秀文化遗产的基础上逐渐发展起来的。有一句话简明而且公正的评价了记忆在儿童心理发展中的作用，那就是：若无记忆，人类永远只能停留在新生儿时期。

记忆力和感知能力一样，也是人最早出现的认识能力。出生不久的婴儿能养成一些"习惯"，几个月的孩子特别愿意亲近自己的妈妈，这些习惯、态度的形成，都是记忆的结果。

(一)幼儿记忆的类型

从不同的角度可以把人的记忆分成很多类型，如无意记忆和有意记忆；形象记忆和语词记忆；机械记忆和意义记忆等。这里，我们仅从记忆材料(即记忆的内容)的角度，介绍一下幼儿的记忆。

1. 运动记忆

运动记忆是指对自己的动作、身体运动及其系统的记忆。儿童学会各种动作，掌握各种生活、学习、劳动及运动的技能，都要依靠运动记忆。儿童最先出现的记忆就是运动记忆，如对吃奶时身体运动姿势形成的条件反射。运动记忆不仅出现得早，而且保持的时间比较长。比如，我们学会骑自行车或游泳后，即使多年不骑、不游，似乎完全忘了，然而一旦需要，很快就能重新"捡"起来。不少行为习惯的养成也是运动记忆的结果，因为行为习惯，往往是一种完全自动化了的"动作链"。由于行为习惯形成之后会经久不忘，因此，从小注意培养良好的行为习惯(如正确的书写姿势和良好的阅读习惯等)更显得非常重要。

2. 情绪记忆

情绪记忆是对体验过的情绪情感的记忆。当某个情境或事件引起人强烈或深刻的情感体验时，这个情境、事件和与之相关的情感，会同时被深深地埋藏在记忆之中。"一遭被蛇咬，十年怕井绳"，表明的就是情绪记忆的牢固性、持久性。

情绪记忆也是儿童最早出现的一种记忆。幼儿喜欢什么，厌恶什么，依恋谁，害怕谁，往往都和他们早先的情感生活经验有关，是情绪记忆的结果。情绪记忆对幼儿行为的倾向性有十分显著的影响。有些幼儿在第一次接触某人时，获得了一种"这个人很厉害，很凶"的印象，以后几年见到他都会躲开，或在他面前紧张不安。

3. 形象记忆和语词记忆

形象记忆的内容是生动具体的事物或形象类材料(如图画等);语词记忆的内容则是语言(如儿歌、故事等)。

儿童掌握语言之前,其记忆内容基本是具体事物的形象(如父母的形象、奶瓶的形象等),随着语言活动的形成和发展,语词才逐渐成为记忆的内容。

在幼儿的记忆中,形象记忆占主要地位,他们最容易记住的,是那些具体的、直观形象的材料。其次,易记住那些关于某些实物的名称、事物的形象和行动的语词材料。最难记住的是那些概括性比较高、比较抽象的语词材料。

一般来说,将形象和语词结合起来,会起到相互促进,提高记忆效果的作用。研究证明,儿童在学习语言材料(如一个故事、一首儿歌)时,如能配上适当的图画,边听边看,就会学得快,记得牢;在测查幼儿对一些实物和图片的记忆力时,会边看边说出它们的名称的儿童,其测查成绩明显好于那些只知看的儿童。

(二)幼儿记忆的特点

幼儿记忆在以下几方面有自己的年龄特点。

1. 目的性

3岁前儿童没有明确的记忆目的和意图,他们头脑中储存的信息基本是无意之中获得的。3岁左右,带有明确的目的和意图的有意记忆开始出现。但幼儿的记忆仍以无意记忆(即没有目的的记忆)为主。他们所获得的知识经验,大多数是在日常生活和游戏等活动中无意识地、自然而然地记住的。特别是幼儿初期,儿童的记忆还难以服从于一定的目的,而主要取决于事物本身是否具有鲜明、生动、新奇的特点,是否能够引起儿童的兴趣和强烈的情绪反应。

幼儿记忆虽以无意性为主,但其效果却并不一定差。当然,这里所说的"差"与"不差"都是相对而言的。就成人的两种记忆而言,有意记忆的效果从总体上显著优于无意记忆,而幼儿却不尽然,甚至有的研究认为,幼儿无意记忆(识记)的效果有可能超过有意记忆。

年龄的增长,在教育的影响下,幼儿的有意记忆逐渐发展起来,为自觉的学习打下基础。

2. 牢固性(持久性) 记得快、忘得也快,是幼儿记忆的特点之一。

幼儿很容易记住一些新的学习材料。一来因为他们的神经系统具有极大的可塑性,很容易在大脑皮层上留下记忆痕迹;二来因为他们缺乏经验,许多事物对他们来说都是新鲜的,能够引起他们的惊讶、兴奋等情绪体验,从而加深对新事物的印象,而且较少受以往经验的干扰。

然而,有趣的是,他们记得快,忘得也快(运动记忆和情绪记忆除外)。

良好的记忆不仅要记得快，更要保持得持久。保持和遗忘是一对一矛盾，要使记的材料保持得牢固，就要防止遗忘。而复习是防止遗忘的最基本方法。

有效的复习应该按照遗忘的规律进行。

心理学家发现，遗忘是一个先快后慢的变化过程。也就是说，识记一种材料之后，遗忘便开始了。最初，遗忘的速度特别快，以后则逐渐减慢。根据这一规律，刚学过的东西要及时复习，尽量抢在遗忘之前。否则，就等于又重新学习，结果是事倍功半。另外，复习的时间安排应该先密后疏。开始复习时，间隔时间要短些，次数要多些。随着遗忘速度减慢，复习的时间间隔可以逐渐拉长。

3. 精确性

记忆不精确是幼儿记忆的另一显著特点，它主要表现在以下两方面。

(1)完整性较差。幼儿的记忆常常支离破碎、主次不分，年龄越小，这种情况越明显。他们回忆学习过的语言材料时(故事、儿歌等)常常漏掉主要情节和关键词语，只记住那些他们自己感兴趣的某个环节。

(2)容易混淆。幼儿的记忆有时似是而非，常常混淆相似的事物。他认识了一个幼儿园的"园"字，常常就把结构有某种相似性的"团"字也再认为"园"，整体认识了"眼睛"两个字，就会把单独出现的"睛"字再认为"眼"。更有甚者，幼儿还可能真假不辨，把想象的东西和记忆的东西相混淆。当想象的事物为幼儿强烈期盼的事物时，这种情况便时有发生。

精确性是一个很重要的记忆品质。失去这一点，其它品质(如持久性)也就丧失了它的价值。幼儿记忆的精确性，一般而言，是随其年龄的增长而逐渐提高的。

4. 记忆方法

记忆方法的掌握和运用与记忆目的性的形成有密切的关系。只有具备了明确的记忆目的和意图之后，才可能产生运用记忆策略的要求。

当幼儿面临着明确的记忆任务时，开始学习运用某些记忆方法。幼儿常用的记忆方法有以下几种。

(1)复述、背诵。对于需要记忆的语言材料，儿童常常采取反复背诵的方法以加深印象。但如果没有理解学习内容而一味背诵，将会成为一种机械记忆。背诵最好是在理解的基础上进行。

(2)语言中介。对于非语言记忆材料(图片、实物等)，儿童常利用语言作为中介物进行记忆，并自觉复述。有人向小、中、大班幼儿及小学低年级学生出示一系列图片要求他们记住，结果发现，从中班年龄起，不少儿童开始能自觉地说出每张图片的内容并反复背诵。年龄越大，运用语言中介的人就越多。

(3)记忆材料系统化。记忆过程中,人们常常利用已有的知识经验对记忆材料进行加工整理(或发现材料的组合规律,或进行分类,或产生联想等),特别记住那些可作为回忆线索的关键部分来提高记忆效果。比如,要记住"149162536496481100"这样一个 18 位数,单靠重复背诵是比较困难的。但有乘方知识的人很容易发现,这个数字的组合很有规律:是由 1 到 10 十个自然数的平方循序排列起来的。于是只需记这一句话(线索)就记住了这个 18 位数,可见,"系统化"策略的实质是对材料进行意义记忆。研究发现,从中班年龄起,系统化策略开始出现在幼儿的记忆过程中。比如,向幼儿呈现一批画,有他们所熟悉的物品的图片要求记忆,图片呈现时杂乱无序,而不少儿童回忆时却带有类别特征:水果蔬菜类、家具类、动物类……集中在一起回忆出来。

记忆力也是智力的重要成分。"博学强记""过目不忘"这些词汇也常常被用来形容聪明人。但记忆力不是机械地训练出来的。在学习过程中,引导幼儿积极思考,真正理解学习材料,才是培养记忆力的关键

思 考 题

1. 幼儿认识世界的方式有什么特点?了解这个特点对我们的保育教育工作有什么启发?

2. 有位保育员常常为一件事烦恼:刚刚收拾好的活动室又被孩子弄乱了,一些不让他们动的东西偏偏要动。你能帮她消除烦恼吗?

第三章　幼儿认识活动和认识能力的发展(下)

一、幼儿的思维能力

(一)幼儿思维发展的趋势和一般特点

思维是一种高级的认识活动，不是与生俱来的。它的发展经历一个从直觉行动思维到具体形象思维，最后达到抽象逻辑思维的变化过程。

幼儿期处于思维发展的初级阶段，以具体形象思维为主要形式。但幼儿初期，直觉行动思维仍占有重要位置，而末期，抽象逻辑思维已开始萌芽。

1. 直觉行动思维

顾名思义，直觉行动思维是在对客体的感知中、在自己与客体相互作用的行动中进行的思维。动作和感知是思维的工具，活动过程即思维过程。儿童最早出现物萌芽状态的思维，便是直觉行动思维。它产生于 1.5～2 岁，是托儿所儿童思维的形式。幼儿初期(小班)，这种形态在儿童的思维中仍占居重要地位。

直觉行动思维有以下主要特点。

(1)直观性和行动性

直觉行动思维实际是"手和眼的思维"。一方面，思维离不开对具体事物的直接感知；另一方面，思维离不开自身的实际动作。离开感知的客体，脱离实际的行动，思维就会随之中止或者转移。小孩子离开玩具就不会游戏，玩具一变，原来的游戏马上中止的现象，都是这种思维特点的表现。

(2)缺乏行动的计划性和对行动结果的预见性

由于直觉行动思维是和感知、行动同步进行的，所以，在思维过程中，儿童只能思考动作所触及的事物，只能在动作中而不能在动作之外思考。因此，不能计划自己的行动，也不能预见行动的结果。思维不能调节和支配行动。这是只有直觉行动思维才有的特点。

2. 具体形象思维

具体形象思维是依赖事物的形象或表象以及它们的彼此联系而进行的思维。这是从直觉行动思维向抽象逻辑思维发展的过渡形式，是幼儿思维的主要形式。它的主要特点如下。

（1）思维动作的内隐性

直觉行动思维是通过外部、展开的智慧动作进行的，是"尝试错误"式的。当用这种思维方式解决问题的经验积累多了以后，儿童便不再依靠一次又一次的实际尝试，而开始依靠关于行动条件以及行动方式的表象来进行思维。思维过程从"外显"转变为"内隐"。

思维动作从外显向内隐的转变，不是单纯的位置的变换，而是质的变化：它意味着思维已从它的原始状态中分离出来而成为"心理"活动，从此，思维过程开始摆脱与动作同步进行的局面而可以提到行动之前，于是，它开始对行动具有调节和支配功能，使"三思而后行"成为可能。虽然缜密的思考是逻辑思维的"专利"，但思在前，行在后却是从具体形象思维这里开始的。

（2）具体形象性

具体形象思维虽已开始摆脱与动作同步进行的局面，但还未能完全摆脱客观事物和行动的制约，因为这种思维方式所依赖的形象或表象是对所感知过和经历过的事物的心理映象，事物具体而形象的外部特征影响着儿童的思考，因此，它所反映的往往只是事物的外部特征和表面联系。

（3）自我中心性

无论是直觉行动思维，还是具体形象思维，都是一种以自己的直接经验为基础的思维，这就使得它们均带有一种"自我中心"的特点。也就是说，处于这类思维水平的儿童倾向于从自己的立场、观点认识事物，而不太能从客观事物本身的内在规律以及他人的角度认识事物。

著名的瑞士心理学家皮亚杰所设计的"三座山实验"是自我中心思维的一个最典型的例证：先请儿童围绕三座山的模型从不同的角度观看，然后请他坐在模型的一边，从许多三座山的照片（拍摄角度各不相同）中选出和自己以及坐在对面位置的儿童所看到的模型相一致的照片。结果发现，相当一部分幼儿挑出的往往是与自己的角度所见的完全相同的照片。

3. 抽象逻辑思维的萌芽

抽象逻辑思维是指用抽象的概念（词），根据事物本身的逻辑关系来进行的思维。抽象逻辑思维是人类特有的思维方式。严格地说，学前儿童尚不具备这种思维方式。但学前晚期，儿童开始出现这种思维的萌芽。例如，前面我们曾举了一个"液体守恒"实验方面的例子，说明处在具体形象思维阶段的幼儿在判断水的量是否变化了时，往往根据的是所见的"形象"，形象变了（C瓶的水面低了），就认为水的量也就少了。但实验同时也发现，大班部分幼儿已经开始摆脱形象的干扰，作出正确的判断。但他们说不出更多的道理，只知道"这还是那杯水""往这里倒时没洒"。所以说，学前晚期开始出现的只是逻辑思维的萌芽。

虽然儿童思维发展的总趋势，是按直觉行动思维在先，具体形象思维随后，抽象逻辑思维最后的顺序发展起来的，就这个发展顺序而言是固定的，不可逆转。但这并不意味着这三种思维方式之间是彼此对立、相互排斥的。事实上，它们在一定条件下往往相互联系，相互配合，相互补充。

幼儿的思维结构中，特别明显地具有三种思维方式同时并存的现象。这时，在其思维结构中占优势地位的是具体形象思维。但当遇到简单而熟悉的问题时，能够运用抽象水平的逻辑思维；而当遇到的问题比较复杂、困难程度较高时，又不得不求助于直觉行动思维。

(二)幼儿思维发展的条件

作为幼儿思维发展条件的因素很多，如健康的大脑，生理的成熟，教育条件等。这里，我们只简单谈一谈被称作思维产生的"源泉"的动作和操作—探究活动(亦称实物操作活动)。大家都熟悉"认识从实践始"这句话。对婴幼儿来说，操作—探究活动就是他们最初的"实践"。

儿童自出生之日起就开始与周围环境相接触，动作是接触环境的最初形式：当他的嘴唇碰到什么东西，他就马上含在嘴里作吸吮的动作；有什么东西碰到他的手，他就去抓握或触摸……认识就在这种接触中，随着动作的发展而发展起来。

儿童动作的发展有一定的规律，是按照以下严格的方向和固定的顺序进行的。

1. 从整体动作到分化动作

儿童最初的动作是全身性的、笼统的、非专门化的，"牵一发而动全身"。这是运动神经纤维一开始没有髓鞘化的结果。以后，这种泛化性的全身动作才逐渐分化为局部的、准确的、专门化的动作。

2. 从上部动作到下部动作

婴儿最先发展起来的是头部动作，然后自上而下，学会俯撑、翻身、坐、爬、站，最后才学走路。这体现了身体发展的首尾方向(见图中的a)。

3. 从大肌肉动作到小肌肉动作

大肌肉动作比小肌肉动作发展早。表现为儿童躯体的动作比四肢动作发展早，手指动作发展最迟。这一发展顺序与身体发展的近远方向(中心到边缘)相一致(见图2-3-1)。

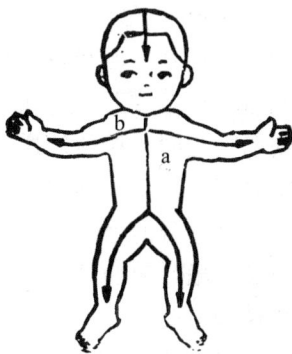

图 2-3-1　发展的方向

4. 从无意动作到有意动作

婴儿的动作起初是无意的，当他做出各种动作时，既无目的也不知道自己在干什么。以后逐渐出现有目的的动作。

在儿童的各类动作中，手的动作的发展与思维的关系最为直接。半岁左右，儿童开始出现眼手协调动作。它的表现是准确地拿取物体。这是儿童最早形成的有目的的动作。眼手协调动作出现以后，儿童手的动作逐渐灵活、复杂起来：五指分工动作、双手协调动作陆续产生并迅速发展，儿童用手来摆弄、操作物体的积极性更加高涨。

眼手协调及手的灵活动作的发展，使儿童的手开始成为认识的器官和解决问题的"工具"。开始，他们拿到任何物品（包括勺子、碗等），总是敲敲打打，扔扔捡捡，似乎在探究物品的性质，以后，不仅探究性动作更加频繁、复杂，而且开始把物体作为"工具"或"材料"使用，出现了实际操作—探究的活动。

实际操作—探究活动在幼儿心理发展中有十分重大的意义，它是儿童最初认识事物的"隐蔽特征"和本质联系的方式，也是他们最初的"解决问题"的方式。以儿童学习自己用杯子喝水这样简单的活动为例。对小孩子来说，这个过程也是一个操作—探究的过程。因为起初他并不知道如何拿杯子才不会掉下来；如何端杯子，水才不会撒，怎样行动才能喝到水等。经多次实践尝试，儿童学会了这种"技能"，同时，也就认识了玻璃的属性——脆，易碎；杯子的用途——盛水的工具；水的性质——流动的液体，以及事物之间的因果关系——要喝到水，必须按一定顺序行动：取杯子——倒满水——平端至嘴边——稍微倾斜——喝到口中。操作—探究活动不仅使儿童获得了对客观事物的深刻认识，而且也获得了深刻认识事物的心理机能——思维。

再如，一个 2 岁的孩子想拿放在桌子上的娃娃。起初，他用尽全力用手去拿，但拿不到。偶尔发现，当他围着桌子转时，身体不小心带动了台布，而台布又带动了娃娃，于是，他两眼盯住娃娃，故意用手拉一下台布，娃娃又动了。接着，他开始了一连串的拉的动作，使娃娃一点一点地移向自己——儿童的动作帮助他发现了物体之间的关系，并且利用这种关系解决了面临的问题，达到了目的。这一连串围绕一定目的而协调起来的动作，从外部形式上看是一种实际操作物体的活动，但分析一下它的实质，却是一种依靠实际动作来进行的思维，因为其中具备了思维活动最基本的特性——解决问题，以及思维过程的基本要素：明确问题，分析问题，提出假设、验证假设，最后达到目的。

儿童最初的思维就是在实际操作活动中，通过揭示事物的"隐蔽特征""内在联系"和解决问题的实际动作完成的。正因为操作—探究活动中包含着思维活动的基本特征和基本要素，所以才能成为它产生和发展的源泉、基础。

　　幼儿期，实际操作物体的探究活动仍是幼儿思维发展的重要"营养源"。正因为如此，《幼儿园工作规程》才一再强调，"幼儿园的教育"要"注重幼儿的直接感知、实际操作和亲身体验""为幼儿提供活动和表现能力的机会与条件""充分利用家庭和社区的有利条件，丰富和拓展幼儿园的教育资源"，其目的，正是为了积极促进幼儿认识能力，尤其是思维能力的发展。作为幼儿园的保育员，我们也应该充分理解这一点，积极参与教育环境的创设，多为幼儿准备可供操作、摆弄的材料，理解、支持幼儿的探索行为，对活动中可能给我们的工作带来的麻烦(如弄乱了刚刚收拾整洁的环境等)持谅解、宽容的态度，并尽自己的可能给幼儿的操作—探究活动以方法上的指导。

二、幼儿的语言能力

　　语言是为交往而产生，在交往中发展的。

　　语言能力的发展表现在两方面：语言接受能力(听和读)的发展和语言表达能力(说和写)的发展。由于幼儿使用的主要是口头语言，同时也在为学习书面语言作准备，因此，我们以口语为主来介绍幼儿语言能力的发展。

(一)幼儿的语言接受能力

　　准确地接受语言信息，包括准确地识别语言符号(语音和字形)和正确地理解语言的含义。

　　1. 幼儿对语言符号的识别

　　(1)幼儿对语音的识别

　　对于听力正常的儿童来说，识别语音并不困难。在语言交往的实际过程中，婴儿已经具有了语音辨别能力。3岁左右，儿童已经基本掌握了母语的发音，表明其语音识别能力已经发展起来，因为语音识别能力是儿童学习发音的基础，他只能模仿发出他可以识别的那些语音。幼儿期，儿童不仅能够听清别人的语音，能够区分相似音，而且还能发现自己和别人的发音错误。

　　(2)幼儿对字形的识别

　　幼儿首先是把字形作为一个微型图画来感知的。他们往往把一个字或一个词作为一个整体，笼统地把握它的轮廓，只是"大概其"地认识一些字，但并不清楚它的细节。因此，常常把近似的字相混淆(如把"土"当作"土"，"今"认作"令")；颠倒字的结构，尤其是左右结构(如把小朋友的姓"靳"字写成"斤"在左，"革"在右)；甚至把两个经常组成一个词的混淆，如把"体"认成"身"，把"睛"说成"眼"。

2. 幼儿对语言的理解

幼儿语言接受能力的发展主要表现为对词义、句义和文学作品(儿歌、故事、童话等)的理解上。

1岁左右，语言理解能力已经开始萌芽。他们已经能够理解成人的某些语言指令，表现为能够对这些指令作出适当的反应。如，听到有人喊自己的名字会转头；妈妈说"跟阿姨再见"会摆手，等等。随着年龄的增长，幼儿理解语言的能力不断增强。

(1)幼儿对词义的理解

幼儿对词义的理解有一个逐渐确切和加深的过程，是随着幼儿思维能力的发展而发展的。表现为：

①首先理解的是意义比较具体的词，以后才开始理解比较抽象概括的词。幼儿所能理解的词基本仍以具体的词为主。如标志物体的名称、可感知的性状特征的词。

②首先理解的是词的具体意义，以后才能比较深刻地理解词义。但整个学龄前阶段的儿童仍难理解词的隐喻和转义。例如，妈妈说："小孩子不要娇气，要能吃点苦。"孩子就说："我能吃苦，那天买的冰棍有点苦，我也吃了。我就是不能吃辣。"

(2)幼儿对句义的理解

理解句义，除了要理解组成句子的词的含义之外，还要了解组词成句的语法规则。它常常体现为"句型"。

在语句发展过程中，对句子的理解先于说出语句而发生。儿童在能说出某种句型之前，已能理解这种句子的意义。

1岁之前，在儿童尚不能说出有意义的单词时，已能听懂成人说出的某些简单句子，并用动作反应。1岁之后，按成人指令动作的能力更加增强。

2～3岁的儿童开始与成人交谈。他们喜欢听成人讲话，并基本能够理解常用的简单句型，如主动语态的简单陈述句、问句、感叹句等。

幼儿对句义的理解能力进一步增强，但对一些结构复杂的句子还不能很好地理解。比如，研究表明，6岁之前的儿童很难正确理解被动语态句(小明被小华推倒了)；7岁之前很少有人能正确理解双重否定句(小朋友没有一个不参加)。

(3)幼儿对文学作品的理解

儿童很小的时候就喜欢听成人说儿歌，讲故事。但他感兴趣的往往是儿歌中的韵律和故事中生动形象的描述，而不一定是其中的"意思"，也就是说，并不一定理解它。

幼儿对文学作品的理解有以下发展趋势。

第一，从理解个别情节，逐渐能理解整体。

幼儿理解成人讲述的故事时，也常常先理解其中的个别字句、个别情节或者个别行为，以后才能理解具体行为产生的原因及后果，最后才能理解整个故事的思想内容。幼儿所能理解的故事都是比较简单的。

第二，从主要依靠具体形象来理解事物，发展到依靠语言说明来理解。

幼儿在听故事或者学习文艺作品时，常常要靠形象化的语言和图片等辅助手段才能理解。随着年龄的增长，儿童逐渐能够摆脱对直观形象的依赖，而只靠言语描述来理解。但在有直观形象的条件下，理解的效果更好。例如，有一项研究指出：在教幼儿学习文艺作品时，有无插图，效果很不一样，假设没有插图时儿童的理解水平为1，有插图以后，3～4.5岁幼儿的理解水平则为2.12，4.5～9.5岁为1.23。可见，直观形象有助于幼儿理解作品。

第三，从对作品作简单、表面的理解，发展到理解其中较深刻的含义。

幼儿对文学作品的理解往往很直接、很肤浅，年龄越小越是如此。例如，在给小班儿童讲完《孔融让梨》的故事后，问孩子们："孔融为什么把大梨让给别人？"不少儿童回答："因为他小，吃不完大的。"可见他们还不理解让梨这一行为的含义。

大班儿童已能理解事物的较复杂、较深刻的含义。他们喜欢猜谜语，听寓言故事。当然这些谜语、寓言的含义也不能是太隐蔽的。

(二)幼儿的口语表达能力

运用口头语言进行交流是为让听的人能够听清楚，听明白，说的人必须发音正确，吐字清晰，用词恰当，合乎语法。

1. 幼儿的发音

大约9个月，儿童已经开始具备了模仿发音的能力。

幼儿正确发音的能力是随着发音器官的成熟和大脑皮层对发音器官调节机能的发展而提高的。幼儿发音能力提高很快，特别是3～4岁期间。在正确的教育下，4岁儿童能基本掌握母语的全部语音，并能够意识并自觉调节自己的发音。

语音意识的发生和发展，使儿童学习语言的活动成为自觉、主动的活动。

由于儿童是通过模仿学会发音的，所以，语言环境对其语音能力(包括语音识别和发音)的发展有决定性的影响。对于少数民族和方言地区的儿童来说，由于缺乏语言环境，听懂普遍话和会说尚是一项比较困难的任务。据贵州地区的一项研究报道，当地少数民族地区的儿童，入小学读书之后辍学率很高，其关键原因是听不懂普遍话的发音，因此无法接受教学内容。发现问题之后，开始在这些地区大量举办学前班，将学习普通话作为学前班的重要教育内容，结果表明，凡在学前班学习过普通话的儿童，入学后的学业成绩大大提高。可见，对于民族众多和地域性语言发音差异较大的我国来说，让孩子从小把普通话作为"母语"，为他创造一个普通话的语言环境是十分必要的。当然，这并不是要排斥对本民族语言的学习，而是将二者同样看待。

幼儿园教师在教育过程中，首先要使用普通话。

2. 幼儿的词汇

1～1.5岁，儿童开始说是他们的第一批词。2～3岁，词汇增长非常迅速，3岁已能掌握1 000个左右的词。其中，名词、动词占绝大多数。儿童掌握的词中，有一部分是"积极词汇"，也有一部分是"消极词汇"。

儿童能够正确理解又能正确使用的词，叫作积极词汇。有时幼儿能说出一些词，但并不理解，或者虽然理解了，却不能正确使用，这样的词叫作消极词汇。无疑，消极词汇不能正确表达思想。幼儿已掌握了许多积极词汇，但也有不少消极词汇，因此常常发生乱用词的现象。如把"解放军"一词与"军队"混同，以致把敌军说成是"敌人解放军"。所以我们在教育上应注重发展儿童的积极词汇，促进消极词汇向积极词汇转化。不要仅仅满足于儿童会说多少词，而要看是否能正确理解和使用。

3. 幼儿的口语表达

1岁左右，儿童开始说话了。从最初只会用一个词来表达意思，到会使用比较完整的句子，之间只需要两三年时间，其学习语言的速度让成人深感望尘莫及！

幼儿期，儿童运用语言交往的积极性更加高涨，其口语表达能力也逐渐发展起来。具体表现在以下几个方面。

第一，从对话言语逐渐过渡到独白言语。

3岁以前，儿童基本上都是在成人的帮助下和成人一起进行活动的，儿童与成人的言语交际也正是在这样一种协同活动中进行的。所以儿童的言语基本上都是采取对话的形式，而且他们的言语往往只是回答成人提出的问题，或向成人提出一些问题和要求。

到了幼儿期，由于独立性的发展，儿童常常离开成人进行各种活动，从而获得一些自己的经验、体会、印象等。因此，有必要向成人表达自己的各种体验和印象。这样，独白言语也就因需要而逐渐发展起来了。

当然，幼儿的独白言语刚刚开始形成，发展水平还很低，尤其是在幼儿初期。小班幼儿虽然已能主动地对别人讲述自己生活中的事情，但由于词汇较贫乏，表达显得很不流畅，常常带一些口头语，如"嗯……嗯""后来……后来"

"那个……那个"等，还有少数幼儿甚至显得口吃。在良好的教育下，五六岁的幼儿就能比较清楚地、系统地讲述所看到或听到的事情和故事了，有的幼儿甚至能够讲得有声有色、活龙活现。

第二，从情境性言语过渡到连贯性言语。

对话语言的突出特点就是具有"情境性"。因为对话是在两个或几个人之间进行的，交谈各方同处于一种"情境"中，对所谈内容都有所了解，加上可以辅之以表情、动作。因此，说话人的语言不必非常完整、连贯，对方也完全能理解。独白语言则不同，说话人的语言必须连贯、完整、准确，具有逻辑性，才可被听者接受。

幼儿的语言带有很强的"情境性"，这一方面是因为他们较多地运用"对话"在交流，另一方面，则是由于思维的自我中心性和具体形象性的特点所决定的。他们常常考虑不到听者并没有与自己相同的经验，需要连贯完整的语言信息才能理解。

随着幼儿思维的自我中心特点的克服，幼儿语言的连贯性逐渐增强。连贯性言语的发展使幼儿能够独立地、清楚地表达自己的思想，正是在这个基础上，独白言语也发展起来了。

第三，讲述的逻辑性逐渐提高。

幼儿讲述的逻辑性逐渐提高，主要表现为讲述的主题逐渐明确、突出，层次逐渐清晰。

幼小儿童的讲述常常是现象的堆积和罗列，主题不清楚，更不突出，常让人有听了半天，不知所云的感觉。

讲述的逻辑性是思维逻辑性的表现。言语发展水平真正好的幼儿，在讲述一件事时，语句不一定很多，但能用简练的语言讲清事情的来龙去脉，能抓住主要情节和各情节之间的关系，不拘泥于描述个别细节，用词不一定华丽，但很贴切。成人可以通过训练来增强儿童讲述的逻辑性，这同时也是一种能力的训练。

第四，逐渐掌握语言表达技巧。

幼儿不仅可以学会完整、连贯、清晰而有逻辑地表述，而且能够根据需要恰当地运用声音的高低、强弱、大小、快慢和停顿等语气和声调的变化，使之更生动，更有感染力。当然，这需要专门的教育。有表情地朗读、讲故事以及戏剧表演都是培养儿童言语表达技能的好形式。

4. 幼儿口语发展中的两个特殊现象

(1)"口吃"

口吃是一种语言的节律性障阻，其表现为说话过程中不正确的停顿和单音重复。

学前儿童的口吃现象常常出现在 2～4 岁。有几种因素会导致口吃：

①生理原因。由于 2～4 岁儿童的言语调节机能还不完善，造成连续发音的困难。随着年龄的增长，这种情况会有所缓解。

②心理原因。即因说话时过于急躁、激动和紧张造成的。说话过程是表达思想的过程，从"思想"转换成言语的过程中，可能会因为找不到合适的词汇和更好的表达形式而感到焦急，也可能会因为发音的速度赶不上思想闪现的速度而造成二者的脱节。这都会使儿童处于一种紧张状态，而这种紧张可能造成发音器官的细微抽搐和痉挛，出现了发音停滞和无意识地重复某个音节的情况。经常性的紧张便会成为习惯，以至于每次遇到类似的语词或情境时，都出现同样的"症状"。

③模仿。幼儿的口吃常有很大的"传染性"。因为他们的好奇心强、爱模仿，班上某个孩子偶尔出现"口吃"会使他们觉得有趣、"好玩儿"而加以模仿，最后不自觉地形成习惯。据北京等医院统计，参加口吃矫治的人中，有近 2/3 的人有幼年模仿口吃的历史。

矫正口吃的重要办法是消除紧张。成人千万不要一发现儿童口吃就加以斥责，或操之过急地要求他改正，而应和颜悦色地提醒他们不要着急，一个字一个字地慢慢讲话。对生活在幼儿园集体中的儿童，教师则要教育其他儿童不要模仿，更不要讥笑。只要能这样做，大多数口吃的幼儿会很快得到矫正。

(2)"自言自语"

幼儿在独自活动时，常常边做边说，"自言自语"。这是一种十分正常的现象。

幼儿的自言自语有两种形式：一种是所谓的"游戏言语"，一种是"问题言语"。

游戏言语即一面动作，一面嘀咕，用语言补充和丰富自己的行动。在建筑游戏和绘画中，经常可以看到儿童在边干边说"这支大机枪，嘟嘟嘟……轰！哎呀！啊！打死了！……""这两个小朋友跳舞，旁边有只小鸟，也跳，多多米梭多米多——"儿童常常用这种游戏言语来补充用动作表达感到困难的内容，发挥自己的想象。游戏言语一般比较完整、详细，有丰富的情感和表现力。

问题言语是在碰到困难或问题时产生的自言自语，常常用来表示对问题的困惑、怀疑或惊奇等，当儿童找到了解决问题的办法时，也会用这种言语反映出来。例如，在拼图过程中，幼儿一边注视桌上的拼板，一边自言自语："这个怎么办？放哪儿？……不对，在这儿，呀，不行……这像什么？……哈！机器人！胳膊！……"问题言语一般比较简短、零碎，多由一些压缩的词句组成。四五岁儿童的问题言语最丰富，六七岁的儿童由于能够默默地用内部言语思考，问题言语相对减少，但在遇到稍难些的任务时，"问题言语"又活跃起来，这就说明，幼儿的自言自语是思维的有声表现。

综上所述，幼儿活动时的自言自语是活动的有机组成部分，是思维和想象的有声表现。因此，我们不应该加以干涉和限制。

三、影响幼儿认识活动和认识能力发展的因素

(一)活动

幼儿的认识能力是在他们与客观环境和环境中的事物相互作用的过程中发展起来的，这种相互作用过程也就是活动。

幼儿的活动从根本上看，可以分为两类：对物的活动(即前面所说的操作—探究活动)和对人的活动(交往活动)。

在接触物体的过程中，他们通过看、听、嗅、触摸等活动认识事物的形状、大小、颜色、声音、味道、温度、光洁度等感性特征，通过压、拉、折等动作发现事物的弹性等隐蔽特征，也通过搭、拼、拆等组合活动感知事物的结构、性能和其中蕴含的关系、原理；实际的操作、观察、解决问题的活动不仅使幼儿获得了对客观世界的认识，即知识，也锻炼和发展了他们的认识能力。

在与成人交往的过程中，幼儿逐渐学习人类积累下的丰富文化财富，同时，也逐渐掌握人类特有的行为方式(如使用工具、语言交流等)。其中，对人类交往的工具——语言的学习和掌握，在幼儿心理发展中具有特殊的意义。

(二)语言

语言的掌握大大扩展了幼儿认识的范围，使他们不仅可以通过直接接触认识周围的事物，也可以通过与其他人的交往，间接了解那些自己直接经验之外的世界，从而使自己的认识不再局限在个人直接经验的狭小空间，而成为个体经验和群体经验的总和。更为重要的是，由于语言具有高度的抽象概括性，使得幼儿的认识能力发生了根本性的改变。

第一，语言使幼儿的感性认识开始向概念水平地过渡。词语可以标志一类事物的共同特征，幼儿掌握了有关的词并学会用它来表示事物的特征时，他的感性认识就开始向概念水平发展。比如，当幼儿能把自己感知的多种几何图形正确地区分为"三角形"和"非三角形"时，他对三角形的认识就不仅仅是一种感知水平的，而开始接近概念水平了。

第二，语言为幼儿的思维提供了更适宜的工具，促进了抽象逻辑思维的萌芽。抽象逻辑思维是一种运用概念、通过推理判断的过程来进行的思维。思维的水平主要取决于思维的工具。直觉行动思维的工具是动作，具体形象思维的

工具是表象（头脑中有关事物的形象）。幼儿掌握了语言之后，逐渐开始形成一些基本的概念，在经验比较丰富的领域开始能用有关的概念进行思考，出现了抽象逻辑思维的萌芽。

上述两个因素——幼儿的活动和语言是影响幼儿认识能力发展的根本性的因素，幼儿园可以通过为幼儿提供多种活动和交往的机会，发展幼儿的语言来促进其认识能力的提高。

（三）注意

注意是一种非智力因素，即非认识能力，但它却直接影响着幼儿认识活动的效果和认识能力的发展。大量调查表明，婴幼儿乃至小学阶段，在学习以及其他一些活动中，经常取得成功的，不见得都是智商很高的孩子，而往往是注意力发展水平较好的孩子。对少年大学生的追踪研究也发现，这些"超常"少年的超人之处，也往往在于他们从小就有超常的注意力。

由于身心发展水平的限制，一般来说，幼儿还不善于控制自己的注意，倘若再加上教育上的疏忽失当，就很容易出现注意分散即分心现象。

影响幼儿注意分散的主要因素如下。

1. 无关刺激的干扰

幼儿以无意注意为主。一切新奇、多变的事物都能吸引他们，干扰他们正在进行的活动。例如，活动室的布置过于花哨，更换的次数过于频繁，教学辅助材料过于有趣、繁多，教师的衣着打扮过于新奇，幼儿学习时保育员在活动室走动及干活时发出声音等，都会分散孩子们的注意。

2. 疲劳

幼儿神经系统的耐受力较差，长时间处于紧张状态，从事单调的活动或处于无聊的等待状况，便会引起疲劳，从而涣散注意力。

3. 缺乏兴趣和必要的情感支持

兴趣、成功感以及他人的关注等因素可以构成活动的动机。对幼儿来讲，这些因素更会直接影响活动时的注意状况：活动内容过难，会使他们因缺乏理解的基础和获得成功的可能而丧失兴趣和积极性；过易，也可能会因缺乏新异性、挑战性而减少对他们的吸引力。班额过满，师生之间必要的感情交流太少，幼儿可能因得不到教师的关注和情感支持而丧失活动的积极性。另外，教师对教育过程控制得过多、过死；儿童缺乏积极参与和发挥创造性的机会，缺少实际操作的机会；教育过程呆板少变化；活动要求不明确等，都可能涣散幼儿的注意力。

为了防止幼儿注意分散，幼儿园教师和保育员应该注意：

（1）尽量排除干扰因素。幼儿学习时，周围的环境尽量保持安静；教室布置最好让幼儿参与，使之对变化了的环境感到熟悉；教师和保育员应该配合默契，减少幼儿的等待时间；

教师的衣着应朴素大方；个别幼儿注意力不集中时，不要大声点名批评，最好稍作暗示，以免干扰全班幼儿的活动。

(2)根据幼儿的兴趣和需要组织教育活动。幼儿园的教育活动符合幼儿的兴趣和发展需要。活动内容应贴近幼儿的生活，是他们关注和感兴趣的事物；活动方式应尽量"游戏化"，使其在活动过程中有愉快的体验；组织形式应有利于师生之间、幼儿之间的交往；活动过程中要使幼儿有一种"主人翁"的自主感；主动活动、动手动脑、积极参与。

(3)活动安排要动静结合，合理变化活动内容和形式，使幼儿保持旺盛的精力。

思 考 题

1. 什么是直觉行动思维？什么是具体形象思维？它们各有什么特点？

2. 儿童的动作发展有什么基本规律？动作发展在幼儿思维中有什么意义？

3. "口吃"和"自言自语"是幼儿口语发展中的两个特殊现象，应该如何对待它们？

4. 推广普通话为什么要从小抓起？

5. 影响幼儿认识活动和认识能力发展的主要因素有哪些？

第四章 幼儿的需要和情绪情感的发展

一、情绪情感在幼儿心理发展中的作用

情绪情感是人一生中出现最早并且对以后的发展影响最大的心理现象之一。

(一)情绪情感是幼儿心理活动和行为的激发者

诸多观察和研究都表明，情绪情感对婴幼儿的心理活动和行为具有非常明显的动机和激发作用。婴幼儿的心理活动和行为的情绪色彩非常浓厚。情绪直接指导、调控着儿童的行为，驱动、促使着儿童去做出这样或那样的行为，或者不去做某种行为。比如，在愉快情绪下，儿童愿意学习，做什么事都积极；情绪不好时，则不愿意学习，活动也不积极。"儿童是情绪的俘虏"，这句话生动地反映了情绪情感对幼儿的支配作用。

(二)情绪情感影响幼儿智力活动的效果

大量研究表明，情绪情感对幼儿智力活动的效果有明显的制约作用。兴趣和愉快的结合能使其智力活动达到最优状况，而恐惧和焦虑则会抑制他们认识能力的正常发挥。

(三)稳定的情绪状态构成幼儿的性格特征

一般来说，情绪情感是随着幼儿需要的满足状况而变化的，但是也具有相对的稳定性。这往往取决于其早期生活环境。许多观察和研究都已证明，父母、亲人的长期爱抚、关注有助于儿童形成活泼、开朗、信任、自信的性格情绪特征，而长期缺乏父母、亲人的关怀和抚爱，则会使幼儿形成孤僻、抑郁、胆怯、不信任人等性格情绪特征。特别值得注意的是，有些幼儿在家里情绪愉快，活泼开朗，而在幼儿园却显得胆小怯懦，这恐怕只能从我们幼儿园的工作，尤其是我们教师和保育员对儿童的态度上找原因。

正因为学前儿童情绪情感对其心理发展具有非常重要而广泛的意义，影响儿童心理其他诸方面的发展，所以，我们应该十分重视儿童的情绪情感，使儿童具有良好、积极的情绪状态，尽量经常处于愉快、活跃的情绪之中。

二、情绪情感和幼儿的需要

情绪情感与人的需要之间有着非常密切的联系。需要能够得到满足，人就会产生肯定的态度和积极的情感体验，如快乐、幸福、满意等；需要不能得到满足，就会引起否定的态度和消极的体验，如悲哀、痛苦、愤怒等。幼儿与成人一样也有多种需要，这些需要能否得到满足以及满足的程度如何，便产生了不同的情感体验。

幼儿有以下基本需要：

①生理的需要。即对食物、水、空气、温暖、睡眠和休息等与生存问题直接相关的事物的需要。生理需要是与生俱来的，不仅出现得早，也最强烈，往往支配着幼小儿童的情绪和行为。

②安全的需要。包括身体和心理方面不感到危险、受威胁和孤立无助。人对可能会威胁自己的安全的事物怀有一种本能的恐惧感。一遭被蛇咬，十年怕井绳。使幼儿感到恐惧不安的事物有很多：陌生的环境，陌生的人，粗暴的叱责、批评和惩罚等。逃避危险，追求安全是幼儿的基本行为"准则"。

③认识的需要。对未知和知之不多的新异事物的好奇和探究。好奇是儿童的天性，也是他们认识需要的表现。不厌其烦地提问，动手探索尝试，是幼儿满足认识兴趣的两种主要方式。爱和归属的需要。幼儿需要爱，也需要被爱。爱是幼儿健康成长的条件。爱和归属的需要包括被所属团体接纳，为他人所注意、关心，获得友谊等。这类需要不能满足时，幼儿会感到孤独、寂寞。

④尊重的需要。包括被人尊重和自尊。对幼儿来说，成人的关注、肯定、允许、支持都是被尊重的表示；而独立性需要、自我显示、要求他人的注意和赞许则表明他们的自尊。

⑤自我实现的需要。通过自己的创造性活动表现和展示自己的价值，实现自己的潜能。

幼儿的情绪情感往往是由这些需要的满足状况而引起的。一开始，与生命活动有关的需要(生理需要、安全需要)主宰着他们的情绪，随着年龄的增长，精神方面的需要逐渐成为影响情绪情感的主要因素。

三、幼儿情绪情感发展的一般规律

幼儿情绪情感的发展主要表现在以下几方面。

(一)情绪情感的社会化

儿童最初出现的情绪是与生理需要相联系的。随着儿童的成长，情绪逐渐与社会性需要相联系。社会化是幼儿情绪情感发展的一个主要趋势。

出于爱与被爱、尊重与自尊的需要，幼儿非常希望被人注意，为人重视、关爱，要求与别人交往。与人交往的社会性需要是否得到满足，及人际关系状况如何，直接影响着幼儿情绪的产生和性质。成人对幼儿的关爱、表扬，可以使幼儿信心百倍、活泼、愉快，反之，则可能使他们焦虑不安。因此，在幼儿园，教师和保育员对幼儿的态度，是幼儿情绪情感的最重要的动因。

不仅与成人交往的需要及状况是制约幼儿情绪产生的重要社会性动因，而且同伴交往的状况也日益成为影响幼儿情绪的重要原因。有一名幼儿，父母、教师都挺喜爱他，但其在幼儿园就是不高兴，也不愿上幼儿园。通过观察、谈话发现，原因在于同伴不理他，不喜欢和他一起玩。小朋友的排斥、拒绝，或者忽视、冷落，对幼儿常是一种痛苦。

总之，社会性交往、人际关系对儿童情绪影响重大，是左右其情绪情感的最主要动因之一。因此，在日常幼儿教育工作中，我们要十分重视自己与幼儿的交往，注意自己对幼儿的态度、行为；并且，注意观察幼儿的交往，及时发现问题，引导其展开积极的交往。

(二)情感的丰富与深刻化

情绪情感的发展，是一个逐渐分化的过程。新生儿只有几种非常简单的情绪，如愉快、恐惧等，随着年龄的增长，情绪情感的种类逐渐增多。幼儿期相继出现许多高级社会性情感。如尊敬、怜悯、公正、友谊、同情、羡慕、羞愧、责任感、妒忌、骄傲，等等。研究表明，道德感、美感和理智感等高级情感均在幼儿期出现，并获得初步的发展。这些都使得幼儿的情感生活变得越来越丰富多彩。

幼儿的情感也随着认识能力的提高而逐渐深刻化。从指向事物的表面到指向事物更内在的特点。例如，被成人抱起来，婴儿和较小的幼儿会感到亲切之情，较大的幼儿则会感到不好意思；年幼儿童对父母的依恋，主要由于父母是满足他的基本生活需要的来源，年长儿童则已包括对父母的尊重和爱戴等内容。

(三)情绪情感的自我调节化

幼小儿童的情绪带有很强的冲动性，当他们处于激动的状态时，常常会因为不能控制自己的情绪而产生一些冲击性的行为，当然，他们更不会考虑这种行为可能带来的后果。比如，一个幼儿看见别的孩子欺侮小弟弟，感到非常气愤。于是，他一边喊着："不许欺侮小弟弟！"一边却伸出拳头朝欺侮人的孩子身上打上一拳。大些的孩子则开始能够在一定程度上控制自己的情绪，减少行为的冲动性和过于强烈的外部情感表现，同时，情感的稳定性也逐渐提高。

四、幼儿的几种基本情绪情感

（一）依恋

依恋是存在于婴幼儿与其主要抚养者之间的一种强烈持久的感情联结。它像一根纽带，把婴幼儿与其父母等主要教养者密切联系在一起。依恋对婴幼儿心理发展具有极其重要的意义。婴幼儿依恋突出表现为三个特点：

①婴幼儿最愿意与依恋对象在一起，与其在一起时，儿童感到最大的愉快；

②在儿童痛苦、不安时，依恋对象比任何别的人都更能抚慰孩子；

③依恋对象使孩子具有安全感。当在依恋对象身旁时，孩子较少害怕；当其害怕时，最容易出现依恋行为，寻找依恋对象。

依恋的形成、发展有个过程。由于母亲是孩子最主要的养育者，因此往往成为儿童最初的依恋对象。从6～7个月起，婴儿开始对母亲的存在表现出特别的关注，喜欢她在自己身边，不愿意与之分开。

依恋这种感情联结的心理背景是安全感。依恋形成以后，依恋对象（母亲）便成为儿童与他人交往和探索物理环境的"安全基地"。儿童一旦与他的依恋对象分离，便会产生一种"分离焦虑"——由于"安全基地"的消失而带来的紧张不安。

依恋的"高峰期"，即最强烈的时期在10个月至2岁。这期间儿童最难接受与母亲分离的现实。2岁以后，儿童开始把母亲作为一个交往的伙伴，并认识到她有自己的愿望，交往时双方都应考虑对方的需要，并能适当调整自己的目标。这样与母亲的空间上的邻近性逐渐变得不那么重要，比如，当母亲需要干别的事情，要与孩子保持一定距离时，儿童会表现出能理解，而不会大声哭闹，他可以自己安静地独自玩或通过言语与母亲交谈。

虽然儿童从6～7个月开始，有可能与主要教养者形成依恋，但儿童与不同教养者所形成的依恋的性质是不同的。安全型依恋是比较理想的依恋类型，它是建立在积极交往、相互信任基础之上的，而回避型（无依恋）和反抗型（过分型成矛盾型）依恋都是不安全型依恋，它们的人际关系缺乏友好和信任的基础。

成人从儿童出生之日起就应以关怀、信任的态度对待儿童，与他们进行积极、亲切的交往，在儿童需要时及时给予帮助。教师和保育员也同样应该如此，切不可以为儿童不懂什么情感，随意忽略或任意对待，应尽可能使儿童与自己之间形成良好的安全性依恋，而避免消极的回避性或矛盾性依恋。

(二)兴趣

兴趣是一种先天性的积极情绪。它从出生时起就组织、保持婴儿的注意，使之去认识环境，从中吸取更多的信息来丰富自己。兴趣激发儿童的认知活动和探索行为，为智力发展打下基础。严重缺乏这类情感可能导致智力迟钝或冷漠无情。

兴趣的早期发展可以分为三个阶段：

①先天反射性反应阶段(0～3个月)：由声、光、运动引起，形成最初的情感—认知的结合，指导着婴儿的感知—运动活动，使婴儿主动参与到与人和环境的相互作用。

②相似性物体再认知觉阶段(4～6个月)：适宜的声、光等刺激的重复出现能引起婴儿的兴趣，使之作出动作和活动以保持有趣的景象。此期，婴儿产生了对自己活动的快乐感。而兴趣与快乐的结合又支持儿童的重复性活动。如带响声的彩色玩具引起婴儿的注视，玩具消失引起视觉追踪，玩具再次出现又引起兴趣和探索。

③新异性探索阶段(9个月以后)：此期，婴儿开始对新异事物感兴趣。新异事物出现时，儿童会主动作出重复性动作去认识它，如不断地扔玩具，重复性的"扔"的动作是兴趣—认知相结合引起的探究活动，而探究行为所引起的事物的变化(新异性)又进一步激起儿童的兴趣。以后，随着手的动作的发展，儿童开始用更多不同的方式去影响事物，如模仿成人的动作和行为，自己动手拆卸玩具，以发现其中的奥秘。

兴趣和愉快的互相交替与补充是创造性努力的动机基础。

成人应充分估计兴趣在幼儿认识活动和认识能力发展中的价值，要正确对待儿童的"破坏"行为，千万不要像陶行知先生所批评的那位家长一样，"一巴掌"打死了在摇篮中的中国的爱迪生。

(三)快乐

快乐和兴趣是人类两种最基本的积极情绪(也称正情绪)。快乐(愉快、高兴)对幼儿的生活和成长具有非常重要的意义。快乐使儿童感到轻松自如，有利于身体健康；高兴时，儿童对人的态度往往积极友好、富有同情心、乐于施爱于人，自然也容易得到他人爱的回报，有利于形成良好的人际关系；愉快激励儿童的探索和进取，增强他们的自信心和克服困难、经受挫折的勇气……总之，快乐带给幼儿的生活以阳光和温暖，有利于他们从小形成乐观向上、活泼开朗的性格。快乐是幼儿健康成长的必要前提。

既然快乐对儿童如此重要，我们怎样能使儿童的生活充满快乐呢？为此，我们首先要弄清快乐的来源。

从根本上讲，快乐的源泉是需要的满足。儿童从出生时起，就有了人类最基本的需要——生理需要和安全需要，这两种需要的满足所带来的舒适感和安全感是儿童快乐情绪的最初源泉。母亲之所以成为儿童最依恋的人，首先就因为她满足了他们的生理、安全和爱的需要，从而使他们感到了快乐。

快乐不是人刻意追求的直接结果，它只来源于需要的满足。教育者无法教会儿童如何去快乐，也不能教给他们追求快乐的直接方法。但我们可以通过我们的工作满足儿童的需要，带给他们快乐。比如，我们的幼儿园可以为儿童提供一个安全、温馨、有规律的生活环境，让儿童感到舒适；我们可以组织儿童参加有趣的娱乐活动和游戏，给他们讲一些幽默的故事、开一些有益的玩笑，引发他们的快乐；也可以通过向他们表达自己的关怀、喜爱和尊重（如：注意倾听他们的讲话，积极采纳他们的意见，对他们的活动给予关注，对良好的行为及时给予肯定，分享他们的欢乐，等等），使他们在人际之间的感情交融中体验到快乐。这些快乐在一定程度上可以说是由外部环境的影响而产生的（外部环境通过为儿童创造满足需要的条件促使快乐情绪的形成），它们对儿童来说非常重要，是他们快乐情绪的主要组成成分。

但是，仅仅靠上述类似"给予"的方式使儿童获得快乐却又是远远不够的。大量研究和事实表明，快乐的最重要的来源是自我实现的需要的满足。也就是说，更为本质、更为深层次的快乐来源于儿童自身。当儿童通过自己的努力完成了某项有意义的活动、取得了一定的成就，获得成功感时，他对自己的力量产生了信心，对自己的价值产生了肯定，并由此感到一种发自内心深处的满足感。深层次的快乐就来源于这种与自信、自我满足直接相联的成功感或成就感。平时，我们经常可以看到这样的情况：小孩子开始能用积木搭成一个"高楼"了，尽管这个建筑在大人眼里很不像样，可孩子的高兴之情却难以言表，因为他经过自己的努力创作出了一件产品，他成功了，他体验到了真正的快乐。这种快乐不是"好玩"，不是"有趣"，不是"娱乐"，而是自信、自我满足和自我价值感。显然，这种快乐不是教育工作者能直接"给予"儿童的。但教育可以影响儿童获得这种快乐。不少研究揭示，不适当的教育可能成为儿童获得快乐的障碍。这种妨碍儿童体验到快乐的不适当教育有以下特征：

第一，对儿童要求过高，期望过高。不适合儿童发展水平的过高要求和期望无形中会对儿童形成超负荷的压力，儿童无法从这样的学习活动中体验到成功感，自然也无从获得自信和自我满足，从而妨碍他们享受快乐。

第二，活动内容没有任何挑战性。活动内容过难固然不能使儿童感到快乐，活动内容过易同样也不能使儿童快乐。因为这样的内容激发不起儿童思维的积极性和创造性，也无须经过努力，儿童不能从中体验到成功的乐趣。适当的教育其难度应该处于儿童的"最近发展区"，即介于他已经达到的水平和即将达到的水平之间。儿童与儿童的"最近发展区"之间可能不完全相同。这就需要教育者在把握儿童发展的年龄特征的同时，深入了解他们之间的个别差异，使教育内容和要求对每个儿童都是合适的，都能激起他们面对挑战时的兴奋，并使他们有体验到成功的快乐的机会。

此外，过多的教育"规范"（例如，不必要的秩序和规则）；千篇一律的教育要求（包括呆板的教学方法；统一的、没有灵活性的教育评价；缺乏"开放性"的提问；独一无二的"标准答案"等）；不利于儿童自由表现和自由创造的环境气氛（比如，不允许儿童用自己的思维方式去思考、去"犯错误"；不鼓励儿童的探索行为）……凡此种种，都会压抑儿童活动的积极性和创造性，成为他们自我满足和自我实现的障碍，这样的教育，不仅不能使儿童快乐，还会限制其智力的发展。

（四）恐惧

恐惧是一种最具有伤害性的消极情绪。它会引起紧张感，造成逃避和退缩，并压抑智力活动的灵活性。极度的恐惧甚至会危及生命。经常的恐惧还会使儿童形成胆小和怯懦的性格。当然，恐惧也有一定的积极作用，其积极作用在于引起警戒，逃避危险。

恐惧的体验有受惊感、不安全感、危机感等。引起恐惧的原因很多，凡是可能引起危险的事物都可以引起恐惧。如：突如其来的强烈刺激；陌生人；不可预测的事物等。恐惧会转化为痛苦和焦虑。对婴儿来说，母亲离去而引起的分离焦虑是主要的焦虑，其起因在于"安全基地"的丧失而带来的恐惧不安。

儿童的恐惧中，有一小部分是先天性的，如对突然的、高强度的声音，身体突然失去支持等；而大部分是后天获得的，如害怕黑暗、害怕动物、害怕痛苦等。其中，不正确的教育有着不可推卸的责任。比如，有些家长爱吓唬孩子，用威吓作为"管"孩子的方法，如："再不听话，就送你去幼儿园让老师管你！"，这就使得孩子未进幼儿园就对幼儿园有了一种恐惧感，如果我们的老师和保育员态度也不是那么亲切、和蔼，幼儿园在儿童的心目中就会像洪水猛兽一般可怕。

安全感是消除和战胜恐惧的有力保障。幼儿园应为幼儿创设一个安全的生活环境和心理环境，使他们不必时时担心有什么危险会降临到自己身上，自己一不小心就会受到老师的批评和斥责，这样，幼儿才可能在幼儿园生动、活泼、主动地生活和活动，身心健康地成长。

（五）痛苦

痛苦是一种很普遍的负情绪，往往与悲伤同步发生。

新生儿对过强的物理刺激感到痛苦。随着年龄的增长，引起痛苦的最主要原因则是心理、社会方面的因素：

①分离，包括与依恋对象分开，丢失自己最心爱的东西，得不到理解和同

情，不被同伴接纳，被排斥在集体之外等。儿童从很小时就可能会遇到类似上述引起痛苦的情境并产生痛苦的体验，如2～3岁入托儿所或幼儿园时与母亲的分离；有些孩子4岁开始便可能被同伴集体所排斥，感到孤独无助；再大一些则可能感到不被别人理解或得不到同情等。

②失败。没有达到父母和老师的期望、要求，没有得到他人的赞许却受到批评和指责，都会引起挫折和失败感，从而感到痛苦。

③不公正。被人误解，受到不公平的对待而产生的痛苦往往是儿童特别不能忍受的，并可能引起爆发性的、强烈的愤怒和反抗。

长期处于痛苦和悲伤之中，十分不利于儿童的身心健康，甚至可能会导致精神上的麻木。但痛苦对儿童来说也有一定的适应价值：它向周围的人，尤其是父母和教师发出信号，告知自己现在处于不良状态，以便引起同情和帮助。因此，成人要对儿童的痛苦保持敏感，迅速设法减轻和消除儿童的痛苦。

父母和老师在对待儿童的痛苦时，常有两种极端的、但都不适宜的处理方式。

一种是，对正在体验痛苦的儿童加以斥责或惩罚。如，初入园的孩子因与母亲分离而不停地哭泣，老师哄劝不了，便加以斥责和恫吓："再哭！再哭就把你留在幼儿园，晚上也不让你妈来接你!"这样一来，儿童的痛苦不但没有减轻，反而变得更重。以斥责来对待儿童的痛苦，使之雪上加霜的情况很多。父母对儿童在学习中的失败而施加训斥责骂，不仅会加重孩子的痛苦，还会使他们与成人感情疏远，失去希望和信心，封闭自己，或产生偏离社会期望的行为，形成倔强的性格。

另一种是，对体验痛苦的孩子只是单纯的怜悯和安慰。同情、怜悯和安慰的确可以在一定程度上减轻痛苦，但仅仅如此，可能会导致儿童在挫折面前无能为力，不知积极地去消除引起痛苦的障碍。

教师和父母应该学会正确处理儿童的痛苦。首先，对罹受痛苦的儿童表示同情，积极安慰他们；同时，帮助他们找到并消除引起痛苦的原因，鼓励他们克服困难，战胜痛苦。如果造成儿童痛苦的原因在自己方面，如误解了孩子，处理问题不够公正，那么，就要真诚地表示道歉。千万不可用加重痛苦的方式来处理儿童的痛苦。

思 考 题

1. 学前儿童情绪情感对其心理发展有什么作用？请举例具体说明。
2. 幼儿情绪情感的发展主要体现在哪些方面？
3. 怎样使幼儿经常保持快乐的情绪？
4. 如何对待幼儿的痛苦？

第五章　幼儿社会性的发展

儿童从出生之日起就处于一定的社会环境和社会关系之中，这种社会环境和社会关系构成了儿童心理发展的社会条件，也构成了心理发展本身的内容。正如马克思所指出的，人"不仅是抑制合群的动物，而且是只有在社会中才能独立的动物"。这里所说的人的"合群"和"独立"的品质，即我们理解的"社会性"和"个性"。

这一章，我们主要围绕着幼儿的人际交往、人际关系和社会行为来讨论幼儿的社会性发展问题，而个性问题则在下一章讨论。

一、亲子关系和师生关系

亲子关系和师生关系是幼儿最重要的人际关系。这种人际关系具有"两重性"：一方面，从社会学的意义上看，它是人与人之间的平等关系。在这里，幼儿和父母、老师一样，都是平等的社会成员，并不因一方弱小、一方强大而有所改变；另一方面，从教育学和心理学的角度看，这种关系又是不对等的，是成熟的人和幼稚的人、养育者和被养育者、保护者和被保护者、教育者和被教育者之间的"纵向"关系。与父母和教师的交往以及在交往中形成的亲子、师生关系对幼儿的发展有着重要的影响。

（一）与成人的交往在幼儿发展中的意义

儿童心理的发展，一不能随着身体发育而自然成熟，二不能像小动物那样，只靠积累自身适应环境所取得的直接经验。儿童的心理是在与环境的相互作用中，汲取人类历史上积累下来的文化财富而发展起来的。成人是文化的传播者。没有成人的教育，不与成人交往，儿童的心理就不可能正常发展。"兽孩"以及因其他原因失去与成人交往机会的儿童的材料，已充分证明了这一点。

具体地讲，与成人的交往在儿童心理发展中有如下作用。

1. 帮助幼儿认识世界，促进认识能力的发展

从根本上看，幼儿的认识能力是通过自己直接接触世界的活动发展起来的，但幼儿的活动往往离不开成人。成人常常为他们提供活动的材料，教给他们操作和活动的方法；引导他们注意观察身边的事物；教给他们事物的名称；帮助他们学习解决生活中的问题。成人的支持、合作和指导是儿童认识活动和

认识能力发展的必要条件，而在与成人交往中学习语言，更使儿童掌握了开启人类知识大门的金钥匙。

2. 稳定幼儿的情绪，促进其心理健康

关于依恋的许多研究都表明，当父母和幼儿依恋的老师在场时，儿童往往更加安静、坦然踏实，更具坚持性地完成任务；就连父母和老师的声音或者录像，也对儿童具有"安慰剂"的功效，能使他们更加放松地应付陌生情境，从紧张、焦虑或恐惧的状态中解脱出来，恢复平静。此外，父母和老师对孩子平时所表现出的关怀、温暖、支持和鼓励，非常有助于儿童积极、愉快情绪情感的获得与发展，并且有利于儿童形成对他人的关爱感、善良、同情、体贴，并对儿童自信心和自尊感的形成具有积极的影响，甚至许多成人在追忆童年经历时都能深刻体会到和感到这一点。

3. 教给幼儿行为规范和道德准确，指导社会行为

交往中，父母和老师代表一定的社会阶层和观念、文化，必然地，自觉不自觉地向儿童传授着多方面的社会性知识、道德准则、行为习惯和交往技能；同时，也为儿童提供了大量的练习有关社会行为和技能的最佳场所，并在其中给以大量的帮助、指导、纠正或强化。儿童的许多社会性行为，如分享、谦让、轮流、协商、帮助、友爱、尊敬长辈、关心他人等，就是在与父母和老师的交往中，在成人的要求和指导之下而逐渐习得并发展的。早期与成人交往的经验对儿童与他人包括同伴的交往也有相当明显的影响，甚至会影响到儿童成年以后的人际交往态度、行为和关系状况。

(二)成人的态度和教养方式对儿童发展的影响

关于教养态度和教养方式对儿童发展的影响问题，被研究的比较多的是父母。但我们相信，这些研究对教师和保育员也有重要的启迪作用，因为对于幼儿来说，师生关系和亲子关系在很大程度上具有相似性。

研究表明，不同父母在教养儿童的具体方式上存在着诸多差异，不同的教养方式对儿童心理发展的影响不同。

父母教养态度和行为的差异主要表现在两方面，一是对儿童的关心、爱护程度，二是对儿童的要求和控制程度。这两方面的结合，便构成了教养态度和教养方式的类型。研究表明，父母教养方式大体可分为四种类型，每种类型下成长起来的儿童在社会性和个性发展方面具有一些共同的特点。

1. 民主—权威型

父母对儿童的态度积极肯定，热情地对儿童的要求、愿望和行为进行反应，尊重孩子的意见和观点，鼓励他们表达自己的想法并参与讨论；他们对儿童提出明确的要求，并坚定地实施规则，对孩子的不良行为表示不快，而对其

良好行为表现表示支持和肯定。这种中等偏高程度控制、情感上偏于接纳和温暖的教养方式，对儿童的心理发展带来许多积极的影响：这些父母教养下的孩子多数独立性较强，善于自我控制和解决问题，自尊感和自信心较强，喜欢与人交往，对人友好。

2. 专断型

属高控制教养方式，但在情感态度方面，与上一类型有明显不同，父母倾向于拒绝和漠视孩子。这种类型的父母对儿童时常表现出缺乏热情的、否定的情感反应，很少考虑儿童自身的愿望和要求；父母往往要求孩子无条件地遵循有关的规则，但却又缺少对规则的解释，他们常常对儿童违反规则的行为表示愤怒，甚至采用严厉的惩罚措施。这种方式下教养的儿童大多缺乏主动性，容易胆小、怯懦、畏缩、抑郁，自尊感、自信心较低，不善于与人交往。

3. 放纵型（或容许型）

这类父母和权威型父母一样对儿童充满积极肯定的情感，但是缺乏控制。他们甚至不对孩子提出任何的要求，而让其自己随意控制、协调自己的一切行为，对孩子违反要求的做法采取忽视或接受的态度，很少发怒或训斥、纠正孩子。这种方式下的孩子往往具有较高的冲动性和攻击性，而缺乏责任感，不太顺从，行为缺乏自制，自信心较低。

4. 忽视型

父母对孩子既缺乏爱的情感和积极反应，又缺少行为的要求和控制。亲子间交往很少，父母对儿童缺乏基本的关注，对儿童的任何行为反应都缺乏反馈，且容易流露厌烦、不想搭理的态度。这种教养方式下的儿童也容易具有较强的冲动性和攻击性，不顺从，且很少替别人考虑，对人缺乏热情与关心，这类孩子在青少年时期更有可能出现不良行为问题。

综上所述，成人（父母和教师）在幼儿心理发展中起着极其重要的作用。这种作用主要是通过交往实现的。因此，成人要重视与儿童的交往，以积极的态度、恰当的言行去影响儿童。

二、同伴关系

同伴关系是亲子、师生关系之外的又一重要社会关系。尽管同伴关系不像亲子关系那样充满亲情，也不像师生关系那样富有"教育性"，但却为儿童提供了一种全新的社交经验，这对他们更全面地认识社会生活，发展交往能力，提高社会适应性是极为重要的。

（一）同伴交往在儿童发展中的作用

1. 同伴交往有利于儿童学习社交技能和策略，促进其社会行为向友好、积极的方向发展

在同伴交往中，一方面，儿童发出社交行为，如微笑、请求、表示邀请等，从而尝试、练习自己还不会的社交技能和策略，并根据对方的反应作相应的调整，使之不断熟练、巩固和积极、恰当；另一方面，儿童在交往中通过观察对方的社会行为而学习、尝试对自己而言是新的社交手段，从而丰富自身的社交行为，使之在数量和质量上均得以更进一步的发展。由于亲子关系中儿童多处于被关注、被动的地位，因而时常不需要儿童自己去发起或维持与父母的交往，而同伴关系则不同，交往双方都处于平等的地位，需要儿童特别关注对方的反应和态度，并提高自己行为的表现性和反应的灵活性，以保证顺利实现双方的信息交流，完成交往活动。可见同伴交往比亲子交往更要求儿童的社交能力，从而更能锻炼儿童的社会适应性。

在儿童的同伴交往过程中，同伴的反馈往往非常直接而坦率。你发出的是友好、合作、分享等积极行为，则同伴便作出肯定和喜爱的反应；而如果你做出抢夺、抓人、独占等消极行为，同伴会作出否定、厌恶和拒绝的反应。这种丰富的、直接的反馈有利于激发儿童的社会行为向积极、友好的方向发展，而控制其侵犯性或不友好行为。

2. 同伴交往是学前儿童积极情感的重要后盾

儿童与儿童之间良好的交往关系，能和良好的亲子关系一样，使儿童产生安全感和归属感，从而心情轻松、活泼、愉快。观察发现，学前儿童在与同伴交往时经常表现出更多的、更明显的愉快、兴奋和无拘无束的交谈，并且能更放松、更自主地投入各种活动。同时，良好的同伴关系也能成为儿童的一种情感依赖，对学前儿童具有重要的情感支持作用。不少研究都发现，当儿童处于困境比如有危险的情境、或有难题、受人欺负的情境时，同伴的帮助往往是其摆脱困境，情绪恢复平静、愉悦的有力途径。

3. 学前儿童在同伴交往中的观察学习和积极探索，有助于促进其认知能力的发展

在同伴交往中，不同的孩子带有各自不同的生活经验和认识基础，他们在共同活动中也会做出各不相同的具体表现，即使面对同样的玩具，也可能玩出不一样的花样，于是同伴交往可为儿童提供了分享知识经验，互相模仿、学习的重要机会。他们在活动中不断地重新操作、组合玩具，从不同角度去使用活动材料和建构一样物体。同时，同伴交往也为儿童提供了大量的同伴交流、直接教导、协商、讨论的机会，儿童常在一起探索物体的多种用途或问题的多种

解决方式。这些都非常有助于儿童扩展知识，丰富认知，发展自己的思考、操作和解决问题的能力。

4.同伴交往可为儿童自我意识的发展提供有效的基础

首先，同伴交往为儿童进行自我评价提供了有效的对照标准。4岁左右的幼儿已能够将自己与同伴作简单的对比，他们常常会对另一个幼儿说："我比你快""你没我乖"，或者"我画得比你好"，等等。同伴的行为和活动就像一面"镜子"，为儿童提供自我评价的参照，使儿童能够通过对照更好地认识自己。这是儿童最初的社会性比较，它为儿童形成积极的自我概念打下了最初的基础。

同时，与同伴的交往为儿童对行为的自我调控提供着丰富的信息和参照标准。儿童在交往中发出的不同行为，往往招致同伴的不同反应，如打人常招来同伴的拒绝或逃避，而微笑则换回的是友好和合作。从同伴的不同反应中，儿童既可以了解自己行为的结果与性质，又可了解是否为他人所接受，并认识到调整自己行为的必要性与哪些行为必须调节、控制，从而进一步据此调控自己的有关行为。因此，同伴交往，特别是其间同伴的反馈，对儿童自我意识尤其是自我调控系统的发展具有非常积极的意义。

鉴于同伴交往对幼儿心理发展的特殊意义，因此，幼儿园教师和保育员应为儿童提供充足的时间和空间，支持、鼓励他们的自由交往，把幼儿园所拥有的儿童本身，视为一种"教育资源"，发挥儿童小社会的教育功能。

(二)幼儿同伴交往的类型

不同幼儿在与同伴交往的过程中，其行为方式有很大差异，同伴对他们的反应也有许多不同。有的孩子提出的建议得不到响应，有的孩子却能"一呼百应"；有的孩子不受欢迎，别的小朋友都不愿跟他玩，有的孩子却被许多同伴所邀请，受到众多同伴的欢迎。由此在幼儿同伴中间存在着不同的交往类型。

幼儿交往的不同类型是依据他们在同伴关系中的社会地位（即受欢迎程度）来划分的。一般可分为四种类型。

1.受欢迎型

受欢迎型幼儿喜欢与人交往，在交往中积极主动，且常常表现出友好、积极的交往行为，因而受到大多数同伴的接纳、喜爱，在同伴中享有较高的地位，具有较强的影响力。

2.被拒绝型

被拒绝型幼儿和受欢迎型幼儿一样，喜欢交往，在交往中活跃、主动，但常常采取不友好的交往方式，如强行加入其他小朋友的活动、抢夺玩具、大声叫喊、推打小朋友等，攻击性行为较多，友好行为较少，因而常常被多数幼儿所排斥、拒绝，在同伴中地位低，关系紧张。

3. 被忽视型

与前两类幼儿不同的是，这类幼儿不喜欢交往，他们常常独处或一人活动，在交往中表现得退缩或畏缩，他们既很少对同伴做出友好、合作的行为，也很少表现出不友好、侵犯性行为，因此既没有多少同伴主动喜欢他们，也没有多少同伴主动排斥他们，他们在同伴心目中似乎是不存在的，被大多数同伴所忽视和冷落。

4. 一般型

这类幼儿在同伴交往中行为表现一般，即不是特别主动、友好，也不是特别不主动或不友好；同伴有的喜欢他们，有的不喜欢他们，他们既非为同伴所特别的喜爱、接纳，也非特别的忽视、拒绝，因而在同伴心目中的地位一般。

幼儿的交往类型反映了他们在同伴中的社会地位和受欢迎程度，同时也影响着他们的心理发展。被忽视和被拒绝型的幼儿都可以被称为"社会处境不利"的儿童，对于这些儿童来说，他们不仅会失去同伴一起活动的快乐，而体验到情绪上的孤独感，压抑感，也会失去许多学习的机会，甚至会影响其一生的人际关系和性格。因此，教师和保育员应该注意了解幼儿的同伴关系类型，对那些"社会处境不利"的儿童给予特殊的帮助和指导，使他们逐渐成为人际关系和谐的人，为其一生的幸福和发展打下坚实的基础。

三、幼儿的社会性行为和社会学习

(一)幼儿的社会性行为

社会性行为指的是人在交往中所表现出来的情感态度和言行举止。社会性行为从其性质上大体可分为亲社会行为和反社会行为两大类。

亲社会行为又称亲善行为或利他行为，即人际交往中的道德行动。儿童的亲社会行为主要有同情、关心、分享、合作、谦让、帮助、抚慰、援助、捐献等。亲社会行为是人与人之间形成和维持良好关系的重要基础，受到人类社会的积极肯定和鼓励。

反社会行为则是指可能对他人或群体造成危害的行为，也就是人际关系中的非道德行为。其中最具代表性、在幼儿中最突出的是攻击性行为，也称侵犯性行为，如推人、打人、抓人、骂人、破坏他人物品，等等。这些行为不利于形成人际间的良好关系，往往造成人与人之间的矛盾、冲突，因此受到人们的否定、抵制和反对。

1. 幼儿的亲社会行为

儿童从很小的时候就通过多种方式表现出亲社会行为，尤其是同情和帮助、分享、谦让等利他行为。

观察发现，1岁之前，儿童已经能够对别人微笑或发声，这种积极性反应表达了最初的友好倾向。当这些儿童看到他人处于困境，如摔倒、受伤、哭泣时，他们会加以关注，并出现皱眉、伤心的表情。到1岁左右儿童还会对处于困境中的人做出积极的抚慰动作，如轻拍或抚摸等。

在人生的第二年，儿童越来越明显地表现出同情、分享和助人等利他行为。他们常常把自己的玩具拿给别人看，或者送给别人玩，有时候拿着自己的玩具加入他人的活动中，有时候帮助妈妈做些简单的事情。尽管这个年龄的孩子很难弄清别人遭受困境的原因，但他们却明显地表现出对处于困境的人们的关注，有时候是慢慢地走近哭泣着的同伴，轻轻地拍拍他（她），有时候是向一位掉了玩具的儿童提供另一件玩具，有时候又是给弄伤手指的母亲拿来"创可贴"……

2岁以后，随着生活范围和交往经验的增多，儿童的亲社会行为进一步发展，他们逐渐能够根据一些不太明显的细微变化来识别他人的情绪体验，推断他人的处境，并作出相应的抚慰或帮助行为。如当一儿童入园时因为父亲生病、住院而心情不高兴，很少言语，也不像往常一样积极地参与小朋友的游戏，幼儿能马上发现，并关切地询问："你怎么了？""你为什么不高兴？"当得知其父亲生病时，能劝慰他："别着急，你爸爸会马上好起来的""大夫会给他治好的"，有的幼儿还马上把自己手中最喜欢的玩具让给他玩，或邀请他参加自己的游戏。

但是，幼儿的亲社会行为并不必然随着年龄的增长而增加，儿童不可能离开教育影响自发地成长为品德高尚的社会成员。

2. 幼儿的攻击性行为

攻击性行为从其动机上的差别可分为两类：敌意的攻击行为和工具性攻击行为。第一类是指以伤害他人，使别人痛苦为目的的侵犯性行为，如嘲笑、殴打等；第二类是指为了实现某种目标而以攻击行为作为手段，如为了从其他小朋友手中获得一个可爱的玩具，有的幼儿会伸手去拨拉那个拿着玩具的小朋友，强行抢夺，而后者则出于保护自己玩具的目的而推开前者。在这两个幼儿发生争抢的过程中，他们都只是为获得玩具，而没有想到要使对方受到伤害。

儿童在1岁左右开始出现工具性攻击行为；到2岁左右，儿童之间表现出一些明显的冲突，如打、推、踢、咬、扔东西等，其中绝大多数冲突是为了争夺物品，如玩具、手巾，甚至座位而发生的。

到幼儿期，儿童的攻击性行为在频率、表现形式和性质上都发生了很大的变化。从频率上看，4岁之前，儿童的攻击性行为的数量是逐渐增多的，到4岁时攻击性行为最多，但这之后则逐渐减少。

从攻击性行为的具体方式看，小年龄的孩子常常采用身体动作的方式，如推、踢、抓、咬等；中班年龄以后，言语的攻击逐渐增多，而身体动作的攻击相对减少。在发生冲突时，常用"你真讨厌！""去你的！""不跟你玩了！"等话语来攻击对方。

从攻击性行为的性质来看，幼儿期虽然仍以工具性攻击行为为主，儿童常常为了玩具、活动材料或活动空间而争吵、打架，但是他们慢慢地也表现出有意性的攻击行为，有时故意向自己不喜欢的成人或小朋友说难听的话，或者在被他人无意伤害后，有意骂人或打人、推玩具等以示报复。但总的来说，在整个幼儿时期儿童的攻击性行为较少以人为中心，他们很少是抱着"我要故意伤害他人"的目的而做出攻击性的行为的。

幼儿的攻击性行为受很多因素的影响，如性别、气质、健康状况、情绪状态，早期人际交往经验等。但玩具不足，人员拥挤常常是幼儿产生冲突，诱发攻击性行为的"导火线"，对此，教师和保育员应该格外注意。

(二)幼儿的社会学习和教师的指导

幼儿的社会性行为，无论是亲社会行为还是反社会行为，都不是生而就有的，也不是自发形成的，而是学习的结果。我们把这种社会性行为的学习，简称为社会学习。

成人对幼儿的社会学习的影响主要通过以下途径和方式实现。

1. 榜样示范

模仿是幼儿的主要学习方式，成人的许多行为方式、态度、语言和价值观，都作为榜样而被幼儿模仿。除了出于教育的目的而有意识地提供的范型之外，儿童的大多数模仿是在无意识之中进行的。因此并不只是成人所希望的语言和行为才会成为儿童仿习的榜样，为儿童所模仿学习，成人在儿童面前所表现出来的一切行为和态度、语言均有可能成为儿童模仿的对象。幼儿经常会表现出有些成人意想不到的模仿行为，使他们"大吃一惊"。因此，作为教师，要时刻自觉注意自己的言行，以对儿童心理、行为发展产生良好的影响。

2. 行为强化

行为强化是指在交往过程中，成人通过对儿童行为的不同反应来巩固或改变他们的行为方式或态度习惯。这种不同的反应，即大家都熟悉的"奖励"与"惩罚"。

奖励与惩罚是父母和教师常用的强化儿童行为的手段。

奖励是对儿童表现出的符合社会要求和成人期望的良好行为的肯定。它能使儿童得到一种精神上的满足，体验到快乐，从而增加这类行为的出现频率。所以，奖励被称为正强化或积极强化。

儿童违反了道德准则或成人的要求时，常常会受到惩罚。"惩前毖后"是成人运用这种教育手段的目的。而"惩前"之所以能"毖后"，是因为它会使儿童产生某种不愉快的情感体验（如羞愧、内疚、痛苦等），这些深深记忆在头脑中的情感体验将提醒儿童不再犯类似的错误。惩罚也被称为负强化或消极强化。

但是，行为强化作为一种教育手段并非万能，运用得不恰当还可能引起不良的后果。比如，惩罚虽有比较明显的即时效果，但可能会导致儿童的焦虑和恐惧，造成情感和行为上的其他问题；奖励虽能增强亲社会行为，但也可能使儿童专注于奖励本身而忽视良好行为的社会意义，不利于形成行为的内在动机。因此，要慎用奖励和惩罚的手段。

3. 直接指导

直接指导是成人与儿童交往中影响儿童的常用的、也较有效的一种方式。根据一定社会的道德规范、价值取向和自身的知识经验，成人从儿童很小的时候起，就开始灌输有关社会、人际交往、行为规范等多方面的知识，并直接要求、训练儿童的行为，同时告诉儿童交往的积极方式以及解决问题的办法等，通过直接的指导，儿童获得了知识，了解了社会，明确了社会行为及其评价标准，并学会与人交往的基本方式，形成初步的解决问题的能力。

在直接指导幼儿的社会学习时，应特别注意两种训练。

（1）移情训练

移情即"感情移入"，指的是对他人情绪情感状态的识别和自我体验。在移情反应中，儿童不仅觉察出他人的情感，而且能设身处地地为他人着想，产生与他人相同的心情，因此它与社会性行为的发展密切相关。通过移情，儿童可以体验他人的情感，感受他人的需要，想象某一行为可能对他人带来的后果，从而更有效地促发友爱行为和抑制可能对人造成伤害的攻击性行为。

移情训练的目的就是在儿童与生俱来的基本移情能力的基础上，提高他们体察他人情绪，理解他人感受和进一步产生相应感受的能力。训练的具体方法有：听故事、引导理解、续编故事、角色扮演等。其中角色扮演与角色游戏相类似，是让儿童根据一定的情节，扮演某个角色，并通过言语、行为、姿势动作、表情等表现该角色的特征，从中体验在某些情境下该角色的心理感受，进而在现实生活中遇到类似情况时能作出恰当的反应。比如，让一个攻击性较强的孩子扮演一个经常遭受他人攻击的角色，他会更容易理解攻击性行为对人造成的伤害和被攻击时的心理感受，进而在现实生活中能更加自觉地抑制自己的攻击性行为。

（2）交往技能和行为训练

所谓交往技能，是指采用恰当方式解决交往中所遇问题的策略和技巧。许多儿童之所以在交往中表现出不恰当的交往行为，往往因为缺乏相应的技能。

交往技能的训练首先要使孩子学会正确识别交往中的问题的原因和特点，比如为什么我想玩这个玩具的请求得不到满足？他为什么不让我和他一起玩？虽然对较小的儿童来讲这种训练有点复杂，但对于较大的幼儿来讲，教会他们根据交往的具体情境和问题的具体情况来选择合适的反应方式是完全可能和必要的。技能训练应该使孩子认识到，解决某个具体问题可以采用很多的方式，而我们则是要选择其中最合适的、最好的。比如当一个小朋友来抢你手中的玩具时，你可以以武力将其推开，可以嚷嚷"讨厌"，也可以去找老师帮助解决，还可以逃避、胆怯放弃，或者是友好但却认真地对他说"你别抢，咱们可以一起玩"，当然最为理想的是最后一种方式。

幼儿对行为的自制力较差，因此有的孩子虽然能够说出正确的做法是什么样的，但是在实际交往中却做不到。为此，交往技能训练必须与加强儿童的行为训练相结合，使儿童在练习中巩固那些有利于交往顺利进行的亲社会行为，以便在需要的时候能供之以用。行为练习最好在日常生活的真实情境中持之以恒地、大量地、反复地进行，比如分享和谦让，可以在儿童自由游戏时设置这样的情境：5个孩子想跳2根跳绳，或4个孩子想骑2辆车；也可以在午点时设置这样的情况：5个孩子只有3个苹果，让孩子练习分享和谦让。

思 考 题

问答题

1. 师生交往对幼儿心理发展有什么重要意义？请结合实例具体分析。

2. 同伴交往对学前儿童心理发展有何重要影响？我们在这方面存在哪些问题，今后应特别注意改进？

3. 教师和保育员从父母教养儿童的方式与儿童发展关系的研究中可以得到哪些启迪？

4. 在幼儿面前，教师和保育员为什么要时刻注意自己的一言一行？

名词解释

亲社会行为　攻击性行为　行为强化　移情训练

第五章　幼儿社会性的发展

149

第六章 幼儿的个性

幼儿期是人的个性初具雏型的时期。此期，他们的自我意识初步发展起来，性格、能力方面也表现出稳定的倾向性和独特性。了解每个幼儿的个性特征，真诚地接纳每个具有不同个性特征的儿童，尊重他们，采用适当的方式对待他们，引导他们健康成长，是每位教育者的责任。

一、幼儿的气质和性格

(一)幼儿的气质

1. 幼儿的气质差异

儿童一出生，就明显表现出某种气质上的差异。

儿童气质的差异主要表现在以下几个方面：

①活动水平，指在睡眠、进食、游戏等过程中身体动作的数量；

②生活规律性，指吃、喝、睡、醒、大小便等生理机能活动是否有规律可循；

③接触新环境、新刺激和陌生人时的态度，是主动接近还是回避退缩；

④适应性，指调整自己的行为以适应新环境、新事物和新变化的能力；

⑤反应强度；

⑥对各种刺激进行反应的敏感程度；

⑦大部分时间心境的倾向性，是积极、快乐，还是不快乐；

⑧注意力集中或分散的情况；

⑨坚持性。

综合每个儿童在上述方面的不同特征，便可了解其气质类型。

有人把人的气质类型分为四大类：多血质、胆汁质、黏液质和抑郁质。每种气质类型都有积极的方面和消极的方面，并无好坏之分。例如，多血质的人反应性高，活泼、敏捷，情感丰富、外倾，容易适应新环境，但敏感性低，注意力不够稳定，兴趣容易转移。胆汁质的人反应性高，耐受力强，主动、迅速，容易兴奋，但抑制力差，缺乏灵活性。黏液质的人反应性、主动性和稳定性都比较高，但兴奋性低，内向，刻板，反应速度慢。抑郁质的人非常敏感，情感细腻、观察力敏锐，但耐受力差，易感疲劳，反应较慢。

儿童的气质受其神经类型的影响，因而具有一定的先天性和稳定性。但这种稳定性并不是绝对的，可以在后天环境的影响下发生一定程度的改变。

2. 气质与早期教育

尽管气质无所谓好坏，但对儿童的活动、人际关系和教育方式的有效性往往有一定的影响。对此，父母和老师要有足够的认识，并学会因材施教。

比如，气质可能会影响儿童学习的速度和学习的效果。有的孩子对新东西反应很快，一点就透，有的则需要慢慢领悟；有的学得虽快，但容易浅尝辄止，有的学得慢，一旦掌握却经久不忘。教育者应该了解每一个儿童的气质特点，采用适合其气质特点的方式对待和施加教育影响。对于幼儿由于气质不同而造成的学习风格上的差异，应该正确对待，尊重他们的风格，允许他们按照自己的方式和特点进行学习，不必强求一律。

又如，儿童的气质特点可能影响亲子之间，师生之间的相互作用，使之形成良性或恶性循环，进而影响儿童今后的个性特征。比如，愉快、活泼、敏捷的孩子可能更容易讨父母和老师的喜爱，增加与之交往的积极性，而成人充满关心和爱的交往使得这些孩子更加愉快、合作；反之，内向、反应比较迟缓或情绪不太稳定的孩子，则可能不容易引起成人的关注，甚至使消极交往的比例增多，这无疑更强化了幼儿气质中的弱点。对于后一种情况，成人应该格外注意，不要被儿童气质中的消极方面所左右，而应积极发挥教育的主导作用，坚持用爱心、耐心对待儿童，善于针对其特点进行引导，支持、鼓励他们向理想的方向转变，形成亲子、师生关系中的良性循环。

再如，对不同气质类型的儿童来说，同样的教育方式和措施可能会引起十分不同反应，产生不同的教育效果。比如，同样的批评，对敏感、反应性高、感情细腻的孩子可能已经是一种很强的刺激、很严厉的惩罚了，很可能会使他们的行为发生比较大的改变，并造成一种精神上的压力；而对那些低反应性的儿童，则可能起不到什么作用。

前面我们已经提到，儿童的气质有一定的先天性和稳定性，但又是可以在一定程度加以改变的。因此，教育者应该仔细分析每一个儿童的积极方面和消极方面，注意帮助他们发扬气质中的积极方面，克服、改造其消极方面。比如，对于胆汁质的儿童，应针对他们好冲动，易激怒、脾气暴、少耐心等弱点，有意识地安排一些安静、需要仔细、认真的活动，锻炼他们的自制力，培养他们的细致、耐心、沉着、冷静的品质；对于抑郁质的孩子，则要多发现表扬他们的优点，多支持鼓励，以增强其信心。

(二)幼儿的性格

气质在相当大程度上受神经系统基本特性的影响，这些特性是出生时已经具备的。而性格则主要受后天环境的影响而在出生头几年逐渐形成，并表现在对客观现实的稳固态度和惯常的行为方式中。

1. 儿童性格的萌芽

儿童的性格在儿童与周围环境的相互作用过程中形成。在婴儿的环境中，最主要的是经常照顾他的成人。一般来说，亲子关系在婴儿性格的萌芽过程中，起着最重要的作用。父母的良好照顾和爱抚，使婴儿从小得到安全感，形成对父母的信任和依恋，有助于为以后良好性格的形成打下基础。

气质差异对婴儿性格的萌芽有所影响。比如，性急的孩子饿了立刻大哭大闹，这使成人不得不马上放下一切其他事情，急忙给他喂奶。而对那些饿了只是断断续续地细声哼哼的婴儿，成人则可能把手头的事情做完，再去喂奶。日积月累，前一种儿童可能形成不能等待别人，自己的要求必须立即满足的态度和行为习惯，而后一种儿童则可能培养成自制、忍耐的性格特征。

成人的抚养方式和教育在儿童性格的最初形成中起着决定性作用。比如，成人自己总是、而且要求孩子要把东西放得整整齐齐，衣服扣子总要扣好，手脏了立刻去洗，等等，这种耳濡目染的周围现实使婴儿在潜移默化中形成了逐渐稳固起来的态度和行为习惯，也就是好整洁、爱劳动性格特征的萌芽。又如，婴儿看见糖就拿起来吃，甚至大把大把地抓到自己身边。这时如果成人不加以教育，反而报之以赞赏的表情和语言，那么就会使独占、自私的种子得以孕育。反之，如果经常注意引导孩子同众人分享，则可以为形成分享、大方的性格特征打下基础。

2. 幼儿性格的初步形成

幼儿期，性格已初步形成。虽然还没有定型，但它却是未来性格形成的基础。在一般情况下，性格比较容易沿着最初的倾向发展下去。例如，性格比较顺从的幼儿，容易遵照成人的吩咐和集体规则行事，以后将稳定成为与人和睦相处、守纪律的性格。而最初形成的任性的萌芽，要求别人处处依从儿童个人的意愿，成人如果迁就他，事情就似乎顺利进行，否则，则会发生许多麻烦和不愉快。成人在"无可奈何"中纵容这种性格的发展，任性的性格特征就将日益巩固而最终定型。

一些对儿童性格发展的长期追踪研究表明，学前儿童的性格因为处于开始发生和初步发展的阶段，因此，既具有相对的稳定性，又是可以改变的。从学前儿童到成人，其性格特征是稳定还是变化，主要决定于社会环境的影响。如有些研究指出，攻击性的性格特征，在男性发展比较稳定，女性则不稳定，坚持性的特征，在3～6岁的女孩，已达青春期的2/3，即在幼儿期已基本稳定。究其原因，主要在于社会对男女个性的不同要求。如果换一环境，教育要求、条件发生很大变化，那么，儿童的性格特征则会发生变化。许多事例反复证明，儿童性格是随外界环境和教育的影响而产生，并且随之改变而变化的。

因此，我们必须重视儿童性格的最初养成，重视婴幼儿最初表现出来的性格特征，并注意对性格的培养。

二、幼儿的能力

能力是顺利完成某项活动和任务的保证。任何活动和任务的完成都不可能只靠一种能力，而需要多种能力的结合。例如，要完成学习任务，往往需要专一的注意力、精细的感知力、活跃的想象力、深刻的理解力、牢固的记忆力。开展游戏活动，也需要丰富的想象力、清晰的口语表达能力、人际交往能力、合作、组织和协调能力等。可见，能力是一个综合的系统。

人的能力系统有着复杂的结构。不同年龄阶段的人其能力结构是不完全相同的。幼儿的能力主要由以下几方面组成：①运动和操作能力；②认识能力（即智力）；③交流与沟通能力（包括语言和非语言性的交流与沟通）；④人际关系能力（包括合作、组织和协调能力等）。此外，不少特殊才能（如音乐、绘画、舞蹈方面的才能）也是在幼儿期有所表现的。

人的能力存在着十分明显的个别差异。这种差异在幼儿期就已经有所表现。

能力的个别差异主要表现在两大方面：

一是量的方面，即能力的大小、发展的快慢、显现的早晚（早熟早慧或"大器晚成"）的不同。

二是质的方面，即能力结构类型（占优势的能力种类）的不同。比如，有的幼儿社会交往能力很强，却不善于解决智力活动任务；有的在认识活动中表现出色，人际关系却非常一般；有的语言表达能力很好，数学学习却感到比较吃力；有的逻辑推理和概括能力是同龄人中的佼佼者，而语言发展则落后于一般水平。

儿童能力的个别差异往往随着年龄的增长而变得更加明显。

能力的发展受许多因素的影响，这里，主要谈谈以下几个方面。

（一）遗传素质和环境的共同作用

人的能力不是生来就具有的。儿童生而具有的遗传素质对其能力的发展和个别差异的形成有不可否认的作用，是能力发展的物质基础。比如，脑发育不全的儿童是很难具有高水平的智力的，先天聋的孩子也很难形成音乐能力。

但是，遗传素质只是能力发展的前提条件之一，只有在后天环境的作用下，通过儿童个人的实践活动，才能发展成为能力。比如，一个听觉素质非常优异的儿童，如果没有适当的音乐环境，没有接受过良好的音乐教育，他的素质只不过是素质，不可能变为音乐能力。

现在，能力是受遗传素质和环境教育共同影响的观点已成为人们的共识，而这两种因素的影响作用是通过儿童的实践活动而实现的。儿童只能通过各种实践活动接受环境和教育的影响，完成遗传所提供的"潜在能力"向"实际能力"的转换，在生活中发展生活能力，在学习中发展学习能力，在交往中发展交往能力。

（二）知识技能的影响

能力（包括智力）和知识技能是相辅相成的。能力（尤其是智力）在掌握知识技能的过程中表现和发展，能力又是获得知识技能的条件。一般地说，儿童掌握某方面的知识技能越多，他处理和解决这方面问题的能力也就越强。反之，缺乏某方面的必需知识和技能，就会妨碍相应能力的发展。

但是，掌握了知识技能本身并不必然等于能力获得了发展。因为，从掌握知识技能到形成能力之间有一个过程，儿童可以在不同水平上掌握知识，如记忆水平的掌握，理解水平掌握和应用水平的掌握。只有在能灵活运用水平上掌握知识技能时，能力才会得到发展。所以，填鸭式、机械训练式的教学对能力的发展是起不到应有的促进作用的。

（三）兴趣和性格的作用

能力的发展与兴趣有很大的关系。兴趣是儿童认识需要的情绪表现，也是活动的重要内部动力。对某一领域活动的兴趣会促使儿童积极主动地从事该方面的实践，从而在实践中发展起该方面的能力。

能力的发展也与良好的性格特征不可分割。能力不是一朝一夕、轻而易举地形成的。没有坚韧不拔的毅力、克服困难的勇气、勤学苦练的精神，任何能力都不可能得到充分的发展。

三、幼儿的自我意识

个性的形成有赖于自我意识的产生和发展。

自我意识是人的意识的一种特殊形式，是自己对自己的意识。主要包括对自己的认识、评价和情感态度。我们平时常说的自尊自信，就是建立在对自己的价值、能力的肯定性评价的基础上的一种对自己的情感态度，也称"自我意识性情感"。由于自尊自信是一个人成长的内部动力，所以，教育者要特别注意保护儿童的自尊心，培养自信心。

一般认为，儿童在 2～3 岁时，自尊自信就有了比较明显的表现。比如，喜欢参与各种活动，而且什么都想"自己来"；总希望别人注意自己；希望得到别人的夸奖；有时甚至有点自夸；你在他面前说玲玲会唱儿歌，他马上就说"我也会""我还会跳舞呢"。然而，自尊和自信不是一下子就形成的，也不是自发地产生和成长起来的。在 2～3 岁之前，儿童已有自尊自信的萌芽。如：几个月的婴儿看到父母的笑脸、听到夸赞的声音，也会有积极的反应；看到生气的模样、听到训斥的语气便会呆呆地发愣，甚至大哭起来。幼儿的自尊心和自信心更有了进一步的发展。儿童之间差别也开始拉大。有的孩子积极主动，好强上进，活泼愉快，乐于交往；有的则依赖被动，胆小退缩，羞怯懦弱，缺乏进取心。这也许有气质上的原因，但更反映在自尊心自信心上的差别。而这种差别可能会影响他们的一生。由此，我们从小就应该注意孩子的自尊心和自信心的培养。

怎样才能从小培养孩子的自尊自信呢？

首先，我们应该了解人的自尊自信是怎样形成的。

研究表明，自尊心、自信心的形成受许多因素的影响，其中最重要的有两个：①周围人的关心、承认、尊重和信任；②个人成功的活动经历。

周围人(尤其是孩子们所尊敬崇拜的父母、教师)的关心、承认和尊重对儿童来说特别重要，因为它向儿童传达的是爱的信息，这会使孩子感到："老师喜欢自己，说明自己有值得老师喜爱的地方"，从而体会到自己的重要性和价值。而自尊，实际就是一种自己对自己的价值的感受、检验，即自我价值感。

周围人的信任转达的则是对儿童的期望和对其能力的信心，这有助于提高他们的自信。正因为这样，人们才把周围人的态度称为形成儿童自尊自信的一面"社会性镜子"。

个人活动的成功经验与其自信心的建立有着直接、密切的联系。成功不仅使儿童体验到愉快，而且使他们感受到自己的力量、自己的能力，从而对自己抱有信心。一个经常在活动中获得成功感的孩子，必然是自信的孩子；而自信反过来又会促使他积极地投入新的活动，勇敢地对待遇到的困难，争取新的成功。

其次，知道了自尊自信是怎样形成的之后，教师在教育中要尽量做到以下几点：

①关心孩子，满腔热情地关注孩子的成长，及时肯定他们的成绩、优点和点滴进步。对于那些自信不足、在同伴中威信不高的孩子，可以设计一些类似"看谁会发现小伙伴的优点"这样的活动，让大家多看到他们的长处和进步，并公开表扬，以激发、提高他们的自尊心和自信心。

②允许孩子犯错误。孩子有过错或失误时，要问清原因，耐心教育。不要当众批评，不要"全面否定"（如说"你是个坏孩子""真笨"等），不要大声训斥，以免伤害孩子的自尊心。

③允许儿童有按照自己的兴趣和需要选择活动内容、材料、伙伴和活动方法，尽量满足他们的合理要求，使他们体会到教师的尊重和信任。

④对孩子有要求，使他们感受到教师的期望。但要求要实际、合理，符合他们的能力和水平；达到要求需要经过努力，但又不至于造成很大的压力。

⑤多为孩子提供获得成功的机会（如游戏、做力所能及的公益活动等有利于儿童展示自己才能的机会等），帮助他们经常体验到成功的喜悦，尽量避免失败感。因为幼儿园是个集体场所，成功和失败很容易暴露在众目之下，对儿童的自尊心有很大的影响。所以教师应随时注意这种集体影响的性质，避免可能对儿童产生的不利影响。

思 考 题

1. 教师和保育员为什么要了解幼儿的气质？应该如何对待不同气质类型的儿童？

2. 幼儿的能力是怎样形成的？应该怎样看待知识技能和能力之间的关系？

3. 影响幼儿自尊自信的因素有哪些？教师和保育员应该如何对待儿童，才有利于其自尊和自信的培养？

总结　教育与幼儿发展

以上我们分别从几个主要方面了解了幼儿心理发展的基础知识(包括心理发展的一般规律、幼儿发展的年龄特征和影响因素),掌握这些知识,对于提高教师和保育员的专业素养、教育技能,进而提高幼儿园保育教育工作质量无疑是有帮助的。但我们还要看到,它的作用还不仅这些。它对我们树立正确的儿童观、发展观和教育观也有积极的促进作用,它促使我们学会这样看待儿童,看待发展,看待教育:

(1)儿童是独立的人,有自己认识世界的方式、自己的兴趣需要、自己的情绪情感、自己的个性特征和最适合自己的学习方式,教育者应承认他们尊重他们。

(2)儿童是发展中的人,今天的暂时弱小中包含着巨大的发展潜力和美好的发展前景,对此,教育者应抱有充分的信心。

(3)儿童的发展是在与环境相互作用的过程中进行的,儿童的活动是发展的基础和源泉。教育者要为儿童提供和创设良好的环境,引导幼儿在有效的活动中获得良好的发展。

(4)发展具有规律性(方向性、顺序性、阶段性),教育者只可因势利导,循序渐进。

(5)发展具有个体差异,教育者必须尊重这种个体差异,允许儿童按照自己的速度、方式进行对于因早期教育经验不足而造成的某些差异,应尽可能予以弥补。

(6)发展是一个主动的过程,是以儿童的素质、经验、兴趣、能力为基础进行的,教育者要确保儿童在学习过程中的主体地位,引导儿童生动、活泼、主动地学习与发展。

总复习提纲

一、名词解释

1. 儿童心理发展的年龄特征

2. 直觉行动思维

3. 具体形象思维

4. 自我中心思维(思维的自我中心性)

5. 口吃

6. 游戏言语

7. 问题言语

8. 依恋

9. 分离焦虑

10. 亲社会行为

11. 攻击性行为

12. 行为强化

13. 移情

14. 移情训练

15. 最近发展区

二、填空题

1. 幼儿心理发展的年龄特点是(四点)：_____。

2. 儿童动作发展的一般规律是(四点)：_____。

3. 儿童的"口吃"常常出现在( )岁。除了生理原因之外，造成儿童口吃的主要原因，一是( )，二是( )。消除口吃的重要办法是( )。

4. 引起幼儿"分心"的主要原因有(三点)：_____。

5. 幼儿有以下几种基本需要(四点)：_____。

6. 情绪与儿童的( )是否得到满足有关。

7. 依恋的心理背景是( )。恐惧往往也是由于缺乏( )而引起的。

8. 造成幼儿痛苦的主要原因有(三点)：_____。

9. 成人影响幼儿学习社会行为的基本途径有(三点)：_____。

10. 影响幼儿能力的主要因素有(三点)：_____。

三、判断题(判断正误并说出理由)

1. 小孩子总爱把教室里的玩具、物品弄得乱七八糟,不好收拾。最好只许他们用眼看,不许他们用手摸。(   )

2. 刚入幼儿园的孩子总是哭个不停。只有对他们厉害一点,吓唬吓唬,才能让他们不哭。(   )

3. 为了发展儿童的语言,保教人员应该创造条件让儿童有更多的自由交往机会。(   )

4. 幼儿期是儿童智力迅速发展的时期,为了开发幼儿的智力,应该少让他们游戏,多教他们识字计算,免得浪费他们的大好时光。(   )

5. 保教人员对孩子的态度会影响孩子的自我价值感,为了提高他们的自我价值感,维护他们的自尊,保教人员应该关心、热情对待每一个孩子。(   )

6. 令儿童恐惧的事常常会使他们难以忘记,因此,儿童犯错误时不妨狠狠吓唬他一下,让他一辈子不犯同样的错误。(   )

7. 小孩子的教育完全取决于大人,只要大人好好教、教得好,小孩子就一定可以学会。(   )

8. 幼儿的知识经验、能力和心理发展水平与成人相比差得很多,他们之间相互交往远远不如与成人交往的收获大。(   )

9. 同伴对幼儿心理发展的影响作用是任何成人都不能替代的。(   )

10. 对于处于同一年龄阶段的儿童,应该采用同样的方式和措施进行教育。(   )

四、选择题

1. 一般来说,幼儿容易哭,也容易"哄",这是因为他们(   )。

   A. 不懂事   B. 情绪不稳定   C. 听话

2. 小孩子常常把东西放在嘴里,因为他们(   )。

   A. 不懂得讲卫生   B. 爱吃零食   C. 用嘴探索

3. 幼儿个性初具雏形的时间是(   )。

   A. 婴儿期   B. 幼儿期   C. 小学期

4. 幼儿思维的主要特点是(   )。

   A. 具体形象性   B. 直觉行动性   C. 抽象逻辑性

5. 相比之下,以下几种方法中,能使年龄大一些的幼儿经常保持快乐的最好方法是(   )。

   A. 满足生理需要   B. 给他们讲笑话

   C. 帮助他们获得成功感

五、问答题

1. 幼儿是怎样认识世界的？了解幼儿认识世界的方式和特点对保育员工作有什么启发？

2. 如何看待幼儿的"破坏"行为？

3. 成人在对待幼儿的痛苦时，常常有哪两种不适当的做法？它们为什么是不适当的？

4. 怎样使幼儿经常保持愉快的情绪？

5. 师生交往和良好的师生关系在幼儿心理发展中有什么意义？

6. 在幼儿面前，保育员为什么也要注意自己的一言一行？

7. 知识技能和能力之间有什么关系？为什么填鸭式的教学起不到促进幼儿能力发展的作用？

8. 幼儿的自尊心和自信心受哪些因素的影响？教育者应该如何保护和增强幼儿的自尊心和自信心？

9. 通过幼儿心理发展基础知识的学习，你认为应该如何正确地看待儿童、看待儿童发展、看待教育和儿童发展的关系？

第三部分

婴幼儿教育基础
知识

序　言

儿童是家庭的希望、祖国的明天。在现代科技和社会文明急剧发展的当代，儿童日益受到关注，拥有健全发展的儿童，便拥有理想的未来。婴幼儿处在迅速发展的时期，婴幼儿成长的质量，将影响着他们日后的发展，而教育则是婴幼儿健康发展的必要条件。

婴幼儿教育是一门科学，现代儿童观和现代儿童教育观是科学地教育婴幼儿的理论指导，婴幼儿教育的原则、要领、施教细则是婴幼儿教育者必备的知识和技术。幼儿园的保育员是幼儿园班级中教师的助手，是面向婴幼儿的保育者和教育者，因此只有具备一定的教育婴幼儿的基本知识，才能更好地履行保育员工作职责。

第一章　婴幼儿教育概述

一、开始教育的年龄问题

从哪个年龄开始向儿童进行教育呢？随着历史的发展对这个问题有着不同的认识。

我国古代家教思想中提出了"教子婴孩""早欲教"，其含义是指怀抱着的男女儿童，当他们心中无所知、无所疑时，便要开始教育了，这时最容易接受教育。捷克教育家夸美纽斯提出了母育学校的教育，是指从出生到6岁的儿童应在母亲的身旁接受教育。由此可见，早年已把从出生到入学前作为最初教育的一个阶段对待了。

幼儿园产生后，幼儿园接收3、4岁或5、6岁的儿童，从此学前教育的年龄趋向于3岁到入学前的儿童，对他们实施的教育，亦称幼儿教育。在我国解放前的幼稚园收4～7岁的儿童，称为幼稚生。解放后，我国分别建立了托儿所和幼儿园，学前教育则指幼儿园年龄阶段的幼儿教育。苏联在20世纪60年代前，将学前儿童的年龄分为先学前期（0～3岁）和学前期（3～7岁），其分界年龄为3岁。

近年在世界范围内，学前教育的年龄概念有了新的变化。在一些国际性的学前教育会议上，对此问题进行过讨论，其变化趋向是向小的年龄推延。

1978年9月在泰国曼谷召开的"学前教育新态度"的区域性专家会议上，曾建议，从胎儿至正式受教育前应称为幼年照管和教育，受这种教育是每个儿童的权利。建议与会各成员国，在其全面社会计划内应考虑对本国所有儿童实行幼儿照管和教育的实质性问题，并把它作为社会计划的组成部分。

1981年11月联合国教科文组织在法国巴黎召开了国际学前教育协商会议，对学前教育的概念进行了专门的讨论，其解释为："能够激起出生直到进小学的儿童（小学入学年龄因国家不同而有5～7岁之不同）的学习愿望，给他们学习体验，且有助于他们整体发展的活动总和"。

苏联早在1959年通过的"关于进一步发展学前儿童机构，改善学前儿童教育和医疗服务的措施"的决定中，将原为两个机构的托儿所和幼儿园，合并成托儿所—幼儿园，成为一个统一的机构，其目的是使学前教育制度统一，使衔接问题得到更好的解决。为此，在 1962 年制定了第一个托儿所—幼儿园教育大纲。以后多次修订的大纲，称为《苏联幼儿园教育大纲》，内容要求均包含 3 岁前儿童的教育。

总之，儿童出世便应开始教育已为世界共识，从出生到小学前为学前教育期，这是科学与教育发展的必然要求，也是现代社会的教育新观念。

二、婴幼儿教育的实施形式

向 0～6 岁的婴幼儿实施学前教育有两种主要形式，一种是在家庭中实施，另一种是由社会组织实施，由此分别称为学前家庭教育和学前社会教育。

从历史发展看，学前家庭教育伴随人类发展的历史早已存在，学前社会教育则是近代社会的产物，是资本主义社会发展的产儿。现代社会中这两种实施形式并重、并存，理想的学前教育应是两种教育实施形式的统一、协调采用。

学前教育的两种实施形式各有其教育特征，共同采用可发挥互补的功能，现将其特征分述如下。

（一）学前家庭教育的特征

领先性——家庭是儿童出生后的第一个生活环境。抚育者是儿童的第一任教师，儿童最早、最先接受的是家庭保育和教育。

长久性——学前儿童尚未具备脱离家人照料而独立生活的能力，家庭的保育和教育将伴随学前儿童成长的全过程。

单独性——家庭施教的对象为儿童个体，家长与儿童处于一对一或二对一的施教状态，个别地、单独地施教为家庭教育的普遍特征。

随意性——家庭教育多受抚育者的意愿及能力水平影响教育儿童，目标性、计划性较少，不同的家庭施教的效果差别显著。

随机性——家庭教育多以家庭环境，抚育者的言行，随时随处，潜移默化地影响儿童，寓教育于家庭各种生活活动中。

（二）学前社会教育的特征

在家庭以外，由社会各方（如政府、团体、企事业、私人等）为学龄前儿童开设的集体保育教育机构及设施。它体现社会关心学前儿童，社会向学前儿童提供广泛的、多样的教育。其特征如下：

群体性——社会开设面向众多学龄前儿童的、有教育性的设施，儿童来到其中同时可获得与小伙伴接触、交往的机会，具有群体活动的特征。

目标性——各类学前社会教育机构，依据其创办的条件与宗旨，均有一定的教育发展目标。其中一些固定接受儿童的机构如托儿所、幼儿园、学前班等具有多层次的教育目标，并付诸实现。

计划性——学前社会教育机构各目标的实现，需有计划地达到，其计划落实在每个活动中，落实在参予活动的儿童个体中。

多样性——学前社会教育有较正规的形式，如托儿所、幼儿园、学前班，这类机构接纳的儿童是相对固定的，并达到一定数量的规定，施教计划与目标是明确的、严谨的，儿童在其中可获得较全面的发展，并且还有助于为工作的父母亲提供方便。随着学前社会教育的广泛发展，出现了多种类的教育形式，如儿童游戏场(室)、儿童玩具图书馆、儿童博物馆、儿童之家、儿童剧场、儿童游泳池、儿童读物、儿童影剧、儿童广播电视节目等。这些形式对儿童发展有着专项的教育功能，儿童参与自由、灵活，属非正规的形式。

在我国，学前家庭教育和学前社会教育的目标是统一的、一致的，寻求密切配合，才能培育好一代新人。

三、我国社会主义现代化建设与学前教育

(一)学前教育地位的提升

学前教育在社会主义大环境中，地位正在提升，对于这点，我们从事学前教育的人必须有个清醒的认识。这种地位的提升有其社会发展的大背景。

20 世纪 90 年代以来，对儿童问题十分关注，对儿童的关心逐步在升级。社会越进步，对儿童就越加关心，因为儿童是社会的希望，是人类的未来，关注儿童就是关注社会的发展，就是关心社会的前途。那么为什么 90 年代以来对儿童问题更加关心呢？这是现代社会发展所要求的。1990 年 9 月召开了世界儿童问题首脑会议，参加会议的有一百多个国家的首脑，研究儿童问题，怎样改善儿童的现状，怎样为儿童提供生存发展的条件……中国参加了这个会议。会议通过了两个决议：一是《关于儿童生存、保护和发展世界宣言》，另一个是《执行 90 年代儿童生存保护和发展世界宣言行动计划》。会议提出了"儿童优先"的原则，即儿童的问题总是应该摆在各个社会优先的地位来考虑，儿童优先这个原则应该成为新的道德观的一项内容。任何一个国家不论是在和平状态还是战争状态，都要把儿童问题摆在一个优先地位，优先考虑他们的生存、保护和发展的问题。我国国务院 1992 年 2 月制定了《90 年代中国儿童发展规划纲要》，包含十大目标、八项措施以及监督机制。目标一：关于降低死亡率的问题。降低儿童的死亡率，是指 5 岁以下儿童死亡率要在现在的基础上降低，到 90 年代末要降低三分之一。目标二：孕妇、产妇的死亡率再下降一半。目标三：解决儿童中营养不良和重度营养不良。目标四：解决饮水和污染问

题。目标五：教育问题，在 90 年代末全国城镇和经济比较发达的农村普及初中阶段义务教育；全国 3～6 岁幼儿的入园率达到 35％。目标六：扫盲的问题。目标七：关于设立校外的儿童活动场所，每个县起码设一种以上儿童校外活动场所，使 90％的儿童（14 岁以下）的家长不同程度地掌握保育和教育儿童的知识。目标八：关于在边远地区、少数民族地区、贫困地区要发展儿童教育工作。目标九：关于要大幅度减少残疾儿童的出生率及社会要给残疾儿童的关怀、治疗、康复和提供受教育的机会。目标十：关于儿童权益的依法保护。以上是我国 90 年代儿童工作的目标。

从国际社会到中国，儿童工作的方向、儿童的健康成长问题、教育问题等这些都受到国家的关注、社会的关注。学前教育在教育体系中的地位在提升，在教育这个大的体系中，学前教育已经得到了承认。我们已从狭义的教育中走出来，进入到了广义的教育，广义的教育就包括学前教育。学前教育从年龄上来讲，不仅从出生开始，还要延伸到胎教，学前教育的场所不仅仅限于幼儿园，还有更广的领域。家庭是一个很大的领域，还有社会，均应给儿童提供一些教育的机会和条件等。

当前社会对学前教育有强烈呼吁。我们的社会在进步，文化水平在提高，对教育更加关心，再加上家长已从关怀孩子的健康发展到关怀孩子的全面发展，对学前教育提出强烈的要求。在大城市中，家长对幼儿园的选择性很强。国际交流活动也促进着社会对学前教育的重视。

（二）实施科学化的学前教育

现在对儿童的研究已经有了比较大的突破，包括儿童发展的生理原因，成长发展的过程等，人们有了更加透彻的了解。儿童是一个特殊的群体，有其独特的发展规律，儿童就是儿童，他跟成人不一样。并且，儿童生理和心理发展是相互影响的，生理影响心理，心理影响生理，这些研究的成果给我们的教育提供了科学依据。我们也要根据这些科学成果，提出教育改革，过去被忽略的，现在要重视，以科学研究的成果指导教育，儿童有很大潜力，但潜力不能靠拔苗助长去发展、去催化；而是要沿着他生长的规律去实施我们的措施，把教育变为更积极更主动地诱发他发展的一种活动。

1. 要实施胎教

胎教的研究已经不是一个笑话，更不是一个迷信。早在中国古代就很讲究胎教，但是那时候的胎教不是建立在胎儿成长的科学的基础上，是一种经验论，有合理的成分，也有不合理的迷信色彩。现在的胎教已经不是原有那种形态上的胎教了，是以科学为依据的胎教。推出音乐胎教、语言胎教、触摸胎教、审美胎教，还有营养胎教。我们要提倡胎教，指导胎教，按照科学的规律和方法来实行胎教。

2. 为儿童创设良好的生存环境

这个生存环境是全方位的，既包括家庭，又包括托儿所、幼儿园，还包括整个社会，都应该提供良好的生存环境。这个良好的生存环境包括物质的和精神的，物质的环境又有很多很多内容，凡是儿童生存需要从外界摄取的物质都构成物质的环境。比如说儿童的饮食、居住条件、儿童生活空间等，对儿童的物质环境创设要很精心。幼儿园不是学校，所以幼儿园设计要非学校化；幼儿园也不是家庭，不能完全像家庭那样。幼儿园有它的特殊性，幼儿园要变成一个园地，应该是植物园、动物园、游乐园，也就是说按照活动园地来设计幼儿园的环境，儿童可以在那里接触动物、植物。动物、植物对儿童身心发展是很有益的，也是很有情趣的。同时这个园地里要有利于他做游戏。这些都说明了在物质环境方面，我们的创设确实要精心，要处处从儿童出发。除了物质环境创设，我们同时还要给儿童提供一个良好的精神环境。良好的精神环境应该是充满爱的环境，儿童到这里感到温暖，有人疼爱他，从小培养孩子的秩序观念，这是蒙台梭利的教育倡导的，这种观念，就要靠有秩序的生活、活动来渐渐地养成，那么一旦儿童生活在一个有秩序的环境当中，比如有时间的秩序，有物品使用的秩序，有各种规定，那么，他今后的生活也是会有秩序的，而且他能够遵守纪律。现代社会生活是有秩序的，宜从小培养儿童的秩序观念。

3. 依据大脑功能的发展规律施教

6岁前以开发右脑活动为主，这是我们过去较少领会的一个新课题。大脑的两半球动能不同，右脑半球主管感知觉、形象思维和创造性的活动，左脑半球管语言中枢、逻辑思维。再者，两大半球的功能发展时间不同，右半球先发展左半球再发展，右半球发展在6岁以前，6岁以后左半球才渐渐发展。由于大脑左右两半球分工不同，发展又不同步，因此应在具备发展条件的时候多用它，既省力又有效。学前教育要适应右脑半球先发展左脑半球后发展的规律，在6岁前多进行右脑的训练，大力发展孩子的感知觉，多让孩子记忆形象，在大脑右半球发展的时候，多练习手的活动，左右手练习都要进行。

现在研究发展大脑有五个快速成长期，分别是：第一快速成长期是3～10个月；第二个成长期是2～4岁；第三个成长期是6～8岁；第四个成长期是10～12岁；第五个成长期是14～16岁。儿童在成长加速期有比较强的接收新知识的能力，在这个时期，应该多给他刺激，多给他信息。这个成长期女孩子又偏前一些，男孩子又偏后一些，对每个孩子来讲，成长期也有不同的特点，不是千篇一律。这些都有助于启发我们怎样根据大脑发育的这种规律性来施教，在有条件接收的时候不要失去机会；在条件不具备的时候，强塞给他，那就费力不讨好，收效不大。开发右脑要把握快速成长期来实施教育，对左脑也要适当开发，训练儿童的逻辑思维活动、推理能力，特别是语言的能力。

4. 要坚持儿童发展的全面性和个性化，避免不适当的早期定向化培养

儿童的全面发展是儿童发展的需要，也是儿童发展的规律，我们给儿童的全面发展提供的教育，要有助于他身心各个方面的发展，这也就是规程中的目标。在这个前提下，我们要注重个性化，应该照顾到个人发展水平的高低，这种全面性和个性化不同于早期定向培养。早期定向培养忽视了全面教育，这是我们要反对的，不适当的早期定向耽误孩子的发展，将来弥补是很难的，特别是儿童的一些非智力因素，已经养成习惯以后，再纠正起来就非常难。

5. 要根据儿童发展的特点，巧妙地使用教育方法

教育是一种艺术，方法很多，应该灵活运用，不能很呆板、千篇一律，特别是幼儿园教育，和家庭中的教育不同，幼儿园教育不能搬到家庭，完全的家庭式的教育也不能搬到幼儿园，各有各的特色。幼儿园里孩子追求的是伙伴，小朋友在一起玩得高兴，在家里没有这个乐趣，他就觉得没意思，这个问题陈鹤琴早年在儿童心理研究当中已经提出来了。所以幼儿园组织活动，就要考虑到儿童的这种需求，根据儿童的生理心理特点采用恰当的方法。一是要利用游戏，大力提倡游戏，把游戏真正放在基本活动的位置上。各个年龄在教育上应该有区别，例如小班主要是老师带着玩，中班让孩子自己玩，等等。同时，游戏又是在变换着的，要经常变换。渐渐孩子长大了，到5岁以后，跟入小学更接近了，这时的教育应更多地考虑和小学接轨。此时应该分清学习和游戏，当然学习的时候可以用一些游戏的方法，但是学习要听从老师组织。游戏是儿童想干什么就干什么，自愿性自由性非常强。5岁以后还要侧重培养他的独立性，当然独立性是一贯培养的，到5岁更应该独立，很多事情尽量让孩子做，包括生活的独立，还要让孩子参与各种独立的活动，培养孩子的责任心、任务感。这些方面都是更好地为孩子入学做准备。再有就是要适应儿童特点，强调通过感性的认识，用感性的东西去吸引儿童，让他对活动产生兴趣，通过玩具、图片、表演、操作等，吸引儿童做活动。学前阶段是儿童自由活动的天地，应该让儿童更多地自由选择，自由活动，我们应该给儿童创设一个宽松的环境。在不同活动中，教师的作用是有不同表现的。在儿童的游戏活动中，儿童是活动的主体也是主导，因为是他自己选择的游戏，教师的作用是间接帮助创造玩具环境，儿童主宰着游戏，有选择权、支配权和自由活动权，教师帮助儿童解决一些困难。在教师组织的活动中，教师有目的有计划地设计这些活动，那么教师的主导性是很明显的，教师要调动儿童的主动性、积极性。总的来讲，幼儿园的工作是教师在有目的、有计划地实施教育，有时是通过直接的

第一章　婴幼儿教育概述

形式，有时是通过间接的形式。教给儿童一首歌，是直接的形式，而更多的是间接的形式。例如，通过教师自身的榜样作用，通过教师创设的环境，让儿童在环境当中选择活动，这些是间接的活动。过去较忽视环境的创设，什么都靠老师说，老师演示，而孩子主动参加的活动比较少。现在对老师提出了更高要求，老师要有目的有计划地组织活动，并且这种活动要适应儿童的发展水平和发展特点、儿童现有的经验和能力，还有儿童的不同情况，所以对老师要求更高时，老师必须要进行培训，要学会观察了解儿童、制订计划、编选教材。

（三）新时期幼儿园的生存与发展

第一，社会的发展呼唤优质的幼儿园教育。随着社会、经济的发展，人们对教育的要求日益提高。幼儿园是实施学前社会教育的主要机构，在市场经济发展中，众多社会部门、团体及个人给幼儿园提供了发展的生机，家长呼唤优质的幼儿园教育，幼儿园面临生存与发展的挑战。

第二，以质量求生存、求发展，以一流的教师、一流的环境、一流的管理为目标，在创优竞争中去赢得信誉、吸引生源，幼儿园的生命才可以长存并健康发展。

第三，幼儿园求得自身的生存与发展，需从依靠型的管理转向经营型，发展自主观念、经营观念，善辟财源，理好财政。

第四，以城市和乡村社区为依据，走社区化的多种类、多形式并存的学前教育发展道路，幼儿园是其中一种相对完满的教育形式。

四、学前教育在婴幼儿发展中的作用

学前教育与儿童发展是一个复杂的、动态的相互作用、相互制约的过程。从根本上讲，我们认为学前教育在儿童发展过程中起诱导作用，是儿童发展的必要条件。但具体到儿童发展的每个阶段和每个时期来说，情况就比较复杂了，难以一概而言。这是因为，在儿童发展这一复杂动态的系统过程中，作为发展的前提条件之一的学前教育，必须在与儿童发展的另一前提条件——遗传发生相互作用时，才能对儿童的发展起一定的作用。而在这一相互作用的过程中，由于发展阶段和发展任务的不同，也由于遗传和教育这两个因素各自消涨的不同，它们在发展中所起的作用也会随时间的变化而发生相应的转换和改变。用唯物辩证法的观点来说，也即遗传与环境（教育）这对矛盾统一体在儿童发展过程中是相互依存、相互斗争、共同发展的。在发展的不同阶段它们各自扮演着不同的角色，谁是主要矛盾，谁是次要矛盾，很难一概而论，一切都要看具体的发展阶段才能判断。我们唯一比较客观的做法，就是随着儿童发展的时间顺序准确的揭露二者之间相互依存、相互斗争此消彼涨的过程。

(一)环境(教育)促进胎儿的发展

我们认为环境(教育)在胎儿发展过程中的作用符合阿斯林等人认知发展理论的第二种模式即"促进"模式。也就是说,环境(教育)对胎儿发展的作用有三种:良好的环境(教育)能促进胎儿的发展;中间的环境(教育)只能维持胎儿的发展;极度恶劣的环境(教育)则会严重干扰甚至妨碍胎儿的正常发展,使其失去本该获得的能力。

当代最新胎儿研究结果证实了这一点。人们研究发现,胎儿期母亲的营养、疾病、药物和情绪等(这都是胎儿发展的外在环境)对胎儿的发展有重大影响。胎儿母亲营养不良,则胎儿出生后脑细胞数量低于正常婴儿(有时只有正常数的60%)。母亲营养不良,还会导致胎儿出生后智力低下。如哈瑞尔等人(Hayyill,Etal,1955)的研究,对一半营养不良的孕妇给以营养补助,对另一半则只给安慰剂。三四年以后则营养补助的婴儿平均智力水平明显高于另一组(即安慰剂组),而另一组婴儿的平均智力水平又明显低于正常同龄儿童。

近20年来,日本、美国、法国等国家的一系列胎儿研究证实,胎儿可以听到母体内和母体外边传入子宫的声音(包括说话和音乐),可以辨别不同的声音、气味和味道并拥有最基本的听觉记忆和最原始的学习能力(刘泽论,1991)。美国加州大学医学院凡德卡教授据此专门创办了胎教学校,指导孕妇对胎儿进行系统的教育。这些受过胎教的婴儿出生后智力发育明显高于普通婴儿。他们能较快地认识父母,理解语言和数,如湖北胎教儿津津,4岁半时就被武汉大学作为少年科技预备班的学员录取进校学习了,智力水平已相于11岁的儿童。类似这样的实例显示了胎教对胎儿发展的神奇的促进作用,以无可辩驳的事实说明教育对胎儿期儿童发展有着重要的促进作用。

(二)环境(教育)促进新生儿的发展

长期以来,人们一直以为新生儿是无能的,"他们又聋又盲,只感到整个世界闹哄哄,一片混乱"(James,willam,1870),因此,也不需要对他们进行教育。最近20年来对新生儿的大量研究表明,新生儿并不像人们以前想象的那么无能。最新研究证实,婴儿一生下来就有了视、听、嗅、味等各种感知能力,并且逐渐有了颜色视觉、深度知觉等复杂的知觉能力。婴儿出生后几个小时内就表现对人的声音、面貌和气味(尤其是母亲的气味和声音)的偏爱,并对母亲的声音、面貌和气味表现出令人吃惊的记忆和学习能力(庞丽娟、李辉,1993)。

研究证实,如果能适时而恰当地给新生儿提供丰富的环境(教育)刺激,则能显著地提高和促进他们的发展。如有人对30名体重偏轻的新生儿进行实验:

给以丰富的环境刺激，在他们的保育箱里挂一些玩具，并让其母亲经常抱出来喂乳，让他们看看四周，从医院回家以后也给他们提供玩具，并进行一些辅导。这样到 12 个月时他们的体重接近正常水平；控制组婴儿原来比实验组健康情况更好，但以传统保育方法喂养，只哺乳而不注意提供适当的环境刺激，而因到第 4 周时就不再处于优势了，12 个月时体重比实施组轻。这表明，环境（教育）能促进新生儿的发展。

（三）环境和教育诱导学前儿童的发展

学前阶段是儿童神经系统迅速发展的关键期。这一时期的环境和教育对儿童的发展有重大的决定性作用，也是其发展智力潜力的必要条件。也即，环境（其中以教育为主）诱导学前儿童的发展。

近半个世纪以来，国内外心理和教育学工作者对学前教育在儿童智力发展中的作用进行了各方面的研究。如美国心理学家布鲁姆（B. S. Bloom）对近千名儿童进行了从出生到成人的追踪研究，并在《人类特征的稳定性与变化》（1964）一书中提出了早期教养经验与儿童智力发展关系的科学假设。他认为，一个人智力的发展，50％是在 4 岁以前完成的，30％是在 4～8 岁这 4 年时间里完成的，另外 20％则是在 8～17 岁这 9 年里完成的。由此可见，儿童出生后最初 4 年里的经验，对儿童整个智力发展具有至关重要的决定性影响。又如，著名发展心理学家、"设施病"的发现者斯基尔斯（Skeels. 1939）对 25 名设施病患儿进行了研究：他把 13 名平均智商为 64 的 7～13 个月婴儿进行教养，会走路就转送托儿所接受教育；而对另外 12 名控制组婴儿（平均智商为 89）则不加任何处置，让他们一直留在孤儿院里直至成人。结果发现，4 年以后，实验组儿童智商普遍提高，其中大部分后来都读完了高中，1/3 的儿童后来还进了大学。而控制组儿童智力则超不过小学三年级，都不能自立生活，仍留在孤儿院由人照顾。

总的来看，我们认为，学前教育在儿童发展过程中起着明显的促进作用。适当的早期教育经验能显著促进儿童认知及各方面的发展，而长期被剥夺教养经验则会使儿童认知发展停滞不前、甚至永久性丧失人类某些特有的能力。因此，我们要认真对待并高度重视学前儿童的发展，创造良好的后天教养环境。我们绝不能让孩子们"输在起跑线"上。

思　考　题

1. 试述学前社会教育的特征。

2. 依据大脑的发展规律实施学前教育应注意些什么？

3. 环境和教育对学前儿童发展的作用是什么？

第二章　现代儿童观与现代学前教育的趋势

一、现代儿童观

进入 20 世纪以来，特别是第二次世界大战以后，随着人权运动的高涨和许多关心儿童人士的不懈努力，国际社会开始普遍重视保护儿童的权益，人们对儿童予以前所未有的关注。联合国在《世界人权宣言》中宣布：人人有资格享受文书中所载的一切权利和自由；儿童有权享受特别照料和协助。1959 年 11 月 20 日联合国大会通过了《儿童权利宣言》，宣称儿童和成人一样，应当得到人的尊严和尊重，享有生存、学习和生活的权利。成年人和社会应当保护儿童的这些权益。此后，许多关于"儿童权利"的国际法、契约纷纷出台。1989 年联合国大会通过了《儿童权利公约》，它确认每个儿童都拥有基本人权，各国政府和社会都必须保护儿童的权利，以最大限度确保儿童的存活与发展。这是为保护儿童的权益而订立的一套全面的国际法律准则。1990 年 9 月 30 日，联合国在纽约举行了世界儿童问题首脑会议，这是有史以来规模最大的一次国家和政府首脑的盛会。这次会议对 90 年代的儿童作了一项具有重大意义的承诺——决定在 2000 年前努力结束当前存在的儿童死亡及儿童营养不良状况——并对全世界所有儿童的正常身心发展提供基本保障。会议还提出了一个新的道德观，即一切为了儿童，遵循"儿童至上"的原则，在资源分配时，儿童的基本需求应该得到高度优先的重视——无论世界局势如何变化，无论是在顺利时期，还是在困难时期，人类都应保证将社会资源首先用于儿童，使儿童成为人类所有成就的第一个受益者以及人类所有失败最后遭殃的人群。

近年来，随着经济、社会的发展，我们国家在儿童问题上取得了可喜的进步，人们的儿童观也较之前发生了很大变化。全世界 5 岁以下的儿童有 20％生活在中国，虽然从整个世界来看中国是属于低收入的国家，但却能将 5 岁以下儿童的死亡率控制在较低的水平。这充分体现了国家和政府对儿童的重视和关怀。1991 年 3 月，李鹏总理代表中国政府签署了世界儿童首脑会议通过的两个文件：《儿童生存、保护和发展世界宣言》和《执行 90 年代儿童生存、保护和发展世界宣言行动计划》，作出了庄严的承诺。为了使新一代儿童身心健康地生长上，确保《宣言》和《行动计划》在我国的实行，我国特制定了《90 年代中国儿童发展规划纲要》，确立了 20 世纪 90 年代我国儿童生存、保护和发展的主要目标；并制定了相应的策略与措施。1991 年 9 月，全国人民代表大会常务委员会通过了《中华人民共和国未成年人保护法》，以保证未成年人的身心健康和合法权益，促进未成年人在品德、智力、体质等方面的全面发展，把他们培养成为有理想、有道德、有文化、有纪律的社会主义事业的接班人。1994 年 10 月全国人民代表大会常务委员会通过《母婴保健法》。

回顾儿童观的发展历程，我们可以看到，随着人类社会的发展与进步，儿童及儿童权益将越来越受到人们的重视和尊重，人们对儿童的特质和能力的认识将越来越深入，人们的儿童观将越来越趋于科学化。现代儿童观可以概括为以下几方面。

（一）儿童是人，具有与成年人一样的一切基本权益，具有独立的人格

每个儿童均有固有的生命权，儿童自来到人世之日，其生命就受法律的保护，并不为成人或家庭私有，更不能被其随意处置。儿童自出生起就有获得姓名、国籍的权利，以及尽可能知道谁是其父母并得到其父母或其他养护人的照料的权利。儿童与成人同样有自由发表言论的权利，享有思想、信仰和宗教自由的权利。每个儿童都享有受教育的权利，且教育机会均等。

（二）儿童是一个全方位不断发展的"整体"的人，应尊重并满足儿童各种发展的需要

儿童身心各方面的发展是一个有机的整体。所谓完整儿童是指全面发展和谐平衡的儿童，其发展是身体的、认知的、情感的、社会的和人格的整合性的发展。成人及社会应承认儿童所具有的各种发展的需要，并尽可能为儿童创造良好的环境与条件，不仅保证其身体的正常的生长发育，而且还要给他们提供充分参加文化、艺术、娱乐和休息活动的机会，使其获得在该社会条件下最充分的发展。要避免孤立地只偏重某一方面的发展，要保护儿童免受经济剥削以及任何可能会妨碍儿童教育或有害儿童身体健康、心理、精神、道德或社会发展的活动。

（三）儿童发展的个体差异性

儿童发展中共性与个性并存，儿童个性发展，有些特征与共性一致，有些特征在发展速度上会超前或滞后于共性；此外每个儿童都有鲜明的个性差异，同龄儿童中，也没有完全一样的儿童，对儿童个性的尊重和自由的发展，是创造性的前提。

（四）儿童具有巨大的发展潜能

在适当的环境和教育的条件下，应最大限度地发展儿童的潜力。

现代科学与技术的发展，尤其是生理学、生化学、脑神经科学及心理学等学科的发展，使人们对儿童的特质和能力有了更深入的认识。对新生儿的研究有了很大的进展，人们不仅可以借助各种仪器设备来观察新生儿的活动，以了解其表现出来的心理活动，而且可以诱发其心理活动的潜能。大量研究表明，新生儿、甚至在胎儿时期，就有了听觉、触觉、记忆和情感等方面的反应，所以新生儿就具有很大的学习潜能，这些潜能必须在适当的环境和教育条件下才能挖掘出来，才能得到充分的发展。研究还发现，学前期是儿童智力发展最为迅速的时期。美国心理学家布卢姆通过对 20 世纪前半期多种对儿童智力发展的纵向追踪材料和系统测验的数据所进行的分析和总结，提出了一条智力发展曲线。假定 17 岁时智力发展的水平为 100％，那么大约有 50％的智力发展是在 4 岁前完成的，到 8 岁时智力发展达到 80％，剩下的 20％是在 8～17 岁时完成的。实验研究还发现，学前期是人的一生中心理发展的敏感期。所谓敏感期是指在儿童发展的某一时期，儿童学习某种知识和行为比较容易，或儿童心理的某个方面的发展最为迅速。如果错过了这一敏感期，儿童学习起来就比较困难，或者发展就比较缓慢。这些研究及成果，使人们对儿童的巨大潜能有了进一步的认识，改变了长期以来忽视儿童，认为儿童"无知无能"的传统观念。"儿童至上"的新观念正是建立在对儿童特质和潜能的充分认识的基础上而提出的。儿童早期的脆弱性和敏感性，以及其身心发展的不可逆性，要求对儿童应该是绝对优先。虽然"总会有一些事情比儿童的事情更紧急，但却永不会有任何一件事情比它更重要"。

(五)儿童具有主观能动性，在其发展过程中，起着积极主动的作用

传统的儿童观把儿童看作是消极被动的，认为儿童的发展要么是由先天的遗传素质决定，要么是由后天的环境所决定，完全忽视了儿童作为人所具有的主观能动性。20 世纪下半叶以来，人们开始用积极主动的观点看待儿童在发展中的作用，认为儿童并不是消极被动地接受外界刺激作用的。每个儿童都是独立的生命实体，有自己的兴趣、需要，有自己的认知结构和心理状态，他们总是主动地对外界刺激加以选择，接受自己所需要的东西，拒绝不需要的东西，具有创造力。在客观环境影响儿童发展的同时，儿童的发展又影响和改变着客观环境。儿童自身的活动总是在改变着外界的事物，如儿童在游戏中总是通过自己的动作改变玩具的状态；儿童自身的气质特征和行为方式也在影响着周围成人的心理和态度。有研究表明，婴儿的微笑引起成人微笑的可能性是 46％～88％，所以爱笑的婴儿更可能引起父母对他们的关注。儿童自身的行为特征会引起父母对他的不同的态度，不同的态度又会对儿童心理发展产生不同的影响。由此看来，儿童的发展并不是某一因素单独起作用的结果，而是生物的、社会的、主观的和客观的等多种因素相互影响、相互作用的过程，在这一

过程中，儿童起着积极主动的作用。儿童是外部世界的探索者、发现者，是活动的主体。只有让儿童在活动中充分发挥其积极主动性和创造力，才能使儿童得到真正的发展。

（六）男女平等，不同性别的儿童应享有均等的机会和相同的权益，受到平等的对待

二、现代学前教育的新趋势

（一）现代学前教育理论的多样化

1. 蒙台梭利教育的再次复兴

蒙台梭利是意大利的幼儿教育家，她毕生从事儿童教育事业，对幼儿教育进行了长期的实验研究，并采用实验的方法建立起了新的、合乎科学的教育学，为幼儿教育改革做出了卓越的、有深远历史的贡献，成为国际学前教育界一面永远高高飘扬的旗帜，影响了一代又一代的教育工作者和思想家。

蒙台梭利认为要教育儿童，首先要了解儿童。她认为控制儿童行为的是本能的冲动，儿童在来自先天的自发的冲动性的作用下，具有一种很强的、天赋的内在潜伏能力和继续发展的积极力量。她认为儿童的心理有这样一些特点，即具有独特的"心理（或精神）胚胎期"，具有吸收力的心理，存在发展的敏感期和不同的发展变化阶段。如，0～5岁是儿童感觉发展的敏感期，出生后8个月到8岁是儿童语言发展的敏感期等。

蒙台梭利主张自由教育，十分强调儿童的自选自导的学习和自动的教育。认为儿童的发展是自己活动的结果，只有在自由的条件下产生的"自我创造"才可能成功。因此她认为教育的目的无非是包括生物的和社会的两个方面，生物的目的是帮助儿童个人的自然发展，社会的目的是为环境准备个人，使个人能适应并利用环境。因而她认为，学前教育的任务就是给儿童提供一个适宜的环境。使其在此环境中发展自身的自然能力。她曾说："教育的基本任务就是使每个儿童的潜能在一个有准备的环境中都能得到自我发展的自由。教师的职责就是建立常规和排除儿童自然发展中的障碍，观察儿童的表现和了解儿童的需要，以更好地承认、培育和保护儿童自身的能力，并给予间接的帮助。这种帮助主要的就是提供一个适宜的环境——'有准备'的环境，并在此基础上保证儿童发展的自由。"

2. 皮亚杰认知理论应用于学前教育领域

皮亚杰是瑞士心理学家，是本世纪伟大的心理学家，他的认知发展理论对教育、教学的理论和实践产生了深远的、积极的影响。强调活动的重要性；强调兴趣和需要的重要性；强调儿童发展的连续性和阶段性；强调智力是一种积极、主动的建构过程。在学前教育中通过幼儿的游戏与探索学习活动中，在操作中掌握。

3. 开放教育思想

开放的教育思想，意味着开放的课程与教材、开放的学习方式、开放的学习空间、开放的教室管理、开放的辅导制度、开放的人际关系，等等。开放教育是：①一种态度：教师鼓励幼儿主动在与自己的学习活动，允许孩子选择学习的内容与学习方式。②一种自由：孩子在大家共商和行为指引范围内拥有相当的自由。③儿童中心式教育。成人并不是一直站在讲台上，而是孩子对学习活动有组织、决定及计划的能力。

(二)学前教育模式的多元化

20世纪80年代中期以来，我国幼儿园课程模式已开始突破分科教学一统天下的僵化局面，单科作业课程、综合主题课程、活动教育课程、游戏课程、一日活动课程等源源出现。数十年的改革使我们的幼教工作者开阔了眼界。在学习和吸收国外先进教育理论和经验的基础上，结合本地区、本民族特点，开始逐渐形成各具特色、自成体系的幼儿园课程模式。

进入90年代以来，我国幼儿园课程模式的发展与改革进一步深化，在课程目标、内容、方法和评估方面都有了新的进展，尤其在以下几个方面开始了更深入的改革和探索：①幼儿园课程设计的理论基础和指导思想。②幼儿个别自发活动、小组学习和集体学习等形式的灵活组织与运用。③课程模式的弹性化与开放化，个体与群体发展并重。④游戏在课程中的地位和作用。⑤幼儿情感和社会性发展课程的设计与实施。⑥课程本身的评估系统，等等。

(三)学前教育机构类型的多样化和社区化

近年来，由于经济文化和教育事业的迅速发展，伴随着我国幼教领域改革、开放、搞活的浪潮，我国学前教育机构类型开始向多样化、立体化方向发展。个体办、家庭办、集体办、单位自办及政府办等各种性质的学前教育机构成了复杂立体的幼教网络的经；托育机构、幼儿园、儿童乐园、玩具图书馆、早教机构、游戏小组、家庭托儿中心等各种类型的学前教育机构则构成了复杂幼教网络的纬。经纬交织便形成了多样化、多元化的中国学前教育机构系统，从而有效地促进了学前教育在我国各地区、各民族的广泛普及与推广。另外，近年来，我们学前教育开始向社区化迈进，各种各样以社区为依托的学前教育机构如雨后春笋般涌出，为广泛普及和推广学前教育起了有效的推动作用。

思 考 题

1. 现代儿童现有哪些特征？
2. 列举改革以来幼儿园出现的课程模式。

第三章　各年龄婴幼儿的教育要领

一、出生至周岁小儿的教育

依据出生至周岁小儿身心发展的规律，在精心照料儿童的同时，创造恰当的教育环境，促进小儿积极情绪、认识能力、交往能力和情感的发展。

儿童第一年的教育可以这样开始。

(一)要给儿童提供身体上和精神上的满足感

充足而愉快的哺乳对儿童来说是十分重要和必要的。母亲要精神集中、心情平静、情绪愉快地给儿童哺乳。母乳喂养如果能恰到好处地实现营养与情感的满足，既要让儿童吃足、不催促，又要在哺乳过程中对婴儿伴以表情、动作、语言的沟通与交流，如轻柔地抚摸儿童，和儿童"说话"；母亲在喂奶时应尽量避免与别人说话，以免分散对婴儿的关照。值得注意的是，儿童喂饱后不要立即放回床去，应该让儿童在满足的状态下更多的感受到母亲的爱抚，以强化母子情谊，这是培养儿童情感的开端。安静、舒心安定，保持健康的状态。不宜过早地对这个年龄阶段儿童训练排大小便的习惯，应顺其自然地形成排便规律，以免造成儿童精神紧张，因为这时进行训练，超越了儿童自我控制能力的发展。

(二)发展儿童的基本动作

1岁以内的儿童全身动作发展变化很大，每个月都在明显地长进。应按动作发展的顺序，为之创设相应的练习条件。需要提醒的是：要对儿童进行早期的爬行练习，爬行对放松全身、协调全身动作，增进儿童活动的主动性，以及扩大对环境的接触等都是很有益处的，应尽量设法创造条件让婴儿在床上爬、地上爬(宜用硬床及铺有软垫的地面)，最初的爬行需成人用手掌帮助儿童蹬脚，推动前进，继而可用玩具引诱婴儿向前爬行。爬行的年龄较长，从四五个月开始直到周岁后儿童都有爬的需要，早练爬行较好。但不要过早地让儿童被动地练坐，如将三四个月的儿童用被子将其围起坐在中间，这将影响脊椎骨自然弯曲度的形成，因为婴儿在六七个月时胸椎才形成向后凸起的脊椎第二个自然弯曲度，这是支持坐的动作的骨骼发育成熟，过早练坐则没有自身的骨骼支持力，将铸成脊椎的变形。最好多让儿童练习爬行，儿童可以从爬的姿势转为坐姿，或到五六个月时由成人抱着儿童练习坐，但每次练习时间不宜很长。

(三)提供适当适量的玩具

一般来讲，能够促进儿童认识能力和动作能力发展且适合 1 岁前儿童的玩具有如下几类。

1. 发展视觉的玩具

能够发展儿童视觉的玩具有：供悬挂用的彩纸、灯笼、挂人、气球、吹塑玩具等，这些玩具都能够用以练习视觉集中和视线随物体移动，引起愉快的情绪。在儿童满月后即可将这些玩具悬挂在儿童仰卧时视线可见的地方，也就是儿童仰卧时胸的上方，不要挂在眼睛的上方以防斜视，大的玩具可挂得高些，小的玩具可挂得低些。玩具不要挂得太多，彩色要鲜艳、简单，多色玩具不适宜。保持玩具清洁，避免落下尘土。

2. 发展听觉的玩具

能够发展儿童听觉的玩具有各种哗铃棒、手摇铃、拨浪鼓、橡胶或塑料的捏响或摇响的玩具、八音盒、能拉响的悬挂玩具等，用以培养儿童听力的集中和分辨，引起愉快情绪。对三四周的婴儿即可开始用音响玩具逗引其寻找声源，以后让儿童听和看各种悦耳的玩具，渐渐让儿童学会自己弄响玩具。用嘴吹响的玩具不宜给儿童玩（不卫生）。

3. 发展手的动作的玩具

能够发展儿童手部动作的玩具有：摇铃、环状玩具、软硬塑料玩具、套叠玩具、小容器、积木、积塑、敲打玩具等。它们可以用来练习手的抓握，手眼协调以及够物准确性等能力。开始时可以由成人将玩具送到婴儿手中，引起儿童手的碰触，引逗儿童抓握，直到婴儿学会自己去抓握摆弄；以后逐步地成人可帮助儿童练习装搭，并让儿童自己学会摆弄、操纵玩具，进行装拼拆搭。

4. 发展站立和行走的玩具

能够发展儿童站立和行走的玩具有：学步车、小围栏、小推车、球类、滚筒等。9～10 个月的儿童就可以在成人帮助下学会使用。用小围栏儿童可以练习扶拦站立、蹲下到独立站和蹲；用学步车可以练习走路，使婴儿的腿脚有力量，动作也更协调灵活；小手推车有助于儿童练习有依托地走路。使用这些玩具时，成人都要在旁照顾和帮助，不要让儿童过度练习，也更要防止摔伤与磕碰等事故的发生。

5. 娱乐玩具

这一类型的玩具有各种惯性的及电动的玩具、小熊打鼓、小鸡吃米、小猴爬杆等。这些玩具形象新奇诱人，有的还伴有声音和音乐，容易引起儿童的兴趣，增进快乐情绪。这些玩具一般由成人操作，婴儿观看欣赏，有时也可做模仿动作。

6. 家庭自制玩具

家中的塑料瓶、盒、纸盒，不用的纸都是儿童手中的玩具，有盖的瓶盒儿童可以练习套装、关开等手的动作；撕纸是一项一岁前儿童感兴趣的活动，练习双手协调用力，撕纸过程有声响，撕纸后纸变形了，增加乐趣。撕纸活动先可由成人撕给他看，引起他模仿，当儿童撕纸时，妈妈可以在一旁边看边说出撕纸的声响，撕的是个什么东西等，还可以由成人撕成三角形，同时给婴儿看。

7. 图片与图书

给儿童图片或图书，成人和儿童边看图片或画册时用语言叫出图中形象的名称，让儿童认识分辨，这样做虽然儿童还不能做出语言的反应，但可帮助儿童建立印象（包括各种图形的印象及语言的印象），对 1 岁后大量认识事物大有益处。给儿童看的图画形象要正确，特征明显，画面简单，色彩鲜明，可以张贴悬挂，也可以成人出示，或放在儿童面前，供儿童摆弄观看。

8. 玩具的指导

给儿童提供的玩具很多，但不要同时拿出，因儿童还没有学会行走，他们活动的天地是很有限的，玩具过多的堆积，妨碍儿童的选择和活动，正确的做法是轮换地提供玩具，有时只需出现一种，有时可能两种供儿童选择。有时玩具需有成人逗引儿童玩看，这种情况下成人尽量不要插手，只要没有危险发生，只需默默地看就是了。这样的练习有助于培养儿童自己玩的兴趣和能力，切忌总有成人玩给儿童看，让儿童只当观察者，这将造成儿童不会自己玩，而总要依赖成人给他玩的后果。

(四)听音乐

出生后就可以开始让儿童听音乐了，这样有助于儿童听力、乐感的培养和性格的陶冶。选择安静、悦耳、短小、动听的乐曲，或反复地听熟一首乐曲，不要过多地更换；儿童最初听音乐，尽量做到在同一地方听、同一时间听，保持同一种姿势听，这样有助于音乐成为儿童的条件刺激物，使儿童以乐曲为信号，更专注地从事某种活动。不可在一天中不停地播放音乐，这将引不起儿童对音乐的注意，相反，只能引起对音乐的抑制，效果适得其反。一支动听的小曲子，可以一天给儿童听几次。

(五)说儿歌

说小诗歌给儿童听，有韵律的诗歌为儿童所喜欢，引起他们听的兴趣，可选择几首，反复地给儿童听。让儿童在一定姿势状态下静静地听，成人要说得缓慢、清晰、入情，说诗可引起儿童欢乐。也可在儿童入睡前说熟悉的诗，引起儿童入睡。这个年龄阶段的儿童虽然不能学会背诵，但诗的语言声音和韵律却给婴儿留下了难忘的印象。

总的来说，在这人生的第一年中，为了儿童身心茁壮发展，要给他以充足的乳汁营养，还要给他精神营养，才能使儿童获得身体、智力和健全性格的发展。而母亲是儿童出生后赖以生存的整个世界，他们从母亲那里得到了一切，感受着一切，母亲也体验着儿童的一切。要很好地了解你的宝宝正处在怎样的发展状态，承担起科学育儿的责任，每一个儿童又是各有特点的，所以育儿又是一种创造性的活动，母亲仍要不断适应你的宝宝，寻找更合适的育儿方法。千万不忽视这第一年的开拓性教育。

二、1 岁和 2 岁儿童的教育

（一）在游戏中教和学

游戏对成年人来讲是和工作相对的活动，是为了解除身心疲劳和紧张状态的一种娱乐活动，是生活的一种调剂活动，而不是生活的主要活动。但游戏对儿童来说就是他们的生活，儿童处在生长发育阶段，不能从事工作，而是通过游戏来学习，通过游戏来发展。游戏是儿童发展不可缺少的"营养品"。

一两岁的儿童已经进入从环境中学习的阶段。儿童喜欢自由，不喜欢约束，游戏正是一种自由的、愉快的和具体的活动，儿童在这种活动中享受快乐，获得发展。适合这一年龄的游戏有如下几类。

1. 促进其身心全面发展的游戏

一两岁以后幼儿各方面能力得到迅速发展，精力开始比较旺盛，特别好动，常常是一刻不停，给他们选择些好玩的、能满足他活动的玩具，如能推能拉能装东西的小车、桌上的积木、娃娃、小动物，婴儿画报等图书，玩沙和水用的小锹、小桶、小碗，还有球、沙包、套圈、套叠玩具、动作拼插等。每次游戏时，玩具不要过多，可以让儿童自己去选择，拿出来玩，玩后帮助儿童一起收拾起来。这年龄的儿童不能有意控制自己的活动量，不知道自己是否已经疲劳，这需要由母亲掌握他的活动量和活动时间，用转换活动或喝水、吃点食物等方法，让儿童适当地休息。

2. 练习运动的游戏

如用玩具引导儿童练习上楼梯，可将玩具放到第五、六级台阶上，成人跟在儿童后面保护，让儿童自己上，初次可让儿童上三阶便把他抱下来，再重复练习，熟练后可再增加上的级数。又如练习从 15 厘米的高处往下跳，妈妈站在儿童的跟前，鼓励儿童跳下，跳下后妈妈紧紧地抱住儿童。作爬上爬下的练习，可在室内用小桌、椅子、木箱做成高低不等的高台，让儿童做爬上爬下的练习。另外还有做滚球、扔球、接球的游戏，捉迷藏的游戏等。

3. 认识物品的游戏

如看图片一个一个指着数、让儿童知道名称，理解其用途，用语言重复或回答，"这是鞋，脚上穿的""这是香皂，洗手、洗脚用的，洗澡时也用的"。看画有各种动物动作的图画，指着一个一个地提问："这是小狗，它在干什么呢？对，它正在跑呢。""小猴子在干什么呢？对了，爬树呢，它爬得很快活啊！""这两只小鸡叼着蚯蚓，嗨哟、嗨哟、谁能吃上，鸡妈妈站在旁边说些什么呀?"由于画面上各种动物的不同动作，引起儿童很大兴趣，儿童愿意看，愿意说。又如可对照画册让儿童找出和画里相同的食物（或用品……），给儿童讲解其特征："香蕉是长的，黄的，剥皮吃又甜又香。""牛奶是白色的、好喝，每天都喝，喝牛奶身体长得壮。""冰激凌是凉的、甜的，吃多了肚子会疼的。"

4. 练习创造的游戏

如给儿童一些三角形、圆形、四边形的厚纸，由成人先示范着拼摆成一些物体的图形，随后可让儿童随意地拼摆；也可用彩色电光纸剪成各种几何形体，让儿童在纸上作粘贴的游戏。搭积木可让儿童先看大人搭，做模仿地搭，再让儿童自己任意地搭，儿童每搭成一个物体后，都要问问他搭的是什么，怎么用，并给儿童赞扬鼓励。

5. 练习概念的语言游戏

练习概念的游戏很多，如按语言指示让儿童准确地指出身体的部位："东东的鼻子""东东的脚"；又如按语言指示让儿童分辨左右："东东的左手""右手""东东的左耳朵""右耳朵"；又如按语言指示让儿童做动作："蹲下""跑""停"等；按语言分辨大和小、高和矮、上和下等；做语言的对答练习：成人说大，要求儿童说出反义词小，成人说胖，成人说长，要求儿童说瘦，儿童说短……

6. 认数游戏

认数游戏很多。对一两岁儿童只形成一些数量的概念，如收集各种塑料瓶盖、小石子、树叶等物，其数量有多有少，教儿童分类装盒，然后判断，什么东西多，什么东西少；又如练习一个对一个地排列，可以将两种东西对应，也可以将同一种东西对应；还可通过吃食物如吃水果、吃饼干、吃包子时成人把东西分成两半，教给儿童一半的概念。

总之，凡是需要教会儿童的知识概念，需要儿童锻炼能力大小和肌肉的动作，都可编入游戏，用游戏的方式组织儿童活动，实现教育的各种目的。儿童便可在轻松的、愉快的、感兴趣的玩乐中成长与发展，这将是最理想的婴儿教育。

(二)在保证儿童身体健康的情况下，父母要带儿童到户外去活动

到自然环境中去观察、玩耍，这有助于增进身体的适应力和抵抗力，吸收新鲜空气和阳光，可增进健康；儿童到户外格外愉快，情绪积极，还可开扩眼界，增进认识。带儿童到户外要重视让儿童自由自在地活动，如下地玩玩转椅、秋千、滑梯、坐坐飞机、碰碰车等，但要选择适合这年龄儿童身体能力的活动。在户外活动时，不要怕儿童碰摔或脏了衣服而把儿童放在车里或抱在怀中。不宜带这个年龄的儿童到商场、影院等公共场所，那里的空气污浊，环境嘈杂，不利于儿童的健康。

(三)大力提倡早期阅读活动

父母亲和儿童一起阅读图书和讲故事是一项有益的活动，可将儿童抱在成人的腿上或坐在成人的身旁，由成人拿着书，让儿童看着，成人边指边讲。可以每天固定在一个时间里，由成人进行一次这样阅读活动。对这个年龄的儿童可以重复地阅读，过一段时间再更换图书，不必每天更新，因为这个年龄只有多次重复才可形成记忆，儿童是不怕重复的，在一定程度上是愿听重复的故事。亲子阅读活动不仅可引起儿童对书的注意和阅读的兴趣，学习语言，而且有助于密切关系，增进感情，因此我们大力提倡早期阅读活动。

儿童这时学诗歌、学唱歌是通过多次听以后，渐渐自然学会的，只须给儿童听电视或收音机播放或由成人经常地背诵，儿童自 1 岁半以后便有学唱学说的积极性。儿童的被动语言活动将比主动语言活动更早出现，可以在儿童具有语言记忆能力时，创造多听多说的条件，使儿童得到语言的练习，并留下相应的印象。早期的记忆，得到经常的重复是不易遗忘的。

(四)重视习惯的养成和活动积极性的培养

这个年龄的儿童经常发生执拗行为，如儿童会走以后，便极不愿让成人牵拉他，而是愿独立走，在马路上他也要自己走。什么碰撞的危险儿童是不知的，成人便要抱起儿童，这时他们经常要发生哭闹，或不依从成人的执拗行为。对此一般在执拗发生后，除用转移注意力的方法外，是不容易制止执拗的，应采取"估计在先，防范在后"的妙法，即在最初出门行走时就由成人领着他走，不造成儿童自己走的情景，只有到了安全地带后，才放开手，让儿童自己走，便不会造成执拗的发生。一旦儿童发生执拗行为，较有效的方法是用其他条件的吸引，转移注意力的做法，不宜对这么小年龄的儿童用讲道理的方法，因为这时情绪大于理智，更不宜采取威吓和打的惩罚办法。

总之，对一两岁的儿童教育，要重视习惯的养成、活动积极性的培养，认识事物能力的发展和各种动作的练习。

三、3岁儿童的教育

(一)在游戏中发展儿童的认识能力

可将儿童认识的事物编成游戏,在儿童玩的过程中让儿童自然地认识。如将旧画册上的儿童熟悉的物体如电视机、钟表、小车、动物、房子等剪下来、并各剪成两半,和儿童玩拼图游戏,拼成了让儿童说出名称(在方言区应说出方言的名称及普通话的名称,同时教会)。又如玩语句游戏由母亲像唱歌似的有节奏地问,让儿童回答:热的东西是什么?冷的东西是什么?飞的东西是什么?甜的东西是什么?能吃的东西是什么?不能吃的东西是什么?每个问题可以有几个答案,每次说几句,问题应是儿童有经验的。这个练习既是语法练习更是发展儿童的练习,它使儿童更加关心周围的事物和现象,理解人与人的关系,等等。如练习记忆的取物游戏,可在桌上放橘子、勺、小杯、小汽车、书等物品,用一张布(或报纸)盖上,让儿童听着由成人说"小杯、书"然后把盖布揭开,让儿童把刚刚听到的物品用手把它拿出来。这个游戏是练习儿童听觉记忆的,有助于巩固儿童对物品的认识。

(二)发展儿童的人际交往能力

在安全的情况下,要让儿童和更多的人相接触,在接触中练习交往,其中有成人也有年龄不同的儿童。让儿童认识和各种人的关系,懂得用不同的称呼叫人,知道在各种环境和场合中和人怎样交往。如家里来客人了,要有礼貌地问候,有人问话要会回答,在父母和客人讲话时不要跑来打扰,到别人家做客也要先问候,不要乱翻人家的东西,得到允许后才能玩人家的玩具。人家给东西要说谢谢,和邻居或幼儿园的小朋友在一起要友爱,爱护比自己小的弟弟妹妹,不能独占玩具。乘车时,人家让坐了要说"谢谢",不小心碰了别人要说对不起,见了老年人要随时教儿童会正确地称呼人。在家庭中应创造一些条件让儿童有机会和伙伴一起玩,如找一两个小朋友到家里玩或让孩子到邻居家玩,发展儿童的独立交往能力。儿童只有在直接接触中才能体验到自己和别人的关系,在接触活动中不断适应彼此关系,并学会怎样一起玩。

(三)培养儿童生活自理能力和良好的习惯

3岁儿童身体和手的基本动作已经比较自如了,能够掌握各种大的动作和一些精细的动作,所以生活自理能力的练习要在此时抓紧培养。培养儿童生活自理的能力意义还不限于能力的形成,而在于自幼培养独立和不依赖于成人的性格。3岁儿童的生活能力是独立用勺吃饭,用杯喝水,会漱口,会洗手,会用水吞药片(丸),会系大个的扣子,会盖被自己睡觉,会解裤子大小便,会用手帕擦鼻涕,这些能力是怎样养成的呢?在日常生活中,在成人帮助下儿童独立地做就可以渐渐学会,贵在放手让儿童练习,开始不要怕儿童做不好,不要怕太费时间,要有耐心,要让儿童在独立做的过程中学会。家长们的包办代替只能养成儿童的笨手笨脚。还要利用儿童好模仿的特点,鼓励儿童模仿大人的生活。除在日常生活中练习外也可以利用游戏加以辅助练习,如系扣练习就可以让儿童脱下自己的衣服或妈妈的衣服练习解扣、系扣;给娃娃穿衣服,用勺给娃娃喂饭等。

在培养生活能力时注意良好习惯的养成,譬如吃饭能力的练习。进餐时就要养成不撒得满桌满地,吃饭时不玩玩具,不看书,不讲故事的好习惯;又比如睡觉前要小便,脱了衣服放在椅子上,不蒙头睡觉,手里不拿东西睡觉等好习惯。

(四)正确对待儿童的"反抗行为"

3岁儿童可以按大人提出的要求去行动了,但又不是大人说什么他就去做什么,而常常是他们自己总想寻找机会来表现自己的身心能力。所以一有机会便要采取独立的行动,儿童不知什么是危险,什么叫不行。但在成人照顾下则就不允许3岁儿童的这些独立行动,采取预先限制或当时强行制止儿童的愿望和去表现的机会,这样儿童就会表现出情绪烦燥不安和反抗。比如爱说"不"或不让动偏用手去摸,成人叱之为"不听话",实在是冤枉儿童。儿童的这种"反抗"一直会延续4岁,他们总想将已经获得的经验和认识在另一个环境里试一试,想要自主地行动。对待3岁儿童出现的反抗行为重要的是理解和满足,理解儿童要独立行动的要求,尽量多地创造一些条件满足儿童做多种活动的要求,使儿童有事可做。3岁儿童已不满足于家里的狭小空间天地了,要室内外活动兼有、动静活动兼有、动手动脑的活动兼有,使儿童生活不单调。儿童的活动要求得到了适当的或充分满足,自然地,"反抗"行为就会较少发生。

一旦发生了反抗行为,成人不要对儿童急躁,更不要和儿童对抗,要耐心询问,设法创造条件去满足。如3岁的明明画画,爸爸看他画得不像就拿笔在他的画上画了一只大公鸡,这下子孩子哭了。他本来没画好心里就不高兴,成人代他画出来了,他的能力更无法表现了,于是情绪发作了。这时妈妈过来看了看画,说:"这儿有一只大公鸡,还应该有什么呢?画还没画完呢,现在明明自己来想一想把这画画完,明明你想得出来还该画些什么?"明明点点头,情绪就平复了。这就是正确对待3岁儿童的教育艺术。

四、4岁儿童的教育

(一)引导儿童观察生活

要注意引导儿童观察周围的生活，以增长知识和认识能力。在儿童生活进入第四个年头后，他们的有意性开始发展了，所以应扩大他们的生活视野，引导幼儿注意地观察周围的生活现象，在观察活动中可以不断地增长见识，同时发展儿童的注意、记忆、思维、想象、语言五种认识能力。可以观察家庭周围的邻居、店铺、街道、马路等开始。如单元房可要儿童记下楼号房号，楼的颜色、周围有什么特征，住平房可记住周围的邻居。观察马路上的设施、车辆，各种职业人的劳动情景。周围生活是对幼儿进行德、智、体等方面教育的可用的好教材。家长还可利用每天接送儿童的路上引导他们观察进行教育，这当中家长要有对生活充满热爱的情感，选择那些较好的有价值的情景向儿童进行点滴的渗透教育。还可利用节假日带儿童到公园或大自然中、到博物馆中、到有纪念意义的地方去，从更广阔的角度观察感受生活，以大量的生动的具体形象丰富儿童的头脑印象，这样便能适应4岁儿童活泼好动和思维具体形象性的心理发展。在观察生活中，4岁儿童会提出许多问题，有的是远远出人意料的。如在看到马路的汽车后问：为什么车的轱辘都是圆的，院子里的花为什么春天开？这要需要成人抱着尊重的态度给以解答，而且在观察生活时遇到不良现象要引导儿童进行分辨。

(二)培养儿童的同情心

同情心是人类共存共生的情感基础，4岁儿童已受到一些人生观念的教育：如对同伴要互相帮助、互相谦让；不打人，不欺负人；敬老爱幼，同情残疾人，尽力去帮助他们；保护对人有益的动植物，不任意摧残它们；疼爱父母和照料自己长大的人，等等。

同情心的培养首先在于成人的榜样感染，做父母应具有同情心，对人同情并见诸行动，并用儿童理解的方式适当地讲解为什么要那样照顾奶奶，为什么下了班还要去一个阿姨家帮助她做事，使儿童既理解道理又有榜样，从而在父母的感召下，渐渐生长出同情心。

(三)发展儿童的表现力和创造力

4岁儿童活泼好动，有一定独立能力，富于想象，这些都是发展表现力和创造力的基础，表现力和创造力是儿童才能发展的标志。儿童通过手、口、动作、表情进行表现和创造。儿童的创造不是自身能力的创新，是独立思考的结果，这种能力的可贵之处不在于目前而在于对儿童将来是十分可贵的能力素质，未来的发展创造正是从这里崛起的。

在家庭中怎样为孩子提供表现与创造的兴趣和机会呢？要有一个可供儿童独立做活动的环境，鼓励儿童用语言和表情来表现活动。如伴着音乐儿童自编自舞的活动，儿童自由地画、贴、剪、做玩具等活动。对此，我们不要太看重儿童表现与创造的成果，（如好不好、像不像等），而是要看儿童表现和创造的努力过程和用心程度、认真态度、坚持精神和创造等特点。要做到经过每一次的表现和创造活动使儿童都能增长信心，激发再创造的愿望。儿童的表现与创造活动是可以给予适当的指导和帮助，但不宜过多，更不要代替。鼓励的方式重精神鼓励，不宜多用物质奖励，因为物质的引诱将把幼儿的纯真的创造活动引入歧途。

(四)游戏促进儿童的全面发展

下面介绍几种发展儿童认识能力、运动能力、语言能力和判断能力的游戏。

(例一)目的：从图中发现规律，培养其观察力、分析力以及概括推理能力。

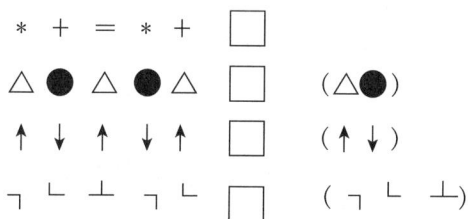

玩法：

(1)图里每行里都排列了五个图形，让儿童寻找其中的规律并判断在右边的方格中应该填上什么图形才对，画出来。

(2)可按上述原理再画些带有规律性的图形，让儿童继续做此类游戏。

(例二)目的：通过玩球游戏，提高运动能力，培养注意力。

玩法：

(1)随便用各种持球方法做动作，如双手举起球，过头顶，往前举，坐着举，把球夹在两腿间。

(2)让儿童用自己喜欢的持球方法做活动，如站起、坐下、跑、钻桌子、从椅子上跳下、一手托球走。

(3)练习左右手传球，和成人互相传球。

(4)拍球。

(5)选定目标投球(目标可逐步移动)。

(6)滚球：叉开双脚，或用椅子作拱门滚球。

(7)练习接球和往远处投球。

(8)练习用脚向一定方向踢球。

(例三)目的：通过说反义词理解词语的意思及正确的使用方法，增加词汇量。

玩法：问"高的反义词是什么？上的反义词是什么？干净的反义词是什么？亮的反义词是什么？冷的反义词是什么？哭的反义词是什么？"，也可指图让儿童回答。

讲解反义词，如硬、软，香、臭，聪明、笨，饱、饿，重、轻，远、近，高兴、生气，长、短，等等。

(例四)目的：培养道德判断能力。

玩法：

(1)让儿童看一些"应该怎么做"等有关规则的图片，并根据图片内容提一些相应的问题，如：图中哪个孩子做得对？哪个孩子做得不对？要求用手指出，并说明其中的理由。

(2)然后让儿童说出正确的社会行为和亲社会行为。

总之，我们认为，4 岁儿童的教育要点是：满足活动要求，扩展儿童眼界，让儿童充分游戏、发展能力，培育儿童情感、增强儿童主见。

五、5 岁和 6 岁儿童的教育

5 岁和 6 岁的儿童即将进入小学，教育更加重要而且更具实效性了。这个时期儿童教育得好与坏对入学后的发展影响极大，任何对儿童的放任自流都会使我们前功尽弃、功亏一篑。

对 5 岁和 6 岁儿童的教育仍具有学前期教育的普遍特点，下面介绍一些适宜的教育要求及方法。

(一)采用游戏的方法发展儿童诸方面能力

从儿童日常生活中选择游戏的题材，考虑到儿童的发展及兴趣而由成人编成一些游戏。在愉快的游戏中儿童的各种能力都可以自然地发展，介绍一些家庭中练习各种能力的游戏：

(例一)目的：增进对长度的认识。

方法：

(1)让儿童比较两支笔的长短(把笔的一端并齐就可比较)。

(2)让儿童比较 3 支笔的长短，问哪支最长？哪支最短？

(3)让儿童比较 5 支笔的长短。

(例二)目的：发现两个不同工具的共同点，发展观察力和洞察力。

方法：

(1)剪刀和切菜刀有什么相同的地方呀？（能切东西，有刃，都是金属制的，有危险，用手使用的，发亮的）

(2)奶瓶和小桶有哪些相同的地方？

(3)书和笔记本有哪些相同的地方？

发现相同点的游戏可以引入比较两种水果的相同点(苹果和香蕉：能吃，要去皮，树上结的，是水果，有颜色的，好吃，甜)；比较两种动物(猫和狗：四条腿，家里可以养，全身有皮毛，会叫，咬人……)。

(例三)目的：灵活地接球，提高动作的敏锐性。

方法：

(1)双手接球。

(2)较高抛球和把球扔回去。

(3)练习左右接和向前跨步接球。

(4)自己往墙上扔球，接回。

(二)利用生活中的机会，让儿童懂得更多的事理

5岁儿童心理的发展已有可能也有要求获得更多的知识经验和生活事理，也应该让他们有辨别是非的能力，所以应该十分注意在日常生活中利用各种机会，自然地告诫儿童一些事理，包括各种生活经验、物品的性能、事物的因果关系、道德行为准则等。

例如，住在楼房要清扫公共的楼道，在楼上住动作要轻，以免给楼下造成很大的声音，在人家窗下门外玩时不要大声喊叫，在院子里踢球扔球时要避开门窗。如在马路上走要靠边或走人行道，过马路要走人行横道，有红绿灯处要遵守绿灯走红灯停的规则，要先向左看再向右看，不要跑，要让成人领着走，不要在街上跑着玩。乘公共汽车按次序，上车后不去抢座占座，为抱小孩的、老年人、残疾人、病人让座位。吃东西不随地乱扔皮核，大小便上厕所，在公共场所遵守规章。如懂得气候和人的关系：人要按天气的温度增减衣服，天冷加衣，天热少穿衣。懂得什么事是危险：玩火危险；乱动电器、插销、电线危险、楼上开窗、坐在窗台上、扒阳台危险；吃错药危险；不关好家门、把不认识的人请进家里危险。如懂得各种职业者劳动的社会意义：街上干净因为有清洁工打扫；水管坏了有工人修理；冬天外边冷，屋里暖和，因为有锅炉工日夜不停地烧锅炉；商店有售货员才有各种东西卖；粮食是农民种的又经过工厂加工，粮店出售，我们买了才有的吃；每天电视里都有新节目，是电视台的叔叔阿姨拍摄、制作才有的看。父母亲的工作也应让儿童知道以增进儿童对父母的理解、尊敬，唤起儿童关心父母、体贴父母，能为父母做些什么的爱心。

总之，要紧密地结合儿童日常生活中经常的或偶然间遇到的事向儿童简单明了地讲述其间的一些道理，使儿童从中长知识长经验学习做人的道理。那种天天生活，却对生活中的教育机会视而不见，充耳不闻、忙忙碌碌而不涉及教育的家长，最后就只会责怪自己的孩子光知道玩不疼人。儿童由于缺乏事理，常常行为越轨，被人告状或做错事，使家长很伤脑筋。所以说日常多费一分教育之心，日久可见真情，这样做不但会使他们掌握一定的是非标准和生活经验，还能启发儿童主动探求事物的道理。当成人没有讲给他们听时，有些懂事的孩子就会主动询问，要求成人解释（表现为提问）。而且，五六岁儿童的问题真可谓无穷无尽，成人难以预测。对他们的问题要十分重视，要认真回答，可以直接回答，也可以和儿童共同讨论以得出答案。每解决一个问题，儿童便多获得一个道理，所以我们应重视成人的教育引导和圆满解答。儿童的求知求索就可以渐渐地使其成为一个明白事理、喜欢探求事理的孩子，这也是继续接受教育的好基础。

（三）提供条件让儿童做感兴趣的有益的活动

5 风和 6 岁儿童已有某些兴趣倾向，同时独立性也有较大发展。在家庭中可根据儿童的兴趣让他们去做些活动，如喂上几条虫、养只小乌龟、养蚕、养猫、画画、下棋、捏泥、看书、刺绣、编织、拼装游戏，等等，尽量满足儿童的兴趣，只要这活动有益，应尽量提供条件满足；也有的活动虽属儿童有兴趣的，但对儿童是无益有害的，就不应提供条件，使儿童的这一兴趣逐渐淡化。

儿童感兴趣的活动一般还是多种多样的，所以可在多种活动中进行调剂，以利儿童多方面的发展。此时儿童感兴趣的活动并不一定决定其将来的兴趣，我们是利用兴趣让儿童做活动，是非定向性的。看电视是五六岁儿童最喜欢的事，常坐下来一个节目连着一个节目看，不仅对儿童节目，对成人节目也能看懂。当然电视节目基本是好的，但不是都适合儿童看。另外从看电视的活动本身来看，属于久坐不动的，美国饮食协会主席饮食专家赫斯说：坐着不动只会对良好的营养和身体发育起反作用。看电视增加了儿童独处和不活动的时间，无益于身心健康。因而抑制了儿童的主动性、好奇心、想象力、思维逻辑、注意力的发展。美国一位家庭辅导心理学家认为：学前阶段是塑造期，他们日后创造和工作所需的技能都是在这个阶段发展起来的。而看电视是什么技能都不需要的，主张在孩子上三年级学会好好阅读之前，尽量不让他们看电视，建议父母不应让孩子一星期中看电视超过 5 小时。这就是说看电视这一对成人有益的活动，对于学前儿童虽也有兴趣，但应作为有控制的活动。家长们为了孩子也需要适当地节制一下自己看电视的欲望，或在成人看电视的同时为孩子安排做其他有兴趣的活动，而少看电视。

成人认定有益的活动，儿童若无兴趣也不应逼迫儿童去做。比如不少家长期望儿童早期学某种艺术，如学琴，已成为当今家庭教育的时髦内容，重金买来钢琴，请来琴师。有的儿童开始觉得新鲜有趣，练习之初也觉着容易，成绩也好。日渐弹奏复杂，练习单调枯燥，儿童失去了兴趣就觉得练琴成为苦闷的事，家长于是严加管教逼迫练习。有一个孩子对大人说："我真想把钢琴砸个稀巴烂。"母亲听后及时醒悟，没有再继续练下去。这说明儿童没兴趣的活动不能逼迫他们去从事。

(四)减少担心，让儿童多做些活动

5 岁和 6 岁儿童全身运动能力加强，并能进行跑、跳、速跑、攀登、单脚站立、单脚跳跃、球类、跳绳、跳着走等；手指能用小刀削铅笔、使用剪刀、画画、玩积木、投球、使用筷子、用针、手指和指尖的运动，这些都同大脑发展有密切关系，手指运动也成为有效的刺激，能促进脑的发展。

总之，运动促进儿童发展，但令家长最担心的是运动会带来事故的发生，尤其是骨折和碰伤；但是，如果过度保护，勉强成长起来的儿童，失去了运动的机会，没有从事轻松愉快的运动，其运动神经的发展比较迟缓，身体运作比较笨拙。另外，运动可促使肌肉、骨骼的代谢旺盛，能吸收大量营养，骨骼也更结实了。所以，对 5 岁和 6 岁儿童应更加放手些，让他们多做些运动全身和运动手指的活动。

当然，同时要制造安全的条件，教育儿童懂得一些保护自己的知识。

(五)做好幼小衔接

6 岁儿童即将进入小学，家长也理应重视，在这一年中为儿童入小学做好准备。正确理解的入学前准备是指儿童身心健康发展的全面准备，不是指读写算的提早训练的准备；这时要继续关心认识能力的发展，而不仅仅是知识的增多；关心儿童良好品德行为与性格的形成，培养儿童学习和求知的兴趣，使其有上学的愿望和心理准备。

总之，我们认为，对 5 岁和 6 岁儿童进行的教育要点应该是：生活自理、活动自立、积极和周围人相处、较全面的运动能力、说话能力，有数学的初步概念，能够进行简单的思维推理，有一定的创造力和表现力，以及基本的是非、好坏等道德判断能力。

思 考 题

1. 为 1 岁前儿童提供哪些适合的玩具？
2. 怎样培养 3 岁儿童的生活自理能力和良好的习惯？
3. 试举两则发展 4 岁儿童认识能力和判断能力的游戏。
4. 怎样使 5 岁和 6 岁儿童懂得更多的事理？

第四章 托儿所的保育和教育

在我国，托儿所是 3 岁前儿童的集体保教机构。1956 年我国内务部、卫生部、教育部联合通知指出：托儿所与幼儿园应依儿童年龄来划分，即收 3 岁以下的儿童者为托儿所，混合收托出生到 6 周岁儿童的托儿所，如果不满 3 周岁的儿童居多，则仍称托儿所，其中附设幼儿班。各类型托儿所的经费、人事、房屋设备和日常行政事宜，均由主办单位各自负责管理，有关方针、政策、规章、制度、法令、教育计划、教育内容、教育方法、儿童保健等业务，由卫生行政部门领导，托儿所内的幼儿班，由教育行政部门进行业务指导。1980 年卫生部颁发了《城市托儿所工作条例》(试行草案)，确定了我国托儿所的性质、任务、办所方针、婴幼儿卫生保健工作、教育工作、组织编制、工作人员职责及房屋设备的要求等，是托儿所工作的依据。

一、托儿所的性质及任务

托儿所是为 3 岁前儿童设立的集体保教机构，负有教养 3 岁前小儿及为其父母参加工作提供方便的双重任务。为此，托儿所既具有社会福利性，又具有保育教育性。

3 岁前小儿体格生长发育与心理正处在迅速发育时期，从初生到两岁大脑发育最快，其基本生理功能已接近成人，已具备接受教育的条件。但由于整个身心尚处于发育过程中，还是稚弱的，因而精心保育是十分必要的。总之，3 岁前是儿童智慧、能力、行为、个性发展的重要时期，托儿所担负着教育小儿的任务，以促进儿童良好的发展。

托儿所的保育教育任务是：

(1)保障小儿健康是托儿所的首要任务。

贯彻预防为主的方针，实行科学育儿，控制传染病、降低常见病的发病率；发展小儿基本动作，进行适当的体格锻炼，增强小儿的抵抗力，提高健康水平，促进身心正常发展。

(2)培养小儿饮食、睡眠、活动、穿衣、盥洗及与人交往等各方面的良好习惯。

(3)发展小儿模仿、理解和运用语言的能力，通过语言及认识周围环境事物，使小儿智力得到发展，并获得简单知识。

（4）进行友爱、礼貌、诚实、勇敢等良好的品德教育，培养活泼开朗的性格。

（5）给小儿以适宜的艺术形式的陶冶，萌发小儿初步的美的情趣。

托儿所在创设的特定环境下，在受过培训的保教人员的教养下，在托儿所内各项工作的周密管理协同下，得以实现促进小儿各方面发展的保教任务，以优于家里的保教质量，使小儿生活得好、生长得好、发展得好。

二、托儿所的物质环境设备

（一）选址

托儿所基地的选择应符合以下要求：

1. 应远离各种污染源，并满足有关卫生防护标准的要求。

2. 方便家长接送，避免交通干扰。

3. 日光照射充足，场地干燥，排水通畅，环境优美或接近城市绿化地带。

4. 能为建筑功能分区、出入口、室外游戏场地的布置等提供必要条件。

《城市托儿所工作条例》（试行草案）规定：托儿所的所址不得选在危害儿童健康发育的地方，如放散有害气体的下风侧等。凡新建托儿所要符合国家工业、企业设计卫生标准，凡利用旧房舍举办的，也应改造，尽量适合儿童健康成长的需要。

（二）总体平面设计

托儿所的建筑物、室外游戏场地、绿化地及杂物院等均应纳入总体平面布置，要求做到各部分按功能分区合理，方便管理，朝向适宜，游戏场地、活动室日照充足，整体环境空间应符合小儿生理、心理的特点。

托儿所室外游戏场地应有各班专用场地及全所共用场地。每班共用场地面积不应小于 60 m²，各班游戏场地之间宜采取分隔措施。全所共用游戏场地的面积的计算公式为：$S(m^2)=180+20(N-1)$（180，20，1 均为常数，N 为班数，其中乳儿班不计入班数）。室外共用游戏场地中应设有游戏器具、沙池和贮水深度不超过 0.3 m 的戏水池。

托儿所应有集中或分散的绿化地，包括遮阴绿化及草坪，力争做到春有花、夏有香、秋有果、冬有绿，严禁种植有毒及带刺的植物。

托儿所内应设置有单独对外出口的杂物院。

托儿所的基地四周边界，应有安全、美观、通透的围护、遮拦设施。

（三）建筑物要求

托儿所的房屋建筑包括三类用房：

1. 生活用房，包括活动室、寝室、乳儿室、配乳室、喂奶室、卫生间（包括厕所、盥洗洗浴）、衣帽贮藏室、音体活动室等。严禁设在地下室或半地下室。室内噪声均不得大于 50 分贝。窗地面积比 1/5、1/6 及 1/8。

乳儿班每班各房间的最小使用面积如下：

乳儿室——50 m^2，室内净高不得低于 2.8 m

喂奶室——15 m^2

配乳室——8 m^2

卫生间——10 m^2

贮藏室——6 m^2

托儿班每班各房间的最小使用面积为：

活动室——50 m^2（室内净高同乳儿室）

寝室——50 m^2（室内净高同乳儿室）

（全日制托儿所将二室合并使用，其面积为 80 m^2）

卫生间——15 m^2

衣帽贮藏室——9 m^2

全所共用的音乐体育活动室以 90 m^2 为宜。

托儿所生活用房应为每班独立使用的生活单元。若托儿所与幼儿园合建时，托儿生活用房应单独分区、设单独出入口。

喂奶室、配奶室应设于接近乳儿室处，喂奶室应靠近对外出口。喂奶室、配奶室中应有洗涤池，配乳室内应有加热设施，使用有污染性燃烧料，应有通风、排烟设施。

卫生间应设洗涤池两个、污水池一个及保育人员使用的厕所一个。

2. 服务用房，包括医务保健室、隔离室、晨检室、保育员值班宿舍（全日制托儿所不设）、教职工办公室、会议室、值班室、教职工厕所、浴室等。

医务保健室与隔离室宜相邻设置，与儿童生活用房应有适当距离。隔离室应设独立厕所。

晨检室宜设在建筑物的主出入口处。

小儿与职工洗澡设施宜分设。

3. 供应用房包括幼儿厨房、消毒室、烧水间、洗衣房及库房等。各供应用房面积标准依据《托儿所、幼儿园建筑设计规范》，由于使用工具及燃料之不同，可根据情况变动。楼房建设，可设小型垂直升降梯，运输餐饮。

托儿所建筑的防火与疏散、建筑构造、给水排水、采暖通风、电气设备等，均应以《托儿所、幼儿园建筑设计规范》为依据，以确保托儿所建筑物的安全、卫生、适用。

(四)用具与玩教具

托儿所应有床、桌、椅、喂餐桌、围栏、便椅、推车及盥洗设备，这些用具的尺寸要适合小儿使用，有助于小儿发育；家具、用具要坚固、平滑、无角、易清洗、易消毒、确保安全卫生；小儿用具以浅色为宜，形式富有情趣。

在室内外为小儿设置进行活动用的器械，如滑梯、荡船、平衡木、球篮、钻爬器具等。

为各年龄小儿准备各种类玩具，围栏中玩的、桌上玩的、地上玩的均应考虑。如各式球、塑料形象玩具、积木与积塑、头饰、惯性玩具、小三轮车、各式推拉玩具车、拼图与配对玩具、拆装玩具、简单儿童乐器及婴儿读物，等等。托儿所玩具应十分丰富多彩，体积适宜小儿拿取，不宜过大或过小。玩具投放应有目的性，经常更换，但必须保持品种多，相同玩具数量多。玩具要定期清洗消毒，玩具应放置在小儿便于自行取放处，并保持各种玩具放于固定的位置。

托儿所宜为小儿在地面上爬行、蹲坐提供一定条件，如铺放一块地毯，供小儿游戏与休息。

(五)环境布置

托儿所的环境布置要求是：清洁、美观、有童趣。室外墙面、地面、室内走廊，各生活用房等应依其功能加以装点布置，使之有形象、有内容、有色彩，可采用涂贴、悬挂、装置等方法布置。

环境布置恰当宜人，可增进小儿的安全感和兴趣；呆板、单调、缺少色彩的生活环境，给小儿带来恐惧和压抑，影响小儿积极活动；过于纷繁、杂乱的环境布置，将给小儿造成兴奋不安与行为无序状态，也是不可取的。

三、托儿所的集体保教原则

(一)培养小儿良好的心理和身体素质

保教工作必须从小儿生理心理特点出发，以培养小儿良好的身体素质、行为习惯素质和智能素质为目标，贯彻以保为主，保教并重的原则，在吃、睡、玩、穿衣、盥洗、大小便等每项生活内容中，都要贯彻保健和教育两项任务，做到保中有教、教中有保。

(二)集体教育与个别教育相结合

一岁以内小儿，采取个别教育方式；1～2岁小儿仍应以个别教育方式为主，可短时间分小组进行一些集体性游戏活动；2～3岁小儿除采用个别教育、小组活动外，可适当组织全体性的活动，如游戏、做体操、说歌谣、听故事、观察散步等，时间不超过15分钟为宜。

(三)根据小儿高级神经活动兴奋强于抑制的特点安排活动

做到方式多样、动静结合、小儿自由活动和有组织的集体活动相结合、室内室外活动相结合。所有活动要在有专人负责和相互配合下进行。

(四)坚持正面教育，积极启发诱导

教育内容既要适应小儿心理与体格的发展特点，又要比发育水平略有提前，但切忌拔苗助长，强加于小儿。坚持正面教育，积极启发诱导小儿的主动性，利用小儿直观性、好动性、模仿性与好奇性等特点施教。

(五)适应小儿个别差异，尊重小儿个性，给予较充分的活动自由

教育方法以鼓励表扬为主，善于运用转移注意力的方法，随年龄增长，逐渐采用讲解说理的方法。

(六)成人要做小儿的榜样

成人要做小儿的良好榜样，爱护和尊重小儿，态度和蔼，语言亲切，动作轻柔，要求一致。

(七)革新抚养方式，重视小儿独立性的培养

在成人帮助下逐渐练习吃、睡、穿衣、如厕等生活能力及运动、玩耍能力，切忌过多包办，培养小儿勇敢、独立做事、有始有终的好习惯。

(八)根据小儿的不同年龄需要，合理安排生活制度

要保证睡眠、饮水、进食、活动的适时适量，精心照顾小儿度过每日生活的各个环节，始终保持小儿情绪的稳定和快乐。

(九)为小儿创造良好的生活环境

环境要绿化、美化，室内空气清新、温度适宜，配备适合小儿年龄的玩具、教具、运动设备和活动场地，使之充分、合理地利用。

(十)托儿所应与家庭密切联系，取得家长的参与配合

思 考 题

1. 托儿所的保育教育任务是什么？

2. 对托儿所用具的要求有哪些？

3. 试述托儿所集体保教的原则。

第五章 幼儿园的教育

我国幼儿园创建于 20 世纪初。清政府 1903 年颁订《奏定学堂章程》(也称癸卯学制),1904 年年初正式实行。学堂章程包含《蒙养院章程》。1903 年在武昌创立幼稚园,1904 年依蒙养院章程改名武昌模范小学蒙养院。蒙养院章程规定:"蒙养院专为保育教导 3 岁以上至 7 岁之儿童,每日不得过 4 点钟"。1912 年中华民国政府教育部颁布《学校系统改革令》(称"壬子学制"),不久又颁布《壬子癸丑学制》,小学以下设蒙养园,"蒙养园以保育 3 周岁至入国民学校年龄之幼儿为目的"。直至 1922 年教育部颁布了《学校系统改革案》(又称"壬戌学制")规定小学校下设幼稚园。

1949 年成立中华人民共和国后,1951 年中央人民政府政务院颁布《关于改革学制的决定》,学制规定第一阶段为幼儿教育,实施幼儿教育的组织为幼儿园,幼儿园的名称一直沿用至今。

我国幼儿园在近百年的发展进程中,前半个世纪外国教会办园占居多数,政府办园占极少数,幼儿园多在沿海几个城市,极不发达。1946 年全国有幼儿园 1310 所,规模均较小,具有半封建半殖民地的性质。中华人民共和国成立后,幼儿园的发展呈现了崭新的面貌。1950 年全国幼儿园 1799 所,入园幼儿 14 万人;1957 年全国幼儿园 16420 所,入园幼儿为 1088 万人;1993 年全国幼儿园(班)165197 所,入园幼儿 2553 万人,入园率达 31.55%(其中受学前一年教育率占 60%)。幼儿园不仅数量有较大发展,满足了更多儿童入园之需,且在教育观念、教育实施以及师资培训等方面有了全新的改革,幼儿园已成为我国基础教育的一个组成部分,也是我国社会生活中与千万个家庭、千万个工作部门息息相关,不可缺少的机构。

一、我国幼儿园的性质

中华人民共和国成立后,政务院颁发的第一个学制便规定了设立幼儿园及幼儿园的性质。学制规定幼儿教育:实施幼儿教育的组织为幼儿园,收 3 足岁到 7 足岁的幼儿,使他们的身心在入小学前获得健全的发展。幼儿园应在有条件的城市中首先设立,然后逐步推广。

1979 年教育部颁发了《城市幼儿园工作条例》(试行草案)中指出,幼儿园

197

是对 3～6 岁幼儿进行学龄前教育的事业机构。

1996 年国家教育委员会颁发、2016 年教育部修订发布的《幼儿园工作规程》再次明确了幼儿园的性质：幼儿园是对 3 周岁以上学龄前幼儿实施保育和教育的机构。幼儿园教育是基础教育的重要组成部分，是学校教育制度的基础阶段。

以上表明了国家对幼儿园性质的确认，从中我们对幼儿园的性质应把握下列要点：

(1)幼儿园是对学前幼儿进行教育的机构，与各类学校有相同处，所以列入学制系统，归属教育部门主管。

(2)幼儿园又不完全相等于学校，其区别于学校者，一是教育对象为尚未入学的幼儿，幼儿生长发育处于未成熟阶段，心理特征和心理需要也不同于中小学生，尚无自我保护和自理生活能力，需要依赖成人的保护照料；二是我国幼儿园多数为整日制，幼儿在园时间长达 8～10 小时。由上决定幼儿园负有保育儿童的责任，幼儿园的设施和生活、活动安排均不同于学校，具有保育的性质。

上述两个要点均融于幼儿园的全部工作及幼儿的全部活动中，幼儿园机构的特色为保育与教育兼施的机构。

(3)幼儿园是学校教育的准备阶段，为此幼儿园保育与教育的方向是为幼儿提供入学准备，幼儿园教育必须与小学教育密切联系，准备得当，为幼儿入学提供有利条件。

二、我国幼儿园的任务

幼儿园的任务指幼儿园的机构应承担的任务，它由幼儿园的性质和社会的需求所决定。

1952 年教育部颁布的《幼儿园暂行规程》(草案)中确定幼儿园的任务是：根据新民主主义教育方针教育幼儿，使他们的身心在入小学前获得健全的教育；同时减轻母亲对幼儿的负担，以使母亲有时间参与政治生活、生产劳动、文化教育活动等。

1979 年教育部颁发的《城市幼儿园工作条例》(试行草案)中，指出幼儿园工作的任务是：根据党的教育方针和毛泽东"好好保育儿童"的教导，对幼儿进行初步的全面发展教育，使幼儿健康、活泼的成长，为入小学打好基础，同时也减轻家长在教育子女方面的负担，使他们能够安心生产、工作和学习。

1996 年国家教委颁布的《幼儿园工作规程》中第三条幼儿园的任务是：实

行保育与教育相结合的原则，对幼儿实施体、智、德、美全面发展的教育。促进其身心和谐发展。同时为幼儿家长参加工作、学习提供便利条件。

以上三个历史时期所规定的幼儿园的任务是一致的，即担负保育教育儿童及为方便家长服务的"双重"任务。理解与贯彻幼儿园的双重任务需把握以下要点：

(1)幼儿园的"双重"任务是我国幼儿园的一大特色，也是我国幼儿园的社会使命。"双重"任务既有区别性更有互补性，"双重"任务应纳入幼儿园统一的工作计划中。我国已出现一批"双重"任务完成好的一类或优质幼儿园，它们享有社会信誉和社会地位，堪称楷模。幼儿园的"双重"任务不存在排斥性与对立性，对"双重"任务的充分认识，是实现二者统一的关键。

(2)幼儿园的工作任务对所有幼儿园有意义，所有幼儿园都应遵循。不得因主办幼儿园的部门不同而自定任务，如一些幼儿园强调保育教育儿童的任务而忽略了方便家长、服务家长，另外一些幼儿园又以服务家长为主而忽略对儿童的教育，所有幼儿园都不能偏离国家规定的幼儿园的工作任务。

(3)幼儿园的工作要服从与服务于"双重"任务，一切为了幼儿的发展，尽力方便家长。如儿童入园与离园的时间、幼儿园不放寒暑假、教师实行轮流制度、医疗与隔离制度、预防接种实行全包、为家长提供延时照顾幼儿服务、促进每个幼儿在原有发展水平上的全面和谐发展、有效地纠正个别幼儿的不良行为习惯等，都是幼儿园工作任务的落实。

(4)幼儿园的"双重"任务决定了幼儿园工作容量大、时间长、头绪多、牵动广、无小事、责任重等工作特点，为此幼儿园必须创设与工作任务相适应的环境、设备、人员配置以及有效的、制度化的全园工作运行机制，这些是实现工作任务的必要保障。

三、幼儿园实行保育与教育相结合的原则

(一)幼儿园为什么要实行保育与教育相结合的原则
(1)幼儿生长发育的特点需要精心保育。
(2)幼儿心理发展水平需要成人对其照料。
(3)幼儿园的集体生活需要保教结合。
(4)继承我国优良的传统经验："保教合一""保教并重""保教结合"，实现对幼儿成长的全面关怀及对幼儿家长的负责精神。

(二)保育的概念
保育是成人(家长或保教人员)对 0～6 岁儿童提供生存与发展的环境和物

质条件，并给予精心照顾和培养，以帮助幼小儿童获得良好的发育，逐渐增进其独立生活能力。

保育包括对幼小儿童的身体照顾和心理能力的保护和培养。

(三)怎样实行保教结合的原则

(1)创造适宜的物质环境是保教结合的必要条件。

(2)良好的精神环境造就良好的心理健康，教师的情绪与情操、幼儿园生活的丰富有趣、教师正确引导的教育方法是构建幼儿园良好精神环境的三方面的重要因素。

(3)保育与教育充满在幼儿园的各种活动中，做到教中有保，保中有教。

(4)幼儿教师和保育员各自做好本职责的工作，并加强工作的协同性。

(5)教师和保育员要了解每个幼儿，有针对性地实施个别保育与教育。

四、幼儿园的保育与教育目标

幼儿园保育与教育目标是指导幼儿园教育全过程的目标，各年龄阶段的保教目标包含在其中。为使教育遵循目标的指引实施，需视幼儿年龄的不同、教育时间的发展、教育活动的区别及幼儿个体的差异，将目标层次化、具体化，以便在教育的不同时期中、不同活动中以目标引导幼儿的发展。

(一)幼儿园保教目标确立的依据

1. 以幼儿发展水平和特点为依据

幼儿是教育的对象，教育是诱导幼儿发展的外部重要条件，教育是有目的、有计划对幼儿施以自觉影响的过程，为此，教育的针对性、教育的可接受性和教育的超前诱导性是幼儿发展的不可少的因素。幼儿身心发展水平及其特点，展示了幼儿作为教育对象接受教育的现有基础和对发展的需求。例如，幼儿身体各器官和系统发育的不平衡和未成熟，决定了保教目标中订立了"促进幼儿身体的正常发展和机能发展"。又如，幼儿期感知能力、注意力、记忆力、思维力、想象力都在迅速发展，且具有发展的特点，所以将发展感官、发展智力、发展动手能力均列入了保教目标。幼儿园保教目标以幼儿发展水平及特点为据，可避免目标的一般化、小学化，显示幼儿园保教目标的年龄特色。

2. 以社会要求和时代要求为依据

教育是育人的系统工程。国家对人才的要求、社会的期望、时代呼唤应集中在培育人的教育目标上。幼儿园是育人的摇篮，育人的目标应以国家的、社会的和时代的要求为据，结合幼儿特点提出。如德育目标反映了培养幼儿情感和良好行为习惯的社会要求方向；培养幼儿对体育活动的兴趣的目标，反映了时代发展的今天和明天对幼儿发展的要求和希望。幼儿园的保教目标应反映社会变革的精神。

以上两个依据应在制定目标时相融合，以具有幼儿特色，体现社会与时代的要求。

(二)我国幼儿园保教目标的特点

1.目标的全面性

幼儿园向幼儿实施德、智、体、美全面的发展的教育，在保教目标中应给以全面体现，对此在国际上取得了共识，这是幼儿园教育的一大进步。

在上述全面教育的各个领域中，还存在着各领域目标是否全面的问题。在幼儿园教育中长期以来比较普遍地存在实施德、智、体、美时的片面性，体育中重保健、轻锻炼，重体育训练、忽视体育兴趣培养，重保护、轻儿童体质的增强。如智育中的重知识教育、轻智力发展教育，重用脑活动、轻操作活动，或重操作又放松了动用口语表达能力的培养。如在德育中重视道德认知教育，轻道德感情的培养及行为的养成。美育中强调艺术活动技能技巧训练和掌握，忽视幼儿表现力的培养与发展。为此，在德、智、体、美目标的拟定中应克服上述片面性，使幼儿得到完善的、全面的德、智、体、美的教育。

2.目标的连续性

幼儿园保教目标应与3岁前儿童的家庭保育和教育、托儿所的保育和教育相适应、相连接，如幼儿已具有了一定的动作能力、语言能力、认识能力及养成了一定的行为习惯和性格特征，这些情况均应作为确定幼儿园保教目标及拟定班级保教目标的参照。幼儿园保教目标与小学教育目标的连续，是个现实的、普遍的问题，幼儿园教育是小学的预备阶段，而不是小学的提前阶段，故应重点考虑为儿童接受小学教育准备什么。儿童入小学将由游戏期进入学习期，将由成人的完全照料转化为更大的独立活动，由在成人帮助或提醒下行动变为在自觉遵守下行动，为使幼儿更有准备地适应入学后的学习生活，应在德、智、体、美等各领域中确定有利于准备的目标，并且避免目标的超越，即将许多属于小学教育的目标提到了幼儿园中，如学科的知识与技能的学习，不应大量列入幼儿园的目标。教育是个连续的长期的过程，应从整体观念出发，考虑本阶段教育的适当性，忽视目标的连续性，以不适当的目标压制了幼儿个性的充分发展。

(三)幼儿园保育和教育目标分析

1.体育目标

促进身体正常发育和机能的协调发展，增强体质(包括身高、体重、头围、胸围、血色素的达到标准，身体姿态的正确，走、跑、跳、钻、爬、攀登、平衡等基本动作掌握及其速度、耐力、灵敏、协调等素质的培养，提高对环境的适应能力及抵抗能力）。

培养良好的生活习惯和卫生习惯。

培养参加体育活动的兴趣。

2. 智育目标

发展幼儿智力。

培养运用感官的能力。

培养运用语言交往的能力。

增进对环境的认识。

培养有益的兴趣和求知的欲望。

培养初步的动手能力。

3. 德育目标

萌发爱家乡、爱祖国、爱集体、爱劳动、爱科学的情感。

培养诚实、自信、好学、友爱、勇敢、爱护公物、克服困难、讲礼貌、守纪律的良好品德行为和习惯。

培养活泼、开朗的性格。

4. 美育目标

培养初步的感受美的情趣。

培养初步的表现美的情趣和能力（如正确握笔、绘画姿势、着色和构图技能、剪、贴、折、建构技能、唱歌、表演、打击乐器等）。

五、幼儿园教育的工作原则

（一）德、智、体、美教育的相互渗透，有机结合

本原则的含义：

（1）各育并重。

（2）在幼儿园的各种活动中，充分考虑其中的各育因素，在结合中、渗透中同时完成身体上、智力上、品德行为与情感上、美感上等各方面的教育，或有主有从地实现教育。

（3）避免上述各项教育的的偏面实施，以致丧失大量的接受全面教育的机会。

（4）全面发展教育在实施中的渗透与结合，并非人为地、机械形式地、面面俱到地结合，应从活动内容中及活动方式中考虑全面教育的因素。

(二)既重视幼儿年龄特点，又重视幼儿的个体差异

本原则的含义：

(1)年龄特点具有普遍性，一般年龄大致相同的幼儿较普遍存在共同的身心发展特征。

(2)年龄特点不可绝对化，在每一幼儿个体中，不一定具有该年龄幼儿的所有特征，差异性是明显存在于幼儿个体中。

(3)幼儿年龄特征与幼儿个体差异均为教师实施教育的依据，对此应有仔细的观察了解及灵活的施教艺术。

(4)克服施教的一般化、一律化，教育难易程度、教育的方式与方法应从本原则出发，做不同的选择。

(三)热爱幼儿，坚持积极鼓励、启发诱导的正面教育

本原则的含义：

(1)对幼儿充满爱心，爱全体幼儿，尊重幼儿的人格。

(2)以兴趣引导幼儿的活动。

(3)运用鼓励、肯定、表扬、奖励等积极手段，运用榜样、正面形象、正面讲解引导等方法。

(4)避免对幼儿使用训斥、讽刺、挖苦、说反语等消极语言；谨慎使用批评和惩罚。

(四)寓教育于幼儿一日生活中

本原则的含义：

(1)幼儿一日生活中的各种活动是完成体、智、德、美全面发展教育的需要。因而都具有保育与教育的意义。

(2)幼儿的一日生活中教育手段的多样性，有助于幼儿接受教育。

(3)坚持克服重视某些活动、轻视其他活动的现象，提高每日的教育质量。

(4)一日生活的组织应以活动目标指导各种活动的连接、协调、沟通、发挥一日生活整体的教育效应。

(五)创设与教育相适应的良好环境，为幼儿提供活动和表现能力的机会与条件

本原则的含义：

(1)环境创设应与教育相适应，加强环境创设的目的性。

(2)环境创设应有变化，随阶段保教目标或主题活动目标而创设，以发挥环境的教育作用。

(3)幼儿参与环境创设活动。

(4)幼儿利用环境作各种活动，因而环境为儿童提供的活动余地应充分考

虑。如紧缩睡眠室用床占据的空间，腾出室内面积为幼儿自由游戏提供宽敞的环境。

（六）以游戏为基本活动，寓教育于各项活动之中

本原则的含义：

（1）游戏为幼儿的基本活动，幼儿园一日生活中应从时间、场地、玩具材料及教师指导等给以保证。

（2）充分利用游戏手段组织各种活动。

（3）游戏除外的其他也应给以重视，也是教育幼儿的活动手段。

教育原则应是选择教育内容、教材、教育方式、教育活动和教育方法的依据，并贯穿于幼儿园教育的全过程。

六、幼儿园的生活活动

幼儿园一日生活中的生活活动包括进餐、饮水、睡眠、盥洗、如厕等，所用时间约占幼儿在园生活时间的一半，对幼儿生活活动的组织与指导应把握以下要点：

（1）从实际出发，建立合理的生活常规。各幼儿园所处环境条件不同，幼儿在园中生活的组织也不尽相同，故应从本园实际出发，还要从各年龄班实际出发，建立起正确、合理的生活常规。生活常规建立在每个生活活动中，合理的生活常规对幼儿应是可操作的、有助于幼儿顺利进入各个生活活动的，应避免形式繁琐的不合理常规对幼儿的束缚。

（2）在生活活动中坚持一贯性、一致性和灵活性，培养幼儿的良好习惯和初步的生活自理能力。在幼儿园中每日重复进行的各种生活活动，是培养幼儿良好习惯和自理能力的好时机。保教人员应将习惯与能力的培养长期坚持下去，对幼儿应有一致性的要求，同时还应视环境及幼儿个体的状况、灵活对待，不宜强求千篇一律。

（3）日常生活活动是施教的机会，保教目标的实现，包括在日常生活活动中，切不可忽视。

（4）日常生活活动中的保育与教育，需有教师与保育员的良好配合，且要配合默契。在各种生活活动中保教人员的分工责任要明确、具体，创造好条件，让幼儿去做他们能做的事。保教人员通过示范、帮助、要求与鼓励，让幼儿逐渐学会生活自理，逐渐自主，养成生活有序、生活自理、有良好生活习惯，是入小学的必要准备。

七、幼儿园的教育活动

幼儿园的教育活动是有目的、有计划地引导幼儿生动、活泼、主动活动的，多种形式的教育过程。此种活动是由教师依据目标计划设计与组织的，是有目的、有计划的活动；此种活动中幼儿在教师的引导下呈现主动活动参与状态，幼儿的主动性、活动性应得到最充分的发挥，从而使教育活动发挥积极的教育效果；教育活动是以多种多样化的形式组织的，以激励幼儿的兴趣和培养幼儿的各种能力。教育活动的价值在于教育过程，要重视教育过程，幼儿在教育过程中感受到各种教育的影响，从而有利于幼儿经验的积累，能力的发展。

组织与指导教育活动的要领如下：

(1)教育活动内容的确定应以本班阶段性的保教目标及幼儿现有水平和兴趣为依据，即强调选择教育内容的目的性，对教育内容选择要依据循序渐进的原则，加以编排，以利于幼儿接受。

(2)充分利用幼儿园周围的环境资源组织教育活动，不宜将幼儿关闭在活动室中，依靠书本的教材内容组织教育活动。应将幼儿带到大自然中去，带到人们的社会生活中去观察、活动、感受，也可将自然界中的、社会生活中的景、物带进幼儿园中组织教育活动。

(3)在教育活动中充分考虑幼儿的感官活动，使幼儿各种感官处于积极活动状态，多种感官的积极参与活动，有助于幼儿在教育活动中积极性、主动性与创造性的发挥，幼儿可获得直接地、深刻地感受体验。

(4)在教育活动中应灵活运用集体活动(包括全班性的集体活动及分小组的集体活动)与个别活动的形式，不宜一律采用全班性的教育活动形式，也不宜无目的地变换活动形式。多种活动形式的采用，有利于每个幼儿在教育活动中获得应有的发展。

(5)在幼儿教育活动中为幼儿提供充分活动的机会。通过教师运用情景、实物、现场、演示、启发提问等教育手段与方法，让幼儿做观察、实验、操作、摆弄、表演等，使幼儿在教育活动中通过充分地参加活动，取得更佳的发展效果，改变幼儿在教育活动中处于被动接受的消极状态，变被动学习为主动地在活动中学习。

(6)注重活动过程，使幼儿充分参与教育活动过程，用脑、用手、用口、做活动。改变由教师包揽教育过程，由幼儿接受教育结果的做法。

通过教育活动的组织和幼儿的参与，理想的结果是促进每个幼儿在不同水平上的发展，使每个幼儿都处于积极发展与提高状态。由于幼儿的经验与能力存在着水平差异，因此不宜求得幼儿在同一时间内有同样的发展水平与速度，应从发展的观点正确评价幼儿在教育活动中发展与进步。

八、幼儿园的游戏活动

游戏活动对成人和对儿童虽然都有普遍意义，但对学前儿童却有特殊的价值，游戏是学前儿童的主要活动。对成年人来说，游戏只是他们的娱乐需要，对学前儿童来说，游戏则是他们的主要（或基本）活动。学前儿童是在游戏的生活中发展成长的。学前期是游戏期，剥夺学前儿童的游戏活动，便是窒息了他们的童年，将造成他们发展的畸形。因此，必须重视学前儿童的游戏活动，并要研究在游戏中怎样进行教育才是最有效的。

(一)游戏的特点

游戏是人们的一种轻松愉快的活动。游戏不同于劳动，它没有物质目的，而是以参加游戏活动的过程和取得愉快为目的，人们总是在情绪积极时才做游戏，通过游戏活动又获得更大的欢乐。所以它是没有负担的活动，是人的一种精神的和身体的享乐。

游戏是人们的一种自愿和自由的活动。它使人们摆脱了强制性。人们可随自己的兴趣和力量进行游戏，或停止游戏、变换游戏，游戏的种类、内容、玩法为人们所创造，可以被沿用，也可以被修改和更新。

游戏是人们的一种假想活动。儿童对游戏的这一特点，做出了明显的解释，游戏就是"玩"，"是假装的，不是真的"。游戏的假想性，是以模仿现实生活的某一侧面为基础，但又不是照样模仿，而是加入了人的想象活动，如捕捉一类的游戏，既来源于生活中的捕捉现象，但又不同于生活，不具有被捕的实在意义。又如幼儿的角色游戏，是以扮演为快乐，所扮演的内容既是对现实生活的反映，又是儿童在特定条件下的假想活动。不具有现实意义。

游戏具有社会性。游戏的内容、种类与玩法，受着社会历史的、地理的、习俗的、文化的、道德的影响。因此，游戏总是处在不断的变化与发展之中。

(二)游戏的分类

儿童的游戏多种多样，灵活多变不拘一格，分类的方法也不尽一致，如有的分为活动性的与安静性的游戏，有的分为使用器械的与不使用器械的游戏，有的分为智力的与体育的游戏，有的分为集体的与个人的游戏。还有把游戏分为创造性游戏和有规则的游戏两大类，创造性游戏是儿童主动地、创造性地反映现实生活的游戏，是学龄前儿童典型的、特有的游戏，它包含有角色游戏、结构游戏、表演游戏等。有规则的游戏是成人为发展儿童的各种能力而编写的有明确规则的游戏，如智力游戏、体育游戏、音乐游戏等，它一般包括四个部分，即游戏的目的、玩法、规则、结果。有规则的游戏需要成人逐一教会儿童，待儿童熟练掌握后，便可以自由选择了。

(三)游戏对学前儿童发展的意义

游戏是儿童身体发展的需要。儿童身体发展需要活动，游戏活动适合各年龄学前儿童身体发展的需要与可能，通过游戏活动可促进儿童身体发展。

游戏给儿童带来积极愉快的情绪。游戏的自由性、多变化性，玩具的使用及能力的适应受到儿童的喜爱，儿童以积极的情绪参加游戏，通过游戏过程更增添了乐趣。

游戏满足儿童交往的需要。玩具与游戏活动促使幼儿走到一起，形成共同游戏的状态；幼儿的模仿愿望，在游戏中获得满足，在模仿活动中，促进幼儿积极地交往。

游戏满足幼儿好奇、好重复、好探索活动的愿望。在游戏中幼儿好奇心可在活动中得到满足。幼儿可在游戏中做他们感兴趣的活动和探索性尝试。

总之，游戏活动从婴儿期已经开始，但儿童有意识的自主的游戏活动，则在幼儿期表现明显，4～5岁幼儿进入象征性游戏的高峰期，5～6岁幼儿在规则游戏和建构游戏中表现了更大兴趣和发展水平。因此，游戏是对幼儿进行全面发展教育的重要形式。

(四)幼儿园游戏条件的创设

1. 提供充足的游戏时间

在幼儿园的一日生活中，应提供给幼儿充足的游戏活动时间。上午、下午可有较长的游戏时间（30～40分钟），也可有较短的游戏时间，如早晨入园时间、活动间隙时间等。根据时间的不同，可组织适合的游戏，如时间长可组织活动区的游戏活动或户外的游戏活动；活动过渡的短暂间隙时间，可玩活动量小的、短小简便有趣的游戏。幼儿游戏应以小组游戏或个人游戏为主，教师组织的集体性游戏为辅，以利于幼儿自主参与游戏，做游戏的主人。

2. 创设儿童游戏场地

场地是儿童做游戏必备的空间条件。2000多年前，柏拉图设想的儿童教育，便是从提供良好的、宽敞的、露天的游戏场着眼的。柏拉图的这一主张至今仍有其现实意义。

幼儿园的室内外都应该有游戏的场所。理想的活动室面积应尽可能大些，桌椅等设备的摆放要适用合理，留出固定地方供儿童做游戏、摆放玩具，以保证儿童游戏的顺利进行。即使没有宽敞的活动室，也需在游戏的时间里，搬动桌椅为儿童腾出游戏的地方。值得提出的是为儿童在室内创设游戏的场所，必须克服怕麻烦的思想，要积极为儿童游戏创造条件，场地狭小、桌面拥挤都会限制儿童的活动，影响游戏的进行。教师要从儿童需要游戏的基本思想出发，充分利用室内外一切可以利用的环境，巧妙的安排游戏的场地。全日制幼儿园宜将睡眠室开辟游戏场地（采用折叠床或床垫作睡具），有条件可设立活动区（固定的或移动的），有目的地投放玩具材料。幼儿园的一些公用房间，也应向儿童开放。如有的幼儿园将大的音乐教室或全园的集会厅，在游戏的时间里，向中、大班开放，各班轮流使用，室内放置一些大型的玩具，各班只需带上一些小型玩具，就可开展游戏。

室外的游戏场地也是必需的。我们提倡每日儿童至少有两小时以上的户外活动时间。各季节的气候各不相同，要因地制宜，尽可能让儿童有更多的时间在户外活动，包括游戏活动。室外的游戏场地要平坦、有遮荫处，不远离活动室。各班最好有专用的场地，全园要有公用的游戏场地。游戏场要放置一些大型的设备和用具，如体育游戏的大型器械和玩具、小房、小型积木等。没有室外场地的幼儿园是不合规格的，新建幼儿园一定要设置室外场地。室外场地的布置要合理，以不妨碍儿童奔跑、活动为原则，避免因设备密集而妨碍儿童的活动和发生不安全问题。

3. 配备游戏材料

玩具是游戏的物质基础。儿童做游戏离不开玩具。要使儿童的游戏健康、丰富、生动，必须配备适合的、充足的玩具。在多数情况下，儿童的游戏是由玩具引起的，如儿童看到了玩具炊具、玩具餐具以及炊事员、服务员的服饰，便玩起了餐厅的游戏，看见积塑和积木便玩起结构游戏。学前晚期的儿童，有时是先产生玩某一些主题游戏的愿望，再去选择或自己制造玩具。总之，不论哪种情况，玩具均是帮助儿童在游戏中实现假想、满足愿望的必需物，没有玩具便没有游戏活动。玩具是学前儿童的生活伴侣，是他们认识世界的教科书，因此发展游戏必须准备游戏材料。

可供儿童游戏的玩具有成型玩具（或称专门化玩具）和未成型玩具（或称非专门化玩具）两大类。成型玩具如娃娃、玩具汽车、积塑、玩具餐具等。未成型玩具则指一些废旧物品，如各式小瓶子、纸盒子、碎布头、小棍等。供各类游戏选用的成型玩具又可分为以下几种。

角色游戏玩具：娃娃这种玩具在角色游戏中起着角色的作用，因而娃娃玩具能增强角色游戏的情节，能更好地反映人与人的关系，娃娃的装束不同，可以表现不同职业、不同性别、不同民族、不同国家的人的模拟形象。大小娃娃对儿童皆宜，有条件可兼备之。除娃娃玩具外，还有房子、家具、餐具、炊具、陈设、装饰、生活用品等玩具；模拟动物玩具；主题玩具，如医院玩具、邮局玩具、商店玩具、交通工具玩具等。

表演游戏玩具：儿童扮演人物或动物角色，需要有服装、头饰、背景及其他用品。例如，苹果树布景、狐狸的尾巴、老爷爷的胡子、眼镜和手杖，老奶奶的帽子和提篮，等等，还有表演木偶戏的木偶头、皮影戏的皮影形象以及可供表演的简易戏台，还有供桌上进行表演游戏的玩具等，可根据幼儿园各班儿童经常表演的故事内容加以准备。

结构游戏玩具：由基本几何形体构成的大、中、小型的成套积木；各种积塑块、积塑片、积塑粒等；还有金属的、木制的、塑料的装拆建造玩具。

玩沙、玩雪、玩水使用的工具玩具，有小铲、木锹、小桶、模子，还有在这类游戏时使用的塑料的、木制的、金属制的小动物、小人、小房子、交通工具、小瓶等。

智力游戏玩具：各种镶嵌、装、套玩具。如镶嵌板、拼图、套盒、套塔等。

图片型、实物型的智力游戏玩具，如日用品、交通工具、蔬菜、水果、动物、植物等图片或实物，按类制作成套，便利使用。

各种棋类和竞赛性智力玩具，如儿童跳棋、象棋、军棋、迷宫、插红旗等。

体育游戏玩具：大型的体育活动设备，如荡船、滑梯、秋千、攀登架、转椅、爬梯、平衡木、脚踏滚桶等。

中型体育玩具，如木马、儿童三轮车、儿童两轮车、地上垫、拱型圈、跳下台等。

小型体育玩具，如投掷板或投掷环、套圈、各种球（大、中、小型皮球、乒乓球、羽毛球、吹塑球、儿童足球）、铁环、长绳、短绳、小推车、小拉车、沙包、冰鞋、滑雪板、救生圈、哑铃、旗子、马缰绳等。

音乐游戏玩具：发音玩具，如小铃铛、铃鼓、小喇叭、玩具钢琴等，还有儿童乐器。

技术玩具：借助发条、电、惯性动力或无线遥控而活动的玩具，如玩具汽车、坦克、小熊跳舞、发火枪、小鸡吃米等。这类玩具反映了现代生产技术水平，对扩大儿童的眼界，发展求知欲、增加快感等都起着重要作用，但在幼儿园的种类玩具中，所占比重较小。

娱乐玩具：钩钓玩具、碰球和夹球玩具、游戏棍以及一些动物和人物的滑稽造型玩具。这类玩具对儿童有娱乐、消遣的作用。

玩具分类有多种，除上述幼儿园按使用途径分类外，生产厂家可按制作材料分类，销售部门可按玩具的结构特点分类，我们都可借鉴。

以上玩具除购买外，我们提倡幼儿园自制玩具，因为根据儿童游戏的需要，自制玩具既经济又实用，很受儿童的欢迎。如制作大偶头，制作炊具，制作娃娃服装，等等。

未成型玩具在儿童游戏中，有着特殊的、不可低估的作用。实验研究表明，儿童使用这种玩具做游戏，在以物代物的功能上，可以一物多用，还可以相互组合成另一新的象征物，如儿童用半个皮球当锅、碗、船，还与其他物品结合又当作蘑菇、屋顶等，这就显示了未成型玩具在游戏中的多种用途。而成型玩具在游戏中所代替的物体一般只能固定模拟的物体，如玩具电话只能是电话的代替物，而不能有其他的功能。因此未成型玩具在游戏中的功能比成型玩具的功能更大，未成型的玩具为儿童的思维和想象的积极活动提供了便利条件。未成型玩具一方面起着以物代物的作用，另一方面还为儿童提供制造玩具的条件。当儿童不满足用未定型玩具直接作为代替物时，他们便开始用各种未成型玩具制作玩具，如用电光纸和小棍做风车，用厚纸和绳子做望远镜，用中型纸箱做成汽车身，儿童将其套在腰部到处跑，便是开汽车的游戏了。

幼儿园应该重视对废旧物品的收集（要无毒的、无污染的、安全的），以便向儿童提供多样的未成型玩具，如旧轮胎、秸秆、果实、木箱、纸箱、各种瓶、盒、绳子、木片、线轴、塑料品、旧服装鞋帽等，并备一些经常使用的工具，如尺子、针线、糨糊等，并将上述物品放置在儿童便于取用的地方，由儿童自行使用。

上述两大类玩具都为游戏活动所必需，各有其自身的功能。成型玩具对4岁以前的儿童更能激发他们做游戏的愿望与兴趣，4岁以上的儿童对未成型玩具则更感兴趣。他们已不再满足使用成型玩具的智力活动了，他们愿意使用未成型玩具进行创造性的活动。因此在配备上述两类玩具时，应考虑到儿童年龄的差异性。

根据玩具的多样化和玩具的不同功能，我们在为各年龄儿童选择玩具时，必须有针对性。为小班儿童可选择能促进动作发展的玩具，如大皮球、手推车、三轮儿童车；选择简单的智力玩具，如套盒、拼图、娃娃及娃娃用具、动物玩具；选择中、小型结构玩具、技术玩具等。未成型的玩具在小班不宜选得很多。从品种数量上来说，小班的玩具品种不必过多，但相同品种的玩具一定要多，以适应小班儿童好模仿的特点，避免人为造成争抢玩具的现象。中、小班儿童的玩具从品种上应该增多，供角色游戏用的成型玩具要能反映广泛的主题内容，体育玩具、音乐玩具应多样化、复杂化，智力玩具要有一定的难度，大班还可多设一些棋类玩具。未成型玩具在中、大班应该有较充足的种类与数量，以满足儿童日益增长的智力活动的需要。

为充分发挥玩具在游戏中的作用，除供给幼儿充分的玩具外，教师还需要注意以下几点：

(1)要保持玩具新颖、整洁。教师可采取玩具交替轮换出现的办法，即一些玩具玩得时间较长了，可暂时收起，更换另一些玩具，过一段时间再摆出收起的玩具，以再度引起儿童的兴趣。不允许放破损的玩具，因为破损的玩具可使儿童失去兴趣，易造成不爱惜玩具的心理。对破损的玩具应及时整修或处理。

(2)让儿童自由地选择玩具。玩具属于儿童，应便于儿童使用。因此，玩具应放置在儿童易于放取的地方(适合儿童高度的玩具柜、玩具架或玩具箱中)，并允许儿童在自由活动时能自由地选择玩具。要改变由老师向儿童分发玩具的做法，还要改变在儿童选择玩具后，不允许儿童更换玩具的现象。总之，应给儿童选择玩具的充分自由。

(3)教会儿童正确地使用玩具、爱护玩具。每当新玩具出现，应向儿童交待玩具的性能、玩法及如何保护。如小班出现盒式新积木，为了使儿童懂得怎样地玩它，老师要先教会儿童收装新积木，可分小组教，也可个别教。此外，还要在班上建立玩玩具的规则。如要按每一种玩具的玩法去玩；想玩别人的玩具要跟人家商量，经人允许才能玩；将玩完的玩具放回原来的地方，要放整齐，取放玩具要轻，要小心，不损坏，玩完一种玩具收好以后再取另一种玩具等。建立规则时，还要具体地向儿童示范怎样做才是爱护玩具等。但需要注意的是，在要求儿童遵守规则时，不应附加不必要清规戒律，如有的老师规定，儿童拿了玩具就不许下座位了，这样的限制是不当的。

思 考 题

1. 试述我国幼儿园的任务。
2. 幼儿园为什么要实行保育与教育相结合的原则？
3. 试述幼儿园保育和教育目标中的体育目标。
4. 试述寓教育于幼儿一日生活中的教育原则。
5. 试述既重视幼儿年龄特点又重视幼儿个体差异的教育原则。
6. 试述热爱幼儿，坚持积极鼓励、启发诱导的正面教育的教育原则。

第六章　幼儿园一日生活中各种活动的组织要领

《幼儿园工作规程》指出：幼儿园一日活动的组织应当动静交替，注重幼儿的直接感知、实际操作和亲身体验，保证幼儿愉快的、有益的自由活动。

幼儿园一日活动包括：接待幼儿入园、早操、教育活动（有组织的集体活动或小组活动）、间隙活动、自由游戏与户外活动、盥洗、进餐、睡眠、劳动、散步、实验操作、离园等。现将上述活动的组织要求分述如下。

一、接待幼儿入园

"一年之计在于春，一日之计在于晨。"早晨意味着一天生活的开始，良好的开始对一天生活有很大影响。

根据脑生理研究，大脑皮层的活动规律，具有起动调节的特点。所谓起动调节，就是指人的神经细胞同机体其他组织一样，具有一种"惰性"，需经过一定的时间才能克服。这种"惰性"表现在开始工作或学习时，神经细胞的工作能力需经过一定时间逐渐提高，需要一定的"起动"时间。儿童经过一夜的睡眠休息，神经系统、机体各器官各系统也有个逐渐起动的过程。晨间活动就是为适应幼儿机体的这种需要而安排的。

再有，幼儿一早从各自家庭来到幼儿园，各人情绪不一样，通过晨间活动可以调节幼儿的情绪，这对搞好幼儿园的一日的活动有很大影响。

由于每个幼儿入园时间不一致，他们带来的新情况、新问题也不一样，因此晨间活动不宜组织集体活动，需教师分别接待，逐个了解。

接待幼儿入园，包括如下几项工作。

（一）接待幼儿

教师要以热情、亲切的态度接待幼儿，要相互问好。教师的情绪、态度对幼儿有很大的感染作用，要使幼儿感到亲切、温暖，感到教师喜欢他、等待他、欢迎他。由此他也会喜欢老师，喜欢上幼儿园。

教师应有礼貌地向家长问好，用简洁的语言向家长了解儿童在家的情况，听取家长的要求和意见。对双方需要及时商洽的问题交换意见，做好个别幼儿的药品交接工作。

教师利用晨间接待的机会，与幼儿亲切交谈，了解幼儿在家的情况，有计划地进行个别教育，对不爱活动、性格孤僻的幼儿要具体关照，给予帮助。

吸引幼儿参加集体生活，为此，教师应提前做好接待幼儿的准备工作。

(二)晨检

晨间检查根据各园的条件，可以由带班教师负责，也可以由专门的护士、保健教师负责。

晨检是为了了解幼儿的健康状况，检查幼儿的个人清洁卫生，以便做到对疾病的早发现、早预防、早隔离、早治疗。晨间检查的一般方法是：

一看，看脸色，看皮肤，看眼神，看咽喉。

二摸，摸摸头额部是否发烧、摸腮腺是否肿大。

三问，问幼儿在家吃饭情况，睡眠是否正常，大小便有无异常。

四查，是否携带不安全物品。

(三)幼儿活动的指导

值日生：教师要引导幼儿学会保持活动室的整洁、有序、美观。要有计划地组织中大班幼儿参加活动室的清洁工作，如擦桌椅，整理玩具，整理图书，照料自然角，记观察日记。幼儿参加这样一些力所能及的劳动，既发展了动作、熟练了技能，又培养了热爱劳动、相互友爱的好品质，促进了独立性与自信心的发展。

分散的活动：幼儿根据自己的兴趣、爱好，可以自由参加各种不同类型的活动。例如，看图书、搭积木、下棋、折纸、画画等。要让幼儿自由选择活动内容，自由选择玩具，自由选择伙伴，给幼儿自主权。

二、早操(或间操)

以体操为主并配以跑步、体育游戏、器械活动等，宜按年龄班组织团体活动。以锻炼身体，培养团体精神和对体育活动的兴趣为主要目的。

三、有组织的教育活动

有组织的教育活动是教师从儿童的兴趣和实际水平出发，有计划地循序渐进地组织实施全面发展教育的活动。教师设计与组织教育活动应注意以下各点：

(1)每个教育活动应有明确的、适宜的教育目的要求。

(2)组织教育活动应充分利用周围环境的有利条件。

(3)灵活采用集体的、小组的或个别的活动形式及多样化的方法。

(4)教育活动中引导儿童运用各种感官积极参与活动过程。

(5)促进每个幼儿在原有水平上发展进步。

(6)每次教育活动的时间，可根据活动的内容、活动的方式和儿童年龄而定，有长有短，以儿童不过度疲劳为限。

(7)每日均应安排有组织的教育活动。

四、间隙活动

间隙活动是使幼儿大脑获得休息，调节幼儿身心的有效方法。任何劳动都伴随着大脑皮层的机能消耗。经过一段时间有组织的教育活动后，会出现大脑皮层某区域机能活动性暂时降低，产生疲劳，这时就需要休息。安排好间隙活动，是为了让幼儿的大脑、身体得到充分的休息。活动内容应该丰富多彩，尽量安排在户外进行，让幼儿玩得愉快，休息得好。

在间隙活动时间里，教师要提醒幼儿上厕所、喝水。教师要保证幼儿每天喝足够的水，这是因为幼儿正处在生长发育最迅速的时期，活动量大，消耗水分较多，儿童对水的生理需要相对比成人要多。不同年龄的儿童每人每日对水的需要量是不同的：1～3岁，110～155毫升/千克体重；3～7岁，90～110毫升/千克体重。但幼儿往往忘记了自己去补充水，所以教师必须适时地提醒幼儿喝水。在一天中，至少要组织幼儿饮水两次，还要允许幼儿根据自身需要随意喝水，特别是夏季，天气炎热，出汗多，应随时供应凉开水。剧烈活动结束时，应等幼儿身体恢复平静后，再让儿童喝水。夏季出汗多，汗液中带走了一定的盐分，应该给幼儿喝一些淡盐水。总之，应该为幼儿准备充足、清洁的开水，要教育幼儿勿暴饮、勿喝生水，应讲究饮水卫生。

五、游戏或自由活动

上午游戏时间内，可以组织幼儿各种游戏(详见游戏活动)，也可以组织户外自由活动或体育游戏。游戏活动应丰富多彩，尽量安排在户外进行，要注意动静交替。无论组织哪种活动，都要注意在饭前半小时转入安静活动，进行盥洗，而后进餐。

六、盥 洗

在饭前10～15分钟组织幼儿盥洗。盥洗应使用流动水，每个幼儿要用各自的毛巾。让幼儿按顺序或分组盥洗，同时，还要教会幼儿正确洗脸、洗手，正确使用肥皂、毛巾，还要教会小班幼儿漱口和中大班幼儿刷牙。冬季要教幼儿擦油。

七、进　餐

包括早餐、午餐、晚餐和午睡后的点心。根据幼儿身体发育的特点，幼儿园要制订正确的饮食制度，幼儿进餐必须定时定量，开饭要准时，进餐时隔时间应为3～4小时。

正确组织幼儿进餐应做好以下工作：

(1)进餐的准备：由教师带领值日生布置好餐桌，准备好餐具。要为幼儿创设一个干净、安静的进餐环境。

(2)进餐过程：要观察幼儿的食量，注意培养幼儿文明进餐的习惯；教师要教给幼儿正确的坐姿和使用餐具的方法；教育幼儿不挑食、不偏食；提醒幼儿细嚼慢咽，不撒饭菜、不弄脏衣服，不东张西望，不大声讲话。为保证幼儿吃饭时的良好情绪，教师在幼儿进餐前后不要处理问题或批评孩子。比如，有的孩子打了人，做了错事，教师一般等他吃完饭，再做处理，以免影响儿童的食欲。教师要保证幼儿心情愉快，绝对不能让幼儿哭、叫，以免将食物吸进气管，更不能用禁止吃饭作为体罚的手段。

照顾幼儿吃好一顿饭的标志应是：吃饭过程中，幼儿情绪好；幼儿食欲好，食量够；饮食习惯好，吃得卫生。

(3)进餐结束：幼儿吃完最后一口饭才能离开座位，并把餐具、椅子整齐地放在指定的地方。要养成饭后擦嘴、漱口的习惯。幼儿时餐期间，工作人员不应打扫活动室，以免污染吃饭的环境。

八、睡　眠

午餐后要组织幼儿午睡，寄宿制幼儿园还要组织晚上睡觉。睡眠能恢复机体的活动能力，对保证健康有重大意义。保证幼儿充足的睡眠，养成幼儿良好的睡眠习惯很重要。

睡眠前要组织幼儿盥洗(午睡前洗手，晚间睡前洗手、脸、脚、屁股。夏季午睡前洗手脸、擦身、洗腿脚，晚间睡前洗澡)。

睡眠室内空气要新鲜，夏天要开窗睡觉，但要避免风直吹幼儿的头部，冬季在幼儿入睡前要开窗通风换气，刮大风时例外。床上用品要清洁，被褥要固定、厚薄要适宜。

幼儿进入睡眠室，要保持安静，立即上床睡觉，不能在室内随便走动或说话，并要提醒和检查幼儿不把玩具和其他东西带到睡眠室内。

要逐步教会幼儿独立地穿脱衣服、鞋袜，并会整齐地叠放在固定的地方。教给幼儿正确的睡姿（右侧卧或仰卧），并注意纠正幼儿不良的睡眠习惯。要掌握每个幼儿夜间小便的习惯，注意为他们盖好被子，对睡眠不安稳的幼儿要仔细观察，发现不适及时就医。睡眠室要保持安静。

照顾好幼儿睡眠的三条标志：一是按时睡，睡得好，按时醒，醒后精神饱满愉快；二是睡够应睡的时间，要以幼儿作息为主，不能任意减少或增加睡眠时间；三是保持良好的睡眠姿势和习惯。

九、午 点（同进餐）

十、户外游戏

在幼儿的一日活动中，游戏和户外活动应占 3～4 小时。午点后至离园前这段时间，可安排各种游戏、户外体育活动、自由活动、娱乐、实验操作活动、劳动和散步等。

天气好时，应尽量让幼儿到户外开展各种活动。户外活动可充分利用自然因素（阳光、新鲜的空气和风），增强幼儿体质。要保证幼儿有充分的户外活动和游戏时间。全日制幼儿园每天不得少于 2 小时，寄宿制幼儿园每天不得少于 3 小时，其中包括每天 1 小时的户外体育活动。场地小的幼儿园在安排一日活动时，首先要保证各班至少 1 小时户外体育活动。上课及其他活动可尽量安排在户外。

在这段时间里，可由教师组织幼儿集体活动，也可由幼儿自由选择开展活动。教师要为幼儿准备好玩具、材料及活动场地，要让全班幼儿积极参加活动、情绪愉快。

十一、劳 动

日常生活中的劳动，早饭前可组织幼儿擦桌椅、床、柜等，下午一般可组织幼儿集体劳动，如扫除、管理小菜园、修补图书、自制玩具等。教师要明确组织幼儿劳动是为了对幼儿进行教育，培养热爱劳动、克服困难、认真完成任务的好品德、不能把它作为惩罚幼儿的手段。幼儿劳动的内容、时间、劳动量和难易程度要适合幼儿身心发展水平，要注意安全、卫生。

十二、散　步

教师带领幼儿到室外长时间的步行，可以锻炼幼儿的毅力、耐力和组织性，同时教师还可利用散步，引导幼儿观察社会、观察自然。大自然对幼儿来说是最丰富的教科书，以其富有生机的美吸引着幼儿，观察大自然可以使幼儿开扩视野，增长知识，丰富美的形象，可以培养幼儿热爱祖国的情感。要让儿童充分接触自然界，让儿童在草地上打滚，在雪地上走走，让幼儿捉昆虫，采野花，让幼儿尽情地走，尽情地玩，让幼儿通过多种感官立体地感受自然界的美。

教师要和孩子们一起谈话、描述散步中的见闻，儿童的感受是肤浅的，必须经过成人的引导才能深化。儿童的认识具有无意性、偶然性，教师的引导、描述可以加深幼儿的认识。

教师的描述要充满感情，语言要生动形象。使幼儿产生情感共鸣，更充分地体会、认识自然之美。

十三、实验操作活动

儿童的聪明才智不是通过一天一节课就能发展的，儿童对世界的热爱、对求知的兴趣、对未知世界的探索是在大量的实验操作活动、劳动中发展起来的。

应准备供幼儿使用的工具，按年龄的不同，分别指导工具用法，并鼓励他们多实践，逐步积累使用多种工具的经验。儿童手指的灵活性比较差，但在幼儿期，进步却相当迅速。在没有危险的情况下，应该积极让幼儿多实践，如5岁多的幼儿可以练习锯木条(或薄木板)，可以用小刀刻橡皮泥或纸。

可供幼儿使用的常用工具有下列几种：如敲打用的木槌；拔拧用的改锥、扳子、钳子；切割用、缝纫用的针、线、剪子、小刀等。

让每个幼儿都能参加小实验，如用一只小杯子盛上水，放进木块、钉子、石块等，做沉浮的实验；喂养小动物或种植劳动，通过照料、观察、记录，人人动手，个个动脑，在实践中增长才干。

十四、离　园

幼儿一日或一周的集体生活结束后，要离开幼儿园转入分散的家庭生活。

教师在幼儿离园前，应让幼儿做好结束工作，引导、帮助幼儿做好清洁、整理工作。环境应该整整齐齐，个人仪表应该干干净净，并要提醒幼儿带好回家的物品。可组织离园前的总结性谈话，对一日或一周生活进行简单小结，表扬鼓励幼儿的进步，提出回家的要求，让幼儿高高兴兴地回家。幼儿离园时，根据需要向家长介绍幼儿在园的情况和听取家长的意见。对暂时不能回家的幼儿要个别照顾、妥善安排，适当组织活动，消除幼儿因等待家长而产生的急躁不安的情绪。

十五、晚间活动

晚间活动是全托幼儿园一日活动的组成部分。由于教师忙累了一天，易忽视晚间活动的组织领导，造成晚间活动内容单调、贫乏的倾向。但晚饭后至上床睡觉这段时间相当长，科学、合理的安排晚间活动对幼儿的身心发展是很重要的。

一般说，晚间可以组织一些安静的、活动量小的活动。如看电视（看电视的时间每周1～2次为宜，要注意保护幼儿的视力）、演木偶戏、组织幼儿欣赏音乐，以及自由游戏等。夏天可组织散步等活动。

十六、组织幼儿园一日活动应注意的问题

（一）把幼儿园一日活动列入教育计划，保证幼儿身心得到全面的、充分的、主动的发展

对幼儿的一周活动要有通盘计划，克服片面性和盲目性。活动内容要丰富多彩，能吸引儿童，富有儿童特点，并能使儿童全面的、生动活泼健康地成长。幼儿园应该是儿童的乐园。

（二）要制订一日生活常规

常规是儿童社会化的一个方面。幼儿在一日生活中，只有按制定的常规努力养成各种良好的生活习惯、行为习惯，才能很好地在集体的共同生活中协调一致。教师介绍规则应在必要的时候进行，如休息前，第一次玩积木前等，并应注意把这些规则和幼儿的生活经验联系起来。

(三)要把组织的集体教育活动和分散的个体活动结合起来

早操、教育活动、进餐、午睡、集体做游戏、集体散步等都是集体的活动形式。它是由教师组织的，全班儿童按统一教育要求与规则进行的活动，具有集体性、统一性的特点。每个儿童的行动都应服从集体活动的统一要求。通过集体活动使儿童增长知识、发展能力，培养他们遵守集体规则的习惯与协同活动的能力，培养幼儿对同伴友爱互助、对集体有责任感、荣誉感，还有助于纠正一些儿童孤独、任性、胆怯等不良的性格。在集体活动中应注重儿童个体主动能力的发挥，创造条件使每个儿童积极参与，发展儿童的积极性与创造性。

为了使儿童的个性得到全面的主动的发展，在幼儿园中除了用集体活动的方式教育儿童外，每天应有较多的时间让儿童进行自由活动。儿童可以自由结伴活动，也可以独自活动，教师的任务在于为幼儿创设活动条件，为他们订立一些必须遵守的行为规则。既不包办代替，也不限制强加，而是给以必要的启发和指导。

在幼儿园中，集体的教育活动和分散的个体活动起着不同作用，应当结合运用，交替进行，互相配合。

(四)自由与纪律的关系

纪律是集体生活所必需的，但纪律必须服从于教育目的，它不应该是束缚儿童生动活泼发展的桎梏，而应当是儿童积极主动地成长的保证。要废除妨碍儿童健康成长的规定。在一日生活的组织中，教师应该管得合理，要放手让儿童通过自身的活动克服困难，获得经验。应该管而不死，活而有序。

(五)要面向全体幼儿

教师应关心每个幼儿，不能偏爱，必须随时了解每个孩子在什么地方，在干什么，不应该有被遗忘的儿童。教师应给每个儿童留下幼儿园是温暖、快乐的场所这样一个美好的印象。

(六)保教结合、教养并重

组织幼儿的一日生活，包括吃、喝、睡、学习等，真是事无巨细，既平凡又琐碎，然而就在这平凡、琐碎之事中，包含着大量的教育工作，真是育中有教，教中有育，这既是启蒙阶段教育工作的原则，也是幼儿教育工作的特点。

领导好幼儿的一日活动，全园工作人员必须团结一致，对幼儿全面负责，既要明确分工，又要密切配合。要丰富幼儿的活动内容，也要组织好各个活动之间的过渡环节，保教人员要密切配合，使过渡环节组织得井然有序，更好地保证各项活动的顺利进行。

思 考 题

1. 接待幼儿入园活动包括哪几项工作?

2. 正确组织幼儿进餐包括哪些工作?

3. 幼儿园一日生活中为什么要有集体活动和个体活动?

第七章 幼儿园保育员的职责与工作细则

一、保育员职责

《幼儿园工作规程》第四十二条规定：幼儿园保育员应当符合本规程第三十九条规定，并应具备高中毕业以上学历，受过幼儿保育职业培训。

幼儿园保育员的主要职责如下：

(一)负责本班房舍、设备、环境的清洁卫生和消毒工作；

(二)在教师指导下，科学照料和管理幼儿生活，并配合本班教师组织教育活动；

(三)在卫生保健人员和本班教师指导下，严格执行幼儿园安全、卫生保健制度；

(四)妥善保管幼儿衣物和本班的设备、用具。

上述保育员职责中有保育员的专门性职责如(一)(三)(四)项，此外，还有保育员配合教育活动的有关职责，保育员应在教师和卫生保健人员指导下进行工作。

二、保育员在幼儿园各项活动中的工作细则

(一)接待入园

1. 开窗，准备好饮水；

2. 做好室内卫生；

3. 调节室温及采光；

4. 准备好擦拭幼儿用桌的消毒水、抹布；

5. 了解观察幼儿的情绪；

6. 给需要的幼儿服药；

7. 组织值日生有序、认真地摆放餐具；

8. 对幼儿进行礼貌教育；

9. 主动和幼儿及家长打招呼。

（二）盥洗

1. 协助教师检查幼儿是否按正确方法洗手；

2. 照顾幼儿学会使用毛巾擦手及用护肤油；

3. 做好幼儿口杯及毛巾的洗净并消毒；

4. 教育幼儿节约用水和肥皂。

（三）如厕

1. 允许幼儿随时如厕；

2. 协助老师帮助自理能力差的幼儿；

3. 对遗尿及遗屎的幼儿，耐心地为他们更换、清洗衣物；

4. 协助老师培养幼儿大小便的好习惯，如会按需要小便、按时大便，大便后自己擦净，便后用肥皂洗手等；

5. 观察幼儿大小便情况，并报告给教师；

（四）进餐

1. 做好开饭的准备工作和饭后的结束工作；

2. 照顾幼儿进餐，根据幼儿的食量，及时为幼儿添加饭菜，让幼儿吃饱、吃好；

3. 掌握好身体不适幼儿及病愈后幼儿的食量；

4. 关照吃饭慢的幼儿；

5. 教幼儿正确使用餐具和进餐时的正确姿势；

6. 创设安静、愉快的进餐环境；

7. 协助老师培养幼儿良好的进餐习惯如不挑食、不浪费粮食、保持桌面和衣服的干净、专心吃饭等。

（五）午睡

1. 为幼儿准备好午睡所需用的床铺和被褥；

2. 保持室内空气流通和温度，掌握好开窗和关窗的时间；

3. 协助老师培养良好的午睡习惯，如睡前上厕所，将脱下的衣物放在固定的地方并叠放整齐、进入睡眠时更安静、不大声说话，不带玩具上床等。

（六）起床

1. 协助老师照顾幼儿起床，并在幼儿离开睡眠室后整理床铺及开窗通风；

2. 根据气候变化为幼儿增减衣服；

3. 协助老师帮助幼儿穿好衣服，鼓励并教会幼儿自己会穿衣和叠被。

（七）喝水

1. 全天备足温度适宜的饮水，供幼儿随时饮用；

2. 在日托班每日两次的集体饮水时，协助老师照顾幼儿取水及饮水。

(八)户外活动

1. 协助老师为幼儿做好场地、运动器具等准备工作。

2. 协助老师为幼儿做好户外活动前的必要准备，如如厕、增减衣服、整理装束、系好鞋带等；

3. 照顾因身体不适不能参加活动的幼儿；

4. 协助老师在户外活动时对幼儿的照料。

(九)游戏活动

1. 游戏前配合教师准备游戏场地和玩具材料；

2. 保持游戏环境的安全与卫生；

3. 教师组织集体游戏时，照顾个别幼儿参加游戏活动；

4. 配合教师在游戏中观察幼儿，有针对性地给以帮助和教育。

(十)有组织的教育活动

1. 根据不同教育活动的需要，配合教师做好准备工作；

2. 在活动进行中观察幼儿的身体、情绪及参与活动的情况，必要时给予个别照料；

3. 在幼儿进行操作活动时，按教师的要求进行帮助和鼓励，避免过度帮助和代替；

4. 教育活动结束后协助教师整理环境。

(十一)预防接种

1. 接种前向老师和保健医生反应幼儿的身体情况；

2. 接种过程协助老师做好组织工作，稳定幼儿情绪，鼓励幼儿勇敢地接受预防接种；

3. 注意观察幼儿接种后的身体反应，有异常者及时向医生报告和照顾。

(十二)离园

1. 协助老师检查或帮助幼儿整理衣装及带回家的物品；

2. 稳定幼儿情绪，与老师配合做好交接幼儿的工作，确保幼儿安全；

3. 整理活动室，做好结束工作；

4. 照顾好个别家长迟接的幼儿。

思 考 题

1. 幼儿园保育员的主要职责是什么？

2. 保育员在幼儿如厕时的工作有哪些？

3. 保育员在幼儿游戏时的工作有哪些？

4. 保育员在离园时应做哪些工作？

5. 在一日活动中保育员怎样和教师配合做好保育与教育工作？

总复习提纲

1. 向婴幼儿实施学前教育的形式有哪些？

2. 试述学前社会教育的特征。

3. 依据大脑发展规律，实施学前教育应注意些什么？

4. 什么是不适当的早期定向培养？为什么要反对？

5. 环境和教育对学前儿童发展的作用是什么？

6. 现代儿童观有哪些特征？

7. 列举改革以来幼儿园出现了哪些课程模式？

8. 我国学前教育机构多样化的表现是什么？

9. 为 1 岁前的儿童提供哪些适合的玩具？

10. 试举适合 1 岁和 2 岁儿童做的四种游戏？

11. 怎样培养 3 岁儿童的生活自理能力和良好的习惯？

12. 怎样对待 3 岁儿童的反抗行为？

13. 怎样引导 4 岁儿童观察周围的生活？

14. 试举两则发展 4 岁儿童认识能力和判断能力的游戏。

15. 想一想，5 岁和 6 岁儿童感兴趣的活动有哪些？

16. 怎样使 5 岁和 6 岁儿童懂得更多的事理？

17. 托儿所的保育教育任务是什么？

18. 托儿所必备的用房有哪些？

19. 对托儿所用具的要求有哪些？

20. 托儿所环境布置的要求是什么？

21. 试述托儿所集体保育的原则。

22. 试述我国幼儿园的性质。

23. 试述我国幼儿园的任务。

24. 幼儿园保育的概念。

25. 幼儿园为什么要实行保育与教育相结合的原则？

26. 试述幼儿园保育和教育目标中的体育目标。

27. 试述幼儿园保育和教育目标中的智育目标。

28. 试述幼儿园保育和教育目标中的德育目标。

29. 试述幼儿园保育和教育目标中的美育目标。

30. 幼儿园有哪些幼儿的活动？

31. 试述寓教育于幼儿一日生活中的教育原则。

32. 试述重视幼儿年龄特点又重视幼儿个体差异的教育原则。

33. 试述热爱幼儿，坚持积极鼓励、启发诱导的正面教育的原则。

34. 创设幼儿游戏场地的要求。

35. 供幼儿游戏的材料包括哪两大类？各举例说明。

36. 接待幼儿入园活动包括哪几项工作？

37. 正确组织幼儿进餐包括哪些工作？

38. 组织幼儿睡眠包括哪些工作？

39. 幼儿园保育员的主要职责是什么？

40. 保育员在幼儿盥洗活动中的工作有哪些？

41. 保育员在幼儿如厕活动中的工作有哪些？

42. 保育员在幼儿户外活动中的工作有哪些？

43. 保育员在幼儿游戏活动中的工作有哪些？

44. 保育员在幼儿入园活动中的工作有哪些？

45. 保育员在幼儿离园活动中的工作有哪些？

第四部分

保育工作技能

DISI BUFEN
BAOYU GONGZUO JINENG

为了履行国家教委规定的保育员工作职责，胜任保育工作要求，认真贯彻《幼儿园工作规程》精神，保教结合，促进幼儿身心全面和谐发展，保育员除了应符合《幼儿园工作规程》规定的第三十九条幼儿园工作人员一般规定外，还应具备高中毕业以上学历，受过幼儿保育职业培训。除要求掌握有关幼儿教育、幼儿心理、幼儿卫生学等基本知识外，在实际工作中更重要的要掌握一定的、娴熟的保育工作操作技能，才能真正履行保育工作职责，胜任保育工作要求。

以下围绕保育员工作职责，分别介绍保育工作操作技能及若干标准化质量要求。只有标准化，才能达到保育工作规范化。

一、掌握清洁卫生工作基本技能

	项目	质量标准	技能技巧
环境卫生	活动室	空气新鲜，地面整洁。玻璃明亮，光线充足。室内家具舒适，摆放整齐，布置无尘垢。	空气新鲜：注意开窗通风。每日晨入园准备工作中，开窗通风，使室内空气清新。根据气候及风力大小，掌握开窗的大小和通风时间。冬季一般开窗通风 10～15 分钟，室内温度保持在 16～18℃。 玻璃明亮：清扫纱窗，无灰尘。用半潮半干抹布擦拭玻璃，透亮、无花纹。
	睡眠室	通风良好，温度适宜，床铺整齐，窗明几净，床栏杆、暖气、窗台、柜子等无尘土。墙壁干净，灯罩无塌灰。	家具设备天天擦，边、角、棱、腿擦拭到位，无尘垢、无积土。 床铺整齐：床单平整、被子叠的大小与床宽窄一样，枕头平放其上，枕巾正面向上，平整。摆放有序，方向一致。 幼儿睡眠前放好被子、枕头、拉好窗帘。
	盥洗室	清洁通风，水池下水道处无头发，污物，地面无积水、无污渍，无垃圾堆物，门窗框、镜、灯、柜清洁干净。消毒水等物放在幼儿够不着的地方。便池、马桶及时冲洗、无尿碱、无臭、无苍蝇。	根据气候及风力掌握通风情况。 便池、马桶：使用一次，及时用水冲干净，每日早中晚各刷洗一次。一个月用厕所清洁剂，彻底刷洗一次。 水池：每日要打扫干净，用洗衣粉（去污粉）将油腻刷洗干净。 地面：无积水，无污渍，无死角，透亮。 镜子：保持镜面干净，无水迹，每日用半干抹布擦 1～2 次。
		环境卫生天天要打扫干净。每周卫生小扫除一次（扫纱窗、擦玻璃），每月大扫除、清洁彻底一次。	

第四部分 保育工作技能

二、掌握幼儿生活管理技能及教育活动配合技能

	项目	质量标准	技能技巧
生活管理技能	晨午检	协助教师晨午检，做到一摸、二看、三问、四查。	一摸：摸摸幼儿头额部有无发热。 二看：精神状态、面色、咽部有无异常、皮肤有无皮疹及某些传染病的早期表现，可疑者及时报告，以便隔离、观察、确诊。 三问：饮食、睡眠、大小便有无异常情况。 四查：查看衣裤兜内有无携带不安全的物品，发现问题迅速处理。
	洗手	协助教师指导幼儿和帮助婴小班幼儿将手洗干净。手腕、手指、手指缝，均要洗干净，注意节约用水和香皂（准备好香皂、毛巾）。	洗手时教幼儿按正确的方法进行：1. 卷好袖子；2. 拧开水龙头，将手打湿；3. 关水龙头，搓香皂；4. 两手心相搓；5. 右手搓左手、手指、手背、手腕（换反方向手）；6. 两手五指分开，手指交叉洗手指缝；7. 打开水龙头冲洗干净；8. 关水龙头，在水池内甩手；9. 摘毛巾擦手，将毛巾打开放在左手手心上，右手放在毛巾上，擦干（换反方向手）；10. 挂毛巾（秋、冬、春季擦油）。
	进餐	1. 桌面消毒干净，碗筷摆放整齐，中大班指导值日生擦桌、摆碗、盘子。盘子在前，碗在后，筷子在右边。 2. 分饭时要先照顾体弱儿、进餐慢的幼儿，饭菜少盛多添，分得均匀。纠正幼儿不良姿势，培养幼儿用餐的文明卫生习惯。 3. 准备好饭后餐巾（餐巾纸）和放碗筷盘的盆等物。	1. 掌握常用消毒液的配制及使用； 饭前10～15分钟消毒餐桌； 先用浸泡0.5%洗消净的湿抹布擦桌面，待间隔5～8分钟后，用清水抹布再擦一遍餐桌。注意：抹布对折□成长方形□擦一张桌子翻一个面，一块抹布擦2张桌面，不能一擦到底。 2. 掌握幼儿进食量，根据每个幼儿进食量分饭菜和少盛多添原则。分饭菜时，动作快，均匀，先给进餐慢的幼儿和体弱儿盛，让他们先吃。注意饭菜的保温、保洁。如：冬季保暖、夏季降温。 3. 饭后协助主班指导幼儿漱口，正确使用餐巾（餐巾纸）擦嘴。 方法：双手拿餐巾（餐巾纸），从嘴角两边向中间擦，——对折，再擦一次，然后把餐巾（餐巾纸）扔在指定的地方。 将用过的饭碗、盘、筷子（勺）分别放在指定的容器内。

项目		质量标准	技能技巧
生活管理技能	如厕	照顾年龄小的幼儿如厕，帮助穿脱衣裤，培养幼儿良好的如厕习惯。将手纸裁好放在固定位置上。	教幼儿会正确使用卫生纸（擦屁股时从前往后擦），对折、叠好再擦一次，如：▭ ▭ ▭，便后将裤子提好，内衣塞进裤子里，不露肚脐与后背。 教育幼儿便后冲净、洗手。
	饮水	协助教师组织幼儿喝水，要求保育员预先凉好温热适宜的开水。婴小班幼儿坐在座位上由保育员给每人杯中倒适量的水，中大班幼儿自己接水喝，要求掌握孩子饮水量，保证每个孩子饮足够的水。饮水前桌面消毒与进餐相同。	要求幼儿两只手拿水杯，杯口向上，右手握水杯把。喝完水，先放椅子，再将杯子放回原处。
	穿脱衣服睡眠	1. 做好幼儿睡前卧室环境的准备工作。 空气清新、温度适宜、光线柔和。 2. 帮助并指导幼儿正确穿脱衣服。 按顺序穿衣服：袜子——裤子——鞋——上衣 检查幼儿衣服是否穿得整齐，领子翻平，内衣放进裤腰内；二条腿是否分别伸进左右裤腿内，避免穿成三条腿，使幼儿着凉。 按顺序脱衣服：上衣——鞋——裤子——袜子。 检查指导幼儿将衣服脱下，在小椅子上叠放整齐，袜子搭在椅棱上，鞋放在床一侧，摆放整齐。 3. 检查及帮助幼儿整理领口、袖口、裤口。	1. 幼儿睡前放好被子（两位幼儿交叉各睡一头，避免口对口呼吸），拉好窗帘，根据季节掌握通风及卧室气温。秋、冬、春季穿脱衣服及入睡中避免冷风直吹幼儿。 2. 教幼儿按顺序穿、脱衣服。 穿袜子：让幼儿知道袜子分袜尖、袜跟、袜筒。穿袜子时，将袜跟朝下，两手抓住袜筒，捏到袜尖（大姆指在内，四指在外），将脚伸入袜内，将袜筒向上拉。 穿裤子：让幼儿知道裤子前后，两手抓住裤腰，两脚伸入裤腿内，向上拉，两脚露出裤腿时，站在地上把鞋穿好，将裤子提起，学会把内衣塞进裤腰内。 穿鞋：学会把脚伸进鞋后，将鞋提起，分清左右脚。 穿上衣：两手握住衣领、衣里向外，大拇指握衣领，四指在衣里，右手经头上，从左绕到右边，将衣服披在肩上，先将左手伸进左边袖子里，然后再将右手伸进右边袖子里。将上衣穿好，前襟对齐，从下往上逐个扣扣子。

	项目	质量标准	技能技巧
生活管理技能	整理床铺	幼儿起床后，被子完全打开通风，等幼儿穿好衣服后再叠被子。注意检查床上、褥子下是否有异物，被里、被头是否开线。 床单铺得平整，被子叠得有棱有角，宽窄与床一样，摆放整齐有序。横看、竖看一条线。枕头放在被子上、枕巾铺平。（幼儿睡觉时爱出汗，应注意枕头、枕巾通风，切忌把枕头放在被子下面）	教幼儿学习叠被子：先将被子全部打开，一头搭在右边床头上（通风一会）然后先叠靠自己的一边，往中间折——再折里边一边。折时要与床的宽窄一样。最后两头对折，先叠左边一头，再叠左边一头。叠好放在统一规定的一边。
	劳动（自我服务，为集体服务，值日生工作）	为幼儿准备好抹布，协助教师指导幼儿擦桌、椅、柜子等。要求擦干净无污垢、灰尘。	培养幼儿会按顺序擦桌椅柜，如椅子，先擦椅背——椅面——椅棱——椅腿，按顺序自上而下。
配合教育活动技能	游戏活动	1. 能在教师组织下指导幼儿游戏。 2. 能解决幼儿游戏中的问题。 3. 能指导幼儿取放、整理玩具。	掌握本班儿童年龄特点与发展水平，参与幼儿游戏活动。在活动中，指导幼儿游戏，及时给予幼儿提醒，帮助解决游戏中的问题。
	教育活动	1. 协助教师做好活动前准备工作。 2. 配合教师做好活动过程中指导工作。 3. 配合教师做好活动结束整理工作。	了解教师教学活动内容，主动配合做好准备工作，包括：桌椅、教具的摆放，活动中及时、适时、周到、适当配合教学、提醒纠正幼儿不良姿势，握笔和纪律行为。教学活动结束后及时收拾整理教具，幼儿作品等（桌、椅、教具放回原位，打扫干净）。
	体育活动	1. 协助教师做好活动前准备工作。 2. 配合教师活动过程中的指导，注意对体弱儿照顾。 3. 配合教师做好活动结束整理工作。	了解教师体育活动内容，需做哪些配合，检查场地是否安全，无碎石，树枝等危险物品，检查游戏器材和玩具材料是否安全、卫生。活动前将所用器材摆放好。 活动过程中配合教师做好教导及保护幼儿安全。 对全体幼儿及体弱儿给予照顾、根据活动量、气温为幼儿擦汗，增减衣服。活动结束时：给幼儿拍扫身上尘土，将运动器材收放好。

	项目	质量标准	技能技巧
配合教育活动技能	环境创设	协助教师准备材料，辅助教师进行环境美化、装饰。	掌握简单绘画、剪纸、折纸、撕纸、粘贴、废旧物制作等技能。

三、掌握安全工作及卫生消毒工作技能

	项目	质量标准	技能技巧
安全工作技能	检查和消除不安全因素，消除事故隐患 幼儿意外损伤和急救	协助教师做好四查工作，及时发现异物，马上处理。 简单处理幼儿意外损伤。遇意外事故，立即报告，协助保健医生的工作。	1. 一般性擦伤：应及时用生理盐水清洁伤面，由内向外旋擦，洗去污物，然后涂上红汞，不必包扎，或用"创可贴"贴上。 2. 鼻出血：让幼儿仰卧或仰头，在头和鼻部做冷敷，在两侧鼻翼上，稍施加压力，也可用脱脂卫生棉，卷成条状，向鼻腔充填。如能在棉卷上蘸肾上腺素溶液效果会更好。 3. 鼻异物：鼻腔进异物后，不要用手去抠，可叫幼儿将另一鼻孔压紧，闭住嘴，用力将异物擤出，如无效，需送医院取出治疗。 4. 耳道异物：如豆类入耳可滴油（切不能滴水，因豆会膨胀后不易取出）让幼儿侧向异物，侧单脚跳，豆粒可随油掉出。如飞虫误入耳道可在黑暗处将手电筒放在耳边，飞虫见光可以爬出。无效时应送医院取出。 5. 咽喉异物：如鱼刺嵌入咽部，可刺激呕吐或喝两口醋软化鱼刺，或送医院用小钳夹出，不可叮嘱幼儿用饭吞咽。如咽下圆滑物品可食韭菜，芹菜等纤维物，使其将异物包住不致伤害消化道，异物会随大便排出。如较长时间不见异物排出，应送医院检查。 6. 眼部异物：如砂子、煤屑等进入眼内后，教育幼儿一定不要搓揉，可用干净手绢或棉签轻轻拭去；如嵌入眼睑结膜内，需要翻眼皮拭去，嵌入角膜（黑眼珠）组织上的异物，不易取出时应及时就医。

项目	质量标准	技能技巧
安全工作技能	协助教师将药物放在幼儿够不到的固定位置上。 协助教师给个别幼儿服药，核对姓名、剂量、内用、外服药。 各种消毒液要妥善保管，勿让幼儿拿到手。 协助教师教育幼儿不招惹昆虫。 严禁让幼儿到锅炉房、食堂等不安全的地方。 热水瓶、开水放在安全的地方。 饭菜温度合适，洗澡水事先调好水温。 协助教师教育幼儿不做危险动作，小朋友之间要互相友爱，不拉不拽对方胳臂。	7. 误服毒物：不论任何毒物误咽时，最要紧的是让幼儿呕吐，可用筷子或酒精棉花球擦过的手指伸进嗓子去刺激，如果无效，可灌2～3杯肥皂水或盐水，直到全部吐出为止。如误食的毒物已经知道是酸物，可先喝牛奶中和毒物，然后再使之呕吐。如误食的毒物是碱类，可先喝大量的水冲淡。误食毒性较大的毒物，应立即送医院抢救。 8. 虫蛟伤：幼儿被虫、蚊咬伤时，先用酒精擦，然后用2%氨水、虫咬药水或清凉油等局部涂擦。 9. 虫螫伤：被蝎子、黄蜂、刺蛾（杨辣子）螫伤后，可先用胶布将小刺粘带出来，然后用氨水，碱水或肥皂水中和带酸性毒液。 10. 烧烫伤：轻度烧烫伤可用苏打水（一杯水放一小勺苏打）冷敷或涂獾油、清凉油、烫伤药膏等。伤部已起泡，不要弄破，以免感染。伤处涂上烫伤药膏。如水泡破裂，应将皮剪去，用盐水洗净，然后消毒包扎。衣服、鞋袜不要硬拉，剪开后，慢慢解脱，重者要用清洁被单包裹，立即就医。 11. 脱臼：脱位后除局部疼痛、肿胀、伤肢丧失功能外，脱位局部有典型的关节变形，外观与健侧不对称。确定脱位，应立即将脱位肢体用三角巾固定送医院。 12. 骨折：闭合性骨折（皮肤未破裂），应将骨折处固定，固定范围应超过骨折部位上下各一关节。紧急情况下，可就地取材，选择长短，宽窄合适的木板、木棍等作为夹板。搬动时避免引起进一步的损伤，及时送医院治疗。开放性骨折（皮肤破裂与外界相通）立即用消毒巾或棉垫加压包扎，然后再用夹板固定。在送往医院途中将伤肢适当垫高，注意检查绷带松紧是否适度，并密切观察患儿全身情况。

项目		质量标准	技能技巧
卫生消毒技能	日常消毒	按要求消毒各种物品，并掌握常用消毒液的配制及使用	会配制消毒药物： 1. 以药物商品剂型为百分之百基数配制。 　配制计算公式： 　欲配制浓度×欲配制数量＝所需药量 　欲配制数量－所需药量＝加水量 　例：欲配制5％来苏儿溶液200斤，问需 　　　要来苏儿原药多少？ 　　　$0.05×200＝10$ 　　　$200－10＝190$ 　答：需要用10斤来苏儿原药，加入190 　　　斤水，即可配制成5％来苏儿溶液 　　　200斤。 2. 以所含实际有效成分为基数配制： 　配制计算公式： 　$\dfrac{欲配制浓度×欲配制数量}{原药含量}＝所需原药量$ 　欲配制数量－所需原药量＝加水量。 　例：把含量为15％的过氧乙酸配制成 　　　0.2％的溶液150斤，问需要用15％ 　　　过氧乙酸多少？ 　　　$\dfrac{0.2×150}{15}＝2$ 　　　$100－2＝98$ 　答：需用含量为15％的过氧乙酸2斤， 　　　再加入98斤水即可配制成0.2％的 　　　过氧乙酸溶液100斤。
		毛巾、水杯、门拉手、水龙头等物每日消毒一次	毛巾：1. 先用自来水浸泡，清洗一遍。 　　　2. 用热水沏好洗衣粉，将毛巾浸泡 　　　　　20分钟左右。 　　　3. 认真搓洗，个别脏的毛巾，用肥皂 　　　　　单独搓洗。 　　　4. 漂洗干净。 　　　5. 用0.5％洗消净浸泡5～10分钟（或 　　　　　煮沸15～30分钟，蒸气10～15分） 　　　　　然后需用流动清水冲洗干净。 水杯：1. 用百洁布擦拭杯口、杯内（沾去污 　　　　　粉或洗涤灵）。 　　　2. 用小刷子刷洗杯把手。 　　　3. 用流动水冲洗干净。

保育员应知应会

项目		质量标准	技能技巧
卫生消毒技能	传染病消毒	在保健医指导下并配合保健医生进行传染源消毒，掌握儿科常见传染病的消毒方法。	4. 用 0.5% 洗消净浸泡 5～10 分钟（或煮沸 15～30 分钟，蒸气 10～15 分钟），然后需用流动清水冲洗干净。 门把手、水龙头、桌椅、床栏杆等： 用 0.5% 洗消净擦拭一遍，滞留 10 分钟。 玩具(塑料、铁、木制)： 每周用 0.5% 洗消净浸泡 1 分钟。 图书： 要经常放在阳光下暴晒 2～4 小时。 厕所、便器： 每日需用 10%～20% 漂白粉乳剂浸泡 15 分钟一次，然后刷洗干净。 各班清洁用具(扫帚、墩布、抹布等)要专用，每次用后要及时洗净、保持干燥。 一般性呼吸道传染病消毒方法： 室内空气： 1. 流通空气、自然净化。 2. 紫外线杀菌灯照射消毒： $\left\{\begin{array}{l}\text{必须使用热阴极灯}\\\text{匹配量 }1.5\text{W/m}^3\\\text{强度}\geqslant70\mu\text{W/cm}^2\end{array}\right\}$ 照射时间 $\geqslant30$ 分钟 3. 熏蒸：①过氧乙酸 1～3g/m³ ②甲醛 1g/m³，甲醛溶液的质量浓度为 36% 4. 喷雾：过氧乙酸 1g/m³ 以上消毒时要将门窗关闭严密，到达要求时，才能开窗通风。 一般胃肠道传染病消毒方法： 1. 室内地面、墙壁、用具等： 用过氧乙酸 1g/m³ 或 5% 来苏儿消毒剂熏蒸，喷雾 1 小时。擦拭滞留 30 分钟。消毒时要将门窗关闭严密，对可疑重点对象进行消毒，墙壁消毒高度≥2 米。 2. 食具、水杯、毛巾、餐巾： 高效消毒片(2 片/500cc)消毒剂，浸泡 15 分钟。热力消毒：①煮沸消毒 15～30 分钟；②蒸气消毒 10～15 分钟。

项目		质量标准	技能技巧
卫生消毒技能			3. 衣服消毒： 消毒剂浸泡 10 分钟，到达消毒时间后取出，用清水漂洗干净，耐温热物品可用煮沸消毒 15 分钟。 4. 排泄物、呕吐物： 用漂白粉混合消毒 2 小时。含水量较少的污物，10％～20％漂白粉乳剂 2 份加污物 1 份。含水量较多的污物，漂白粉干粉 1 份加污物 4 份。 5. 盛呕吐物和排泄物的容器： 用5％来苏儿或高效消毒片(2 片/500cc)消毒剂，浸泡 30～60 分钟，消毒后要用清水冲净以防腐蚀。 6. 玩具、图书： 用5％来苏儿，高效消毒片(1 片/500cc)消毒剂，重点擦拭。不能使用药物的可放在阳光下曝晒 6～8 小时，废弃物焚烧处理。 注：消毒剂要使用有消毒卫生许可证书的产品，并严格按照所附说明书要求配制使用。

四、妥善保管幼儿衣物和本班的设备、用具

项目		质量标准	技能技巧
保管物品	幼儿衣物	管理好本班幼儿的衣服、被褥、床单、枕套、枕巾等物。做到无误(不丢、不错、无开线、掉扣)清洁有序，定期清洗更换。	保管无误：要求幼儿各项物品均绣上姓名，平时多检查，整理发现问题，及时处理。 定期更换：寄宿制幼儿园每半月换一次床单、枕套、枕巾等。全日制幼儿园每一个月换一次床单、枕套、枕巾等。 提醒家长每年 5 月换薄被，6 月换毛巾被，铺凉枕席，9 月换薄被，11 月换厚被子。

	项目	质量标准	技能技巧
保管物品	本班财产	保管好本班固定财产，不损坏不丢失。 消费品：勤俭节约。	固定财产：班上的床、桌、椅、柜子等以及幼儿使用的水杯、毛巾等，做到不损、不坏、不丢失，有标志，如发现问题及时处理。 消费品：（洗衣粉、香皂、肥皂、手纸等）做到有计划、本着勤俭节约的原则，即保质量又节约，如一物多用，将洗毛巾的肥皂水可接着洗抹布等。
	注：以上四部分内容，除了总结我们多年的经验外，还参考了北京市卫生局、妇幼处，北京市儿童保健所编写的《北京市托儿所、幼儿园卫生保健工作常规》和北京市海淀区教育局幼教科编写的《保育员实用手册》中部分内容，在此表示感谢。		

理论知识考核

1994 年北京市幼儿园保育员业务理论知识考试试卷
初　　级

───── 注　意　事　项 ─────

1. 请写清区(县)名，幼儿园、姓名、准考证号。
2. 不许用铅笔答卷，字迹要清楚，卷面要整洁。

项　目	幼儿教育学	幼儿卫生学	幼儿心理学	总　分
得　分				
阅卷人				
复查人				

第一部分　幼儿教育学(满分 30 分)

得　分	
阅卷人	

一、填空题(每空 1.5 分，共 24 分)

1. 幼儿园的双重任务是＿＿＿＿＿＿＿＿＿＿。

2. 幼儿园的工作原则是＿＿＿＿＿＿相结合。

3. 幼儿园体育活动的内容有＿＿＿、＿＿＿、＿＿＿。

4. 保教人员应通过生活活动，培养幼儿良好的＿＿＿、＿＿＿＿＿＿习惯。

5. 幼儿园的教育活动是有目的＿＿＿＿引导幼儿＿＿＿的多种形式的教育过程。

6. 幼儿园应以＿＿＿＿为基本活动，寓教育于各项活动之中。

7. 幼儿园德育方法主要有＿＿＿、＿＿＿、＿＿＿、＿＿＿。

二、简答题(6 分)

幼儿园常见的游戏种类有哪些?

第二部分 幼儿卫生学（满分 40 分）

得　分	
阅卷人	

一、填空题（每空 2 分，共 28 分）

1. 鼻易出血区的位置在 ＿＿＿＿＿＿＿＿＿＿。

2. 健康幼儿血色素不得低于 ＿＿＿＿＿＿＿＿g/L。

3. 佝偻病是因为缺乏钙和维生素 D 而引起的，预防佝偻病最简便有效的办法是多 ＿＿＿＿＿＿＿＿＿。

4. 幼儿园冬季合理的室温是 ＿＿＿＿＿＿＿＿。

5. 不要用 ＿＿＿＿＿＿＿＿的工具给幼儿挖耳，以免损伤鼓膜和外耳道。

6. 幼儿吃饭时不能说笑打闹，是为了防止发生 ＿＿＿＿＿＿＿＿＿＿＿＿。

7. 幼儿两餐间隔的时间应为 ＿＿＿＿＿＿＿＿＿小时。

8. 幼儿户外活动时间在正常情况下，每天不得少于 ＿＿＿＿＿＿＿。

9. 蛔虫在人体内生存的时间为 ＿＿＿＿＿＿＿＿＿，因此必须把住病从口入这一关。

10. 幼儿的毛巾、水杯要 ＿＿＿＿＿＿专用，坚持 ＿＿＿＿＿＿消毒。

11. 幼儿的玩具应定期用 ＿＿＿＿＿＿水消毒，不能用水洗的玩具应放在阳光下暴晒。

12. 保教人员应加强对幼儿进行 ＿＿＿＿＿＿教育，培养幼儿自我 ＿＿＿＿＿＿能力，防止意外事故的发生。

二、将下列左侧所列病名与右侧所列疾病的表现对号，并用直线连接（共 6 分）

腹　　泻　　阵发性腹痛、易饿、恶心、呕吐、严重时出现消瘦

蛔虫病　　大便次数增多，大便呈蛋花汤样

三、简答题（共 6 分）

幼儿发生鼻出血应该怎么办？

第三部分 幼儿心理学（满分 30 分）

得　分	
阅卷人	

一、填空题（每空 2 分，共 12 分）

1. 人的心理是 ＿＿＿＿＿＿对 ＿＿＿＿＿＿＿＿的能动的反映。

2. 记忆的过程包括 ＿＿＿＿＿＿、＿＿＿＿＿＿＿、＿＿＿＿＿＿和 ＿＿＿＿＿＿＿。

二、判断题（判断下列说法是否正确，并用"√"或"×"表示）（每题 3 分，共 9 分）

1. 为了发展幼儿的言语，保教人员应当创造条件让幼儿有充分的交往与

活动的机会。(　　)

2. 幼儿初期已能摆脱直觉行动性思维，开始进行抽象逻辑性思维了。(　　)

3. 幼儿"注意"的稳定性不强，易受外界干扰。(　　)

三、**选择题**(从下面答案中选择出正确答案，并将答案标号写在括号内)(每题3分，共9分)

1. 幼儿视觉感受性发展的特点是(　　)。

 A. 年龄越小，视觉感受性越高　　B. 随年龄的增长而不断发展

2. 一般说来，幼儿有时容易哭，但也容易"哄"这是因为幼儿(　　)。

 A. 不懂事　　B. 思想觉悟不高　　C. 情感不稳定

3. 个性在什么时候开始形成? (　　)。

 A. 乳儿期　　B. 婴儿期　　C. 幼儿期

1994 年北京市幼儿园保育员业务理论知识考试试卷
中　级

────── 注　意　事　项 ──────

1. 请写清区(县)名，幼儿园、姓名、准考证号。
2. 不许用铅笔答卷，字迹要清楚，卷面要整洁。

项　目	幼儿教育学	幼儿卫生学	幼儿心理学	总　分
得　分				
阅卷人				
复查人				

第一部分　幼儿教育学(满分 30 分)

得　分	
阅卷人	

一、填空题(每空 1.5 分，共 24 分)

1. 幼儿园的双重任务是＿＿＿＿＿＿＿＿＿＿＿＿＿＿＿＿
＿＿＿＿＿＿＿＿＿＿＿＿＿＿。

2. 保教人员应通过生活活动，培养幼儿良好的＿＿＿＿、＿＿＿＿、
＿＿＿＿习惯。

3. 幼儿道德品质形成包含＿＿＿＿、＿＿＿＿、＿＿＿＿﹒＿＿＿＿心
理因素。

4. 幼儿园体育活动的内容有＿＿＿＿、＿＿＿＿、＿＿＿＿。

5. 幼儿园的教育活动是＿＿＿＿、＿＿＿＿引导幼儿主动活动的多种形
式的＿＿＿＿。

6. 幼儿园应以＿＿＿＿为基本活动，寓教育于各项活动之中。

二、简答题(6 分)
举例说明你是如何贯彻保育与教育相结合的工作原则的。

第二部分　幼儿卫生学（满分 40 分）

一、填空题（每空 2 分，共 28 分）

1. 上呼吸道感染是指_____发炎。

2. 幼儿尿道_____，黏膜薄嫩，又跟外界相通，所以容易发生_____。

3. 小儿生长发育的一般规律是_____和_____。

4. 健康幼儿的血色素不得低于_____g/L。

5. 幼儿高级神经活动的特点是_____。

6. 幼儿看书、绘画时，书本与眼睛距离应保持在_____。

7. 幼儿关节窝_____，周围韧带松，肌肉细长，所以容易脱臼。

8. 幼儿牙齿的特点是牙釉质薄，牙本质软脆，牙髓腔较大。保教人员要注意保护幼儿牙齿，培养幼儿饭后_____早晚刷牙的好习惯。

9. 幼儿的玩具应定期用消毒水消毒，不能用水洗的玩具应放在_____。

10. 保教人员应加强对幼儿进行_____教育，培养幼儿自我_____能力，防止意外事故的发生。

二、将下列左侧所列病名与右侧所列疾病表现对号，并用直线连接（共 8 分）

流行性乙型脑炎　　大便次数增多，大便呈蛋花汤样

水　　　痘　　　阵发性腹痛，易饿、恶心呕吐，严重时出现消瘦

腹　　　泻　　　高热，剧烈头痛，喷射性呕吐，惊厥、嗜睡

蛔　虫　病　　　低热，疹为红色丘疹，渐成水疱然后结痂

三、简答题（共 6 分）

怎样预防幼儿上呼吸道感染？

第三部分　幼儿心理学（满分 30 分）

一、填空题（每空 2 分，共 12 分）

1. 人的心理是_____对_____的能动的反映。

2. 遗传和生理发展是儿童心理发展的物质前提和_____。环境在一定条件下对儿童心理发展起_____作用。

3. 高级的社会情感有_____、_____和美感。

二、判断题(判断下列说法是否正确,并用"√"或"×"表示)(每题 3 分,共 9 分)

1. 幼儿"注意"的稳定性强,不容易受外界的干扰。(　　　)

2. 幼儿"记忆"发展的特点是无意识记忆占优势,有意记忆逐步发展;机械识记用得多,意义识记不断发展;形象记忆为主,词的记忆不断发展,记忆的精确性差。(　　　)

3. 为了发展幼儿的言语,保教人员应当创造条件让幼儿有充分的交往与活动的机会。(　　　)

三、选择题(从下面答案中选择出正确答案,并将答案标号写在括号内)(每题 3 分,共 9 分)

1. 幼儿视觉感受性发展的特点是(　　　)。

A. 年龄越小,视觉感受性越高

B. 随年龄的增长而不断发展

2. 一般说来,幼儿有时容易哭,但也容易"哄"这是因为幼儿(　　　)。

A. 不懂事　　B. 思想觉悟不高　　C. 情感不稳定

3. 个性在(　　　)开始形成。

A. 乳儿期　　B. 婴儿期　　C. 幼儿期

1994 年北京市幼儿园保育员业务理论知识考试试卷
高　　级

注　意　事　项

1. 请写清区(县)名，幼儿园、姓名、准考证号。
2. 不许用铅笔答卷，字迹要清楚，卷面要整洁。

项　目	幼儿教育学	幼儿卫生学	幼儿心理学	总　　分
得　分				
阅卷人				
复查人				

第一部分　幼儿教育学(满分 30 分)

得　分	
阅卷人	

一、填空题(每空 1.5 分，共 24 分)

1. 幼儿园的双重任务是＿＿＿＿＿＿＿＿＿＿＿＿＿＿

　＿＿＿＿＿＿＿＿＿＿＿＿＿＿。

2. 幼儿园的工作原则是＿＿＿＿相结合。

3. 北京市教育局对幼儿园提出的 24 字工作总要求是 ＿＿＿＿、

　＿＿＿＿、＿＿＿＿，＿＿＿＿。

4. 保教人员应通过生活活动，培养幼儿良好的 ＿＿＿＿、＿＿＿＿、

　＿＿＿＿习惯。

5. 幼儿园的教育活动是有目的、有计划，引导幼儿＿＿＿＿的多种形式

　的＿＿＿＿。

6. 幼儿园体育活动的内容有＿＿＿＿、＿＿＿＿、＿＿＿＿。

7. 幼儿园应以＿＿＿＿为基本活动，寓教育于各项活动之中。

二、简答题(6 分)

幼儿园的德育原则是什么？

第二部分　幼儿卫生学(满分 40 分)

得　分	
阅卷人	

一、填空题(每空 2 分，共 28 分)

1. 健康幼儿的血色素不得低于_____ g/L。

2. 上呼吸道感染是指_____发炎。

3. 幼儿高级神经活动的特点是_____。

4. 幼儿两餐间隔的时间应为_____。

5. 传染病发生和流行的三个环节是_____、_____、_____。

6. 常用的消毒方法有_____消毒法、_____消毒法、_____消毒法。

7. 佝偻病是因为缺乏_____和维生素 D 而引起的，预防佝偻病最简便有效的办法是_____。

8. 保教人员应加强对幼儿进行_____教育，培养幼儿自我_____能力，防止意外事故的发生。

二、将下列左侧所列病名与右侧所列疾病表现对号，并用直线连接(共 6 分)

佝　偻　病　　　咽痛、全身皮肤弥漫性潮红，疹间无正常皮肤，杨梅舌，口周苍白圈

腹　　　泻　　　小儿大便次数增多，大便呈脓血样，有下坠感

(甲型)肝炎　　　皮肤有斑丘疹、疱疹、结痂

猩　红　热　　　方颅、囟门晚闭、鸡胸、肋骨串珠

痢　　　疾　　　小儿大便次数增多，大便呈蛋花汤样

水　　　痘　　　食欲不振，厌恶油腻，恶心、乏力，皮肤巩膜发黄，尿呈浓茶色

三、简答题(共 6 分)

幼儿发生抽风怎么办?

第三部分　幼儿心理学(满分 30 分)

得　分	
阅卷人	

一、填空题(每空 2 分，共 12 分)

1. 遗传和生理发展是儿童心理发展的_____和_____。环境在一定条件下对儿童心理发展起_____作用。

2. 思维是人脑对客观事物进行_____和_____的反映，它反映了事物的本质和规律。

二、**判断题**（判断下列说法是否正确，并用"√"或"×"表示）（每题 3 分，共 9 分）

1. 幼儿初期已能摆脱直觉行动性思维，开始进行抽象逻辑性思维了。（　　）

2. 幼儿"记忆"发展的特点是无意识记忆占优势，有意记忆逐步发展；机械识记用得多，意义识记不断发展；形象记忆为主，词的记忆不断发展，记忆的精确性差。（　　）

三、**选择题**（从下面答案中选择出正确答案，并将答案标号写在括号内）（每题 2 分，共 6 分）

1. 一般说来，幼儿有时容易哭，但也容易"哄"这是因为幼儿（　　）。
   A. 认识水平不高　　B. 思想觉悟不高　　C. 情感不稳定

2. 个性在（　　）开始形成。
   A. 乳儿期　　B. 婴儿期　　C. 幼儿期　　D. 学龄期

3. 活泼好动、亲切生动、轻率肤浅、轻举妄动是（　　）气质类型的特点。
   A. 胆汁质　　B. 多血质　　C. 黏液质　　D. 抑郁质

四、**简答题**（共 8 分）
简要回答应如何发展幼儿的言语表达能力。

附件四

1996 年国家教委幼儿园保育员业务理论知识考试试卷

学前儿童心理(初级)

一、填空题(每空 2 分，共 30 分)

1. 儿童动作发展遵循如下规律：

   (1)从( )动作到( )动作；

   (2)从( )动作到( )动作；

   (3)从( )动作到( )动作；

   (4)从( )动作到( )动作。

2. 儿童的"口吃"常常出现在( )岁。除了生理原因之外，造成儿童口吃的主要原因，一是( )，二是( )。消除口吃的重要办法是( )。

3. 幼儿有以下几种基本需要(只需答出三种)：

   (1) (2)

   (3)

二、判断题(判断下列说法和做法是否正确，并用"√"或"×"表示)(每题 6 分，共 30 分)

1. 小孩子总爱把教室里的玩具、物品弄得乱七八糟，不好收拾。最好只许他们用眼看，不许他们用手摸。( )

2. 刚入幼儿园的孩子总是哭个不停。只有对他们厉害一点，吓唬吓唬，才能让他们不哭。( )

3. 为了发展儿童的语言，保教人员应该创造条件让儿童有更多的自由交往机会。( )

4. 为了开发幼儿的智力，应该少让他们游戏，多教他们识字算数。( )

5. 保教人员对孩子的态度会影响孩子的自我价值感，为了提高他们的自我价值感，维护他们的自尊，保教人员应该关心、热情对待每一个孩子。( )

三、**选择题**(从下面答案中选择出正确答案,并将答案标号写在括号内)(每题 8 分,共 40 分)

1. 一般来说,幼儿容易哭,也容易"哄",这是因为他们(　　)。
   A. 不懂事　　　　B. 情绪不稳定　　C. 听话

2. 小孩子常常把东西放在嘴里,因为他们(　　)。
   A. 不讲卫生　　　B. 爱吃零食　　　C. 用嘴探索

3. 幼儿个性初具雏形的时间是(　　)。
   A. 婴儿期　　　　B. 幼儿期　　　　C. 小学期

4. 幼儿思维的主要特点是(　　)。
   A. 具体形象性　　B. 直觉行动性　　C. 抽象逻辑性

5. 相比之下,以下几种方法中,能使年龄大一些的幼儿经常保持快乐的最好方法是(　　)。
   A. 满足生理需要　　　　B. 给他们讲笑话
   C. 帮助他们获得成功感

1996 年国家教委幼儿园保育员业务理论知识
考试试卷

学前儿童心理(中级)

一、填空题(每空 2 分，共 20 分)

1. 儿童心理发展有以下基本特点：
   (1)   (2)
   (3)   (4)
   (5)

2. 儿童的"口吃"常常出现在(   )岁。除了生理原因之外，造成儿童口吃的主要原因，一是(   )，二是(   )。消除口吃的重要办法是(   )。

3. 情绪的产生与儿童的(   )是否得到满足有关。

二、判断题(判断下列说法和做法是否正确，并用"√"或"×"表示)(每题 6 分，共 30 分)

1. 幼儿期是儿童智力迅速发展的时期，为了开发幼儿的智力，应该少让他们游戏，多教他们识字计算，免得浪费他们的大好时光。(   )

2. 令儿童恐惧的事常常会使他们难以忘记，因此，保教人员不应该吓唬孩子，也不应该让他们和大人一起看恐怖的电视片。(   )

3. 为了发展儿童的语言，保教人员应该创造条件让儿童有更多的自由交往机会。(   )

4. 小孩子的教育完全取决于大人，只要大人好好教、教得好，小孩子就一定可以学会。(   )

5. 保教人员对孩子的态度会影响孩子的自我价值感，为了提高他们的自我价值感，维护他们的自尊，保教人员应该关心、热情对待每一个孩子。(   )

三、选择题(从下面答案中选出正确答案，并将答案标号写在括号内)(每题 6 分，共 30 分)

1. 一般来说，幼儿容易哭，也容易"哄"，这是因为他们(   )。
   A. 不懂事   B. 情绪不稳定   C. 听话

2. 小孩子常常把东西放在嘴里，因为他们(　　)。

　　A. 不讲卫生　　　　B. 爱吃零食　　　　C. 用嘴探索

3. 幼儿个性初具雏形的时间是(　　)。

　　A. 婴儿期　　　　　B. 幼儿期　　　　　C. 小学期

4. 幼儿思维的主要特点是(　　)。

　　A. 具体形象性　　　B. 直觉行动性　　　C. 抽象逻辑性

5. 相比之下，以下几种方法中，能使年龄大一些的幼儿经常保持快乐的最好方法是(　　)。

　　A. 满足生理需要　　　　　　B. 给他们讲笑话

　　C. 帮助他们获得成功感

四、你同意以下说法吗？请简单回答同意或不同意的理由(每题 10 分，共 20 分)

1. 刚入幼儿园的孩子总是哭个不停。只有对他们厉害一点，吓唬吓唬，才能让他们不哭。

2. 小孩子总爱把教室里的玩具、物品弄得乱七八糟，不好收拾。最好只许他们用眼看，不许他们用手摸。

1996 年国家教委幼儿园保育员业务理论知识考试试卷

学前儿童心理(高级)

一、**填空题**(每空 3 分，共 30 分)

1. 儿童动作发展遵循如下规律：

(1)从(　　　)动作到(　　　)动作；

(2)从(　　　)动作到(　　　)动作；

(3)从(　　　)动作到(　　　)动作。

2. 除了生理原因之外，造成托幼园所儿童"口吃"的主要原因是(　　　　　)。

3. 幼儿有以下几种基本需要(只需答出三种)：

(1)　　　　　　　　　(2)

(3)

二、**判断题**(判断下列说法和做法是否正确，并用"√"或"×"表示)(每题 6 分，共 30 分)

1. 幼儿的手是他们重要的认识器官，他们还常常依靠手的动作来代替大脑思考，要想发展智力，必须"解放"小孩了的双手，让他们在"做"的过程中变得手巧心灵。(　　　)

2. 刚入幼儿园的孩子总是哭个不停。只有对他们厉害一点，吓唬吓唬，才能让他们不哭。(　　　)

3. 消除紧张是纠正儿童口吃时需要注意的重要方面。(　　　)

4. 为了开发幼儿的智力，应该少让他们游戏，多教他们识字算数。(　　　)

5. 儿童发展既有年龄特征，又有个体之间的差异，保教人员应该承认儿童之间的差别，针对每一个孩子特点进行教育。(　　　)

三、**选择题**(从下面答案中选择出正确答案，并将答案标号写在括号内)(每题 8 分，共 40 分)

1. 一般来说，幼儿容易哭，也容易"哄"，这是因为他们(　　　)。

A. 不懂事　　　　B. 情绪不稳定　　　C. 听话

2. 小孩子常常把东西放在嘴里，因为他们(   )。

    A. 不讲卫生　　　　B. 爱吃零食　　　　C. 用嘴探索

3. 幼儿个性初具雏形的时间是(   )。

    A. 婴儿期　　　　　B. 幼儿期　　　　　C. 小学期

4. 幼儿思维的主要特点是(   )。

    A. 具体形象性　　　B. 直觉行动性　　　C. 抽象逻辑性

5. 相比之下，以下几种方法中，能使年龄大一些的幼儿经常保持快乐的
   最好方法是(   )。

    A. 满足生理需要　　　　　B. 给他们讲笑话

    C. 帮助他们获得成功感

1996 年国家教委主办保育员定级培训班理论
考试试卷

学前教育试卷(初级)

一、填空题(共 70 分)

1. 学前教育的年龄对象是＿＿＿＿＿＿＿＿＿＿。

2. 学前社会教育的形式有：＿＿＿＿＿和＿＿＿＿＿。

3. 科学的胎教有：＿＿＿＿＿、＿＿＿＿＿、＿＿＿＿＿、＿＿＿＿＿。

4. 幼儿学习活动的主要类型有：＿＿＿＿＿、＿＿＿＿＿、＿＿＿＿＿。

5. 国家教育委员会决定自 1996 年 6 月 1 日起幼儿园施行＿＿＿＿＿＿

＿＿＿＿＿＿＿＿＿＿＿＿＿＿＿＿＿＿＿＿＿＿＿＿＿＿＿＿＿＿。

6. 我国幼儿园的任务是：＿＿＿＿＿＿＿＿＿＿＿＿＿＿＿＿＿＿＿＿＿

＿＿＿＿＿＿＿＿＿＿＿＿＿＿＿＿＿＿＿＿＿＿＿＿＿＿＿＿＿＿＿＿

＿＿＿＿＿＿＿＿＿＿＿＿＿＿＿。

7. 幼儿园保育员的职责是：＿＿＿＿＿＿＿＿＿＿＿＿＿＿＿＿＿＿＿＿

＿＿＿＿＿＿＿＿＿＿＿＿＿＿＿＿＿＿＿＿＿＿＿＿＿＿＿＿＿＿＿＿

＿＿＿＿＿＿＿＿＿＿＿＿＿＿＿。

二、简答题(30 分)

现代儿童观怎样看待儿童？

附件八

1996 年国家教委主办保育员定级培训班理论考试试卷

学前教育试卷（中级）

一、填空题（共 70 分）

1. 学前教育的年龄对象是＿＿＿＿＿＿＿＿。

2. 学前家庭教育的特征是＿＿＿＿＿、＿＿＿＿＿、＿＿＿＿＿、
   ＿＿＿＿＿、＿＿＿＿＿、＿＿＿＿＿。

3. 学前社会教育的形式有：＿＿＿＿＿和＿＿＿＿。

4. 学前社会教育的特征是＿＿＿＿＿、＿＿＿＿＿、＿＿＿＿＿、
   ＿＿＿＿＿。

5. 科学的胎教有：＿＿＿＿＿、＿＿＿＿＿、＿＿＿＿＿、＿＿＿＿。

6. 幼儿学习活动的主要类型有：＿＿＿＿＿、＿＿＿＿＿、＿＿＿＿。

7. 幼儿园的活动有：＿＿＿＿＿、＿＿＿＿＿、＿＿＿＿＿、＿＿＿。

8. 国家教育委员会决定自 1996 年 6 月 1 日起幼儿园施行＿＿＿＿＿
   ＿＿＿＿＿＿＿＿＿＿＿＿＿＿＿＿＿＿＿＿＿。

9. 我国幼儿园的任务是：＿＿＿＿＿＿＿＿＿＿＿＿＿＿＿＿＿＿
   ＿＿＿＿＿＿＿＿＿＿＿＿＿＿＿＿＿＿＿＿＿＿＿＿＿＿＿＿＿
   ＿＿＿＿＿＿＿＿＿＿＿。

10. 幼儿园保育员的职责是：＿＿＿＿＿＿＿＿＿＿＿＿＿＿＿＿＿
    ＿＿＿＿＿＿＿＿＿＿＿＿＿＿＿＿＿＿＿＿＿＿＿＿＿＿＿＿＿
    ＿＿＿＿＿＿＿＿＿＿＿。

二、简答题（共 50 分）

1. 现代儿童观怎样看待儿童？（20 分）

2. 什么是科学化的学前教育？（20 分）

3. 幼儿园智育方面的目标是什么？（10 分）

保育员应知应会

1996 年国家教委主办保育员定级培训班理论 考试试卷

学前教育试卷(高级)

一、填空题(共 70 分)

1. 学前教育的年龄对象是＿＿＿＿＿＿＿＿＿。

2. 学前社会教育的形式有：＿＿＿＿＿和＿＿＿＿＿。

3. 科学的胎教有：＿＿＿＿＿、＿＿＿＿＿、＿＿＿＿＿、＿＿＿＿＿。

4. 幼儿学习活动的主要类型有：＿＿＿＿＿、＿＿＿＿＿、＿＿＿＿＿。

5. 国家教育委员会决定自 1996 年 6 月 1 日起幼儿园施行＿＿＿＿＿＿＿
＿＿＿＿＿＿＿＿＿＿＿＿＿＿＿＿＿＿＿＿＿＿＿＿＿＿＿＿＿。

6. 我国幼儿园的任务是：＿＿＿＿＿＿＿＿＿＿＿＿＿＿＿＿＿＿＿＿＿
＿＿＿＿＿＿＿＿＿＿＿＿＿＿＿＿＿＿＿＿＿＿＿＿＿＿＿＿＿＿＿＿
＿＿＿＿＿＿＿＿＿＿＿＿＿＿＿。

7. 幼儿园保育员的职责是：＿＿＿＿＿＿＿＿＿＿＿＿＿＿＿＿＿＿＿＿
＿＿＿＿＿＿＿＿＿＿＿＿＿＿＿＿＿＿＿＿＿＿＿＿＿＿＿＿＿＿＿＿
＿＿＿＿＿＿＿＿＿＿＿＿＿＿＿。

二、简答题(30 分)

现代儿童观怎样看待儿童？

1996 年国家教委主办保育员定级培训班理论
考试试卷

学前卫生试卷（初级）

一、填空题（每空 3 分，共 45 分）

1. 为保护牙齿，应培养幼儿饭后 _____ 和 _____ 刷牙的口腔卫生习惯。

2. 最简便有效的预防佝偻病的方法是 _____。

3. 新鲜蔬菜和水果含有较丰富的维生素 _____。

4. 人体缺乏铁可患 _____。

5. 保教人员应对幼儿进行 _____ 教育，培养幼儿自我 _____ 的能力。

6. 鼻腔对空气起着 _____、_____ 和 _____ 的作用，因此应纠正 _____ 的不良习惯。

7. 乳牙共 _____ 个，在两岁半左右出齐。

8. 最早萌出的恒牙叫 _____。

9. 小孩尿道 _____，尿道口被污染易引起上行性泌尿道感染。

10. 幼儿吃饭时不能说笑打闹，是为了防止发生 _____。

二、将下列左侧所列病名与右侧疾病表现对号，并用直线连接（25 分）

佝 偻 病　　　　便次增多、脓血便、里急后重

甲型肝炎（黄疸型）　皮肤分批出现斑丘疹、疱疹、结痂

水　　　　痘　　　　入睡后肛门奇痒

痢　　　　疾　　　　食欲差、厌油腻、乏力、尿呈浓茶色、巩膜发黄

蛲　 虫　 症　　　　方颅、囟门晚闭、鸡胸、肋骨串珠

三、简答题（每题 15 分，共 30 分）

1. 幼儿鼻出血应如何处理？

2. 举例说明蛋白质的互补作用。

1996 年国家教委主办保育员定级培训班理论考试试卷

学前卫生试卷（中级）

一、填空题（每空 3 分，共 45 分）

1. 乳牙共_____个，最早萌出的恒牙叫_____。

2. 人体缺乏铁可患_____。

3. 新鲜蔬菜和水果含有较丰富的维生素_____。

4. 胡萝卜素可在体内转变成维生素_____。

5. 幼儿吃饭时不能说笑打闹是为了防止发生_____。

6. 小孩尿道_____，尿道口被污染易引起上行性泌尿道感染。

7. 传染病发生和流行的三个基本环节是 _____、_____、_____。

8. 斜视是指两眼向前平视时，两眼的黑眼珠_____。

9. 保教人员应对幼儿进行_____教育，培养幼儿自我_____的能力。

10. 最简便有效的预防佝偻病的方法是_____。

二、将下列左侧所列病名与右侧疾病表现对号，并用直线连接（25 分）

佝　偻　病	咳嗽、气喘、发烧
水　　　痘	方颅、囟门晚闭、鸡胸、肋骨串珠
甲型肝炎（黄疸型）	入睡后肛门奇痒
蛲　虫　症	皮肤分批出现斑丘疹、疱疹、结痂
肺　　　炎	食欲差、厌油腻、乏力、尿呈浓茶色、巩膜发黄

三、简答题（每题 15 分，共 30 分）

1. 幼儿鼻出血应如何处理？

2. 举出两种常用的消毒方法，说明其用途。

附件十二

1996 年国家教委主办保育员定级培训班理论
考试试卷

学前卫生试卷(高级)

一、填空题(每空 3 分，共 45 分)

1. 传染病发生和流行的三个基本环节是_____、_____、_____。

2. 为保护牙齿，应培养幼儿饭后_____和_____刷牙的口腔卫生习惯。

3. 新鲜蔬菜和水果含有较丰富的维生素_____。

4. 斜视是指两眼向前平视时，两眼的黑眼珠_____。

5. 最简便有效的预防佝偻病的方法是_____。

6. 人体缺铁可患_____。

7. 保教人员应对幼儿进行_____教育，培养幼儿自我_____的能力。

8. 鼻腔对空气起着_____、_____和_____的作用，因此应纠正_____的不良习惯。

二、将下列左侧所列病名与右侧疾病表现对号，并用直线连接(25 分)

佝 偻 病	便次增多、脓血便、里急后重
甲型肝炎(黄疸型)	皮肤分批出现斑丘疹、疱疹、结痂
水 痘	入睡后肛门奇痒
痢 疾	食欲差、厌油腻、乏力、尿呈浓茶色、巩膜发黄
蛲 虫 症	方颅、囟门晚闭、鸡胸、肋骨串珠

三、简答题(每题 15 分，共 30 分)

1. 幼儿鼻出血应如何处理?

2. 简述合理营养的基本要求。

附件 理论知识考核和实际操作考核

261

附件十三

实际操作考核

（一）日常工作操作评价

北京市幼儿园保育员实际操作能力
考核成绩表（试行）*

姓名		出生年月		申报级别		工作单位	
学历		参加工作 时　间		参加保育 工作时间		单位所在 区　　县	

项目		评价标准	权重 分数	评分
工作 程序 8分	程序3分	保育工作程序科学合理，并按程序工作。	3	
	原则3分	坚持保育与教育相结合的原则，随机教育好。	3	
生活 管理 34分	进餐12分	小班做好饭前准备工作，中大班指导值日生工作。	3	
		保证幼儿进食量。	3	
		教育幼儿正确使用餐具，养成文明卫生用餐习惯。	3	
		对体弱儿、肥胖儿进行照顾。	3	
	如厕6分	照顾小班幼儿如厕，培养中大班幼儿自理能力。	3	
		指导幼儿便后洗手。	3	
	饮水6分	备足开水，水温适宜。	3	
		保证幼儿按量、按需饮水。	3	
	幼儿10分	幼儿个人生活卫生行为习惯好	10	
清洁 卫生 30分	活动室 （寝室） 10分	空气新鲜，温度适宜，窗明几净，光线充足。	5	
		床面、设备、用具、玩教具整洁，布置得体，幼儿衣物摆放整齐。	5	
	盥洗室、 厕所8分	清洁通风，地面无积水，便池及时冲洗，无尿碱，无异味，无蚊绳。	6	
	室外环境 4分	整洁、安全。	4	

---

* 国家教委制定的保育员实际操作能力考核成绩表与北京市幼儿园保育员实际操作能力考核成绩表"相似。

清洁卫生30分	消毒10分	毛巾、水碗、餐巾、梳子每日消毒，被褥、枕巾定期消毒。	5	
		桌椅定期消毒，便池每日消毒。	2	
		玩教具、图书每周消毒。	3	
配班工作30分	游戏活动10分	能在教师组织下指导幼儿游戏。	4	
		能解决幼儿游戏中的问题。	3	
		能指导幼儿取放整理玩具。	3	
	教育活动10分	活动前准备工作。	3	
		活动过程中会配合指导。	4	
		活动结束整理工作。	3	
	体育活动10分	活动前准备工作(场地器材玩具材料安全卫生)，活动结束及时整理。	3	
		活动过程中会配合指导。	4	
		对全体幼儿、体弱儿照顾周到。	3	
评定总分				

考核人签字＿＿＿＿＿＿＿＿

＿＿＿＿＿＿＿＿

审核人签字＿＿＿＿＿＿＿＿

考核单位

盖章

　年　　月　　日　　　　　　　　　　年　　月　　日

(二)现场操作评价

1. 生活管理：＿＿＿＿＿铺床叠被

规则：听口令同时开始，在规定的时间内完成任务。

程序：

①根据考试人数分组进行。

②每人在指定床位前做好准备。

③听口令开始操作，监考人计时。

④10分钟内，每人叠好4床被子，铺好4条床单。（统一规格）

⑤操作完后，举手示意。

附件　理论知识考核和实际操作考核

质量要求：

①被子叠得大小要与床宽窄一样。

②被子叠得有棱有角；横看、竖看一条线。

③枕头放在被子上面，枕巾花朝上，铺平。

④床单铺得平整，褥子四角成直角。

凡是能在规定的时间内，按质量要求完成者为合格。

2. 卫生消毒

洗消净溶液的使用配制：

《试题一》

100升水需要洗消净300克，1000升水需要洗消净多少克？

《试题二》

欲配制0.3％的洗消净溶液1千克，需洗消净多少克？水多少升？

《试题三》

现要配制一盆0.5％洗消净溶液（一盆溶液5升），需倒入几瓶盖（一瓶盖10毫升）洗消净？

注：洗消净的配制试题，凡正确回答两题以上者为合格。（含两题，实际操作可免）。

3. 教育配合技能技巧：

绘画：主题《秋天》

粘贴：主题《秋天》

标准要求：

①主题突出、要有人物情节。

②掌握一定的绘画、粘贴的技能及人物特征。

③色彩丰富、协调。

④布局合理，画面干净。

泥工：主题《动物》

标准要求：

①掌握一定的泥工技能：搓、揉、团、捏。

②选择的动物捏出立体、形象，有一定难度如：大象、孔雀等。

③注意色彩，真实性。

以上三个内容抽签决定。凡达到标准要求者为合格。

附件十四

初级保育员应知

一、了解婴幼儿生理特点、生长发育规律的基本知识。

二、了解婴幼儿心理特点及发展规律的基本知识。

三、了解婴幼儿卫生保健知识，掌握常见病及 4 种常见传染病的症状、预防、隔离期及简单护理知识。

四、了解婴幼儿一日生活常规，所在托幼园所（保育机构）安全、卫生保健制度的内容及要求。

五、了解保教结合的意义及婴幼儿教育的原则、方法。

六、初步掌握有关婴幼儿安全的知识。

初级保育员应会

一、在本班教师指导下按保育工作程序管理好婴幼儿一日生活，初步掌握婴幼儿生活管理技能，协助教师进行婴幼儿进餐、睡眠、如厕、盥洗等生活保育，培养婴幼儿良好的生活、卫生行为习惯。

二、能按卫生保健制度的要求搞好本班室内外环境卫生及日常消毒工作（包括毛巾、餐具、饭桌、玩具、便具等），管理好婴幼儿衣物和本班设备、用具等。

三、初步掌握安全工作技能，严格执行托、幼园所安全制度，会根据安全要求检查婴幼儿环境中不安全因素，排除事故隐患或及时报告，谨防事故发生（烫伤、嗑碰、跌伤、扎破、走失、冒领等）。

四、初步掌握处理疾病、意外事故技能，发现异常及时报告。能在医务人员和本班教师指导下，鉴别2～3种婴幼儿常见病（传染病），简单处理2～3种婴幼儿常见意外损伤。

五、初步掌握配合教育活动的技能，能在教师指导下做好教、玩具材料等用具的准备及整理。

中级保育员应知

一、掌握婴幼儿生理特点、生长发育规律。

二、掌握婴幼儿心理特点及发展规律。

三、掌握婴幼儿卫生保健知识和常见病以及 8 种常见传染病的症状、预防、隔离期及一般护理知识。

四、掌握婴幼儿一日生活常规和所在园所(保育机构)安全、卫生保健制度的内容及要求。

五、掌握保教结合原则的内涵及婴幼儿教育的原则、方法。

六、掌握有关幼儿安全的知识。

七、掌握意外事故的预防知识和应急措施(烫伤、跌伤、窒息、骨折、脱臼、食物中毒、溺水、出血等)。

中级保育员应会

一、掌握婴幼儿生活管理技能，按保育工作程序独立承担各年龄班婴幼儿一日生活管理，贯彻保教结合原则，坚持正面教育，配合教师有意识培养婴幼儿良好的生活、卫生行为习惯和独立生活能力。

二、掌握卫生保健制度的要求，认真搞好本班室内外环境卫生。管理好班级内务、婴幼儿衣物、班级设备、用具等，保持整洁并有条不紊，为婴幼儿创设良好舒适的生活、教育环境。

三、掌握常用消毒液的配制及日常物品的消毒技能，认真做好日常消毒工作，能在保健人员的指导下对传染区进行消毒。

四、掌握安全工作技能，严格执行托幼园所安全制度，善于发现和排除事故隐患，确保婴幼儿生命安全。

五、掌握处理婴幼儿疾病、意外事故的技能，能鉴别4～5种婴幼儿常见病(传染病)，简单处理4～5种意外损伤，并做有关记录。

六、掌握配合教育活动的技能，会根据教育活动的需求配合教师制作简单教、玩具，有一定的组织教育能力，配合教师开展各类教育教学活动，参与婴幼儿活动。

七、会写学期保育工作计划及总结。